Sa

Sergio Luzzatto

UN POPOLO COME GLI ALTRI

Gli ebrei, l'eccezione, la storia

DONZELLI EDITORE

via Mentana 2b
INTERNET www.donzelli.it
E-MAIL editore@donzelli.it

ISBN 978-88-6843-939-2

Indice

Un popolo come gli altri

Premessa

«Non è questione di sassi, tribù, cromosomi. Non si ha da essere archeologi, antropologi o genetisti per tracciare e dare corpo al *continuum* ebraico. Non si ha da essere ebrei osservanti. Neanche ebrei. D'altro canto, neanche antisemiti. Di fatto, basta essere dei lettori». Da quando – pochi anni fa – ho letto queste parole nel saggio *Gli ebrei e le parole*, scritto da Amos Oz insieme con una storica di professione (sua figlia Fania), ho capito meglio perché prema anche a me di tracciare e dare corpo al *continuum* ebraico. Non mi preme da ebreo osservante, e neppure da ebreo *tout court*. Non mi preme da antisemita, evidentemente. Ma nemmeno mi preme (in fondo) da storico, che pure è il mio mestiere. Mi preme da lettore.

Non so l'ebraico: un anno di studio mi è bastato a malapena per imparare l'alfabeto. Né possiedo dell'ebraico la conoscenza minima, un po' fonetica un po' nostalgica, che detengono quanti – maschi o femmine – siano stati formati, da preadolescenti, alla cerimonia religiosa del *bar-mitzvah* o del *bat-mitzvah*. In compenso, ho confidenza con la letteratura dell'ebraismo. Non da storico, appunto, ma da lettore. Come tanti altri lettori del nostro tempo, ho trascorso un numero meravigliosamente imprecisato di ore, di giorni, di settimane della mia vita in compagnia degli ebrei intesi quali personaggi di fantasia più o meno ricalcati sulla realtà.

Ho scoperto la letteratura israeliana attraverso i romanzi della triade sacrosanta, quella specie di trinità composta da Abraham Yehoshua, Amos Oz e David Grossman. Ho poi frequentato da lettore, in traduzione, altre voci dell'Israele di ieri o di oggi, Agnon, Kaniuk, S. Yizhar, Pagis, Shalev, Keret, prima di tornare indietro – riavvolgendo il nastro storico del sionismo e dell'ebraismo nel tempo, nello spazio, nella lingua: dal secondo al primo Novecento e poi all'Ottocento, dallo Stato di Israele alla Palestina britannica o ottomana e poi all'Europa orientale, dall'ebraico allo yiddish. Come tanti lettori del nostro tempo, mi sono deliziato con le saghe familiari di quell'altra triade sacrosanta, la trinità composta dai fratelli e dalla sorella Singer, prima di arrivare ai racconti di I. L. Peretz e di Sholem Aleichem.

David Grossman, lui, aveva nove anni quando scoprì i racconti di Aleichem. Fu grazie a un regalo di suo padre, Yitzhak. Che proprio a nove anni, nel 1936, era emigrato in Palestina dallo *shtetl* di Polonia. E che nel neonato Stato di Israele, dopo il 1948, aveva lavorato da conducente di autobus prima di diventare bibliotecario. «Leggi, David, e capirai com'era», disse il padre al figlio – correva l'anno 1963 – regalandogli un libro di Aleichem. E glielo disse con una faccia, con un'espressione, che il figlio non gli aveva mai visto addosso: glielo disse «con il sorriso di un bambino». Allora il figlio iniziò a leggere. Si batté per settimane, per mesi, con quelle pagine difficili per un ragazzino della sua età, e dal primo libro di Aleichem passò a un secondo, dal secondo a un terzo. «Faticavo, ma continuavo, perché mi dicevo: questo è il codice per decifrare mio padre». E il figlio finì per leggerli tutti, i racconti yiddish di Aleichem disponibili in ebraico. «Li ho divorati, [...] come un bambino di oggi leggerebbe *Harry Potter*». «Allora non lo sapevo, ma grazie a Sholem Aleichem avevo scoperto il potere della letteratura. Quel tenere insieme i vivi e i morti, la presenza e l'assenza, che è l'essenza stessa dello scrivere».

Il potere della storia non potrà mai essere tanto forte come il potere della letteratura. Ma anche lo scrivere di storia non è forse un modo per tenere insieme i vivi e i morti, la presenza e l'assenza? O almeno così dovrebbe essere. Dovrebbe esserlo in generale, quando gli studi di storia rinunciassero a parlare una lingua tutta interna alla disciplina, accessibile solamente agli specialisti. E dovrebbe essere così per gli studi detti (in inglese) di Jewish history, di storia ebraica. Che dovrebbero tenere insieme vivi e morti, presenti e assenti, senza esigere dagli uni o dagli altri di allegare certificati delle loro mappe genetiche, o riproduzioni delle loro sequenze di DNA. Invece, troppo spesso gli studi di Jewish history si reggono sopra un equivoco intellettuale, che a sua volta discende da un postulato spirituale. È il postulato – riconosciuto o sottaciuto, esplicito o implicito – per il quale esiste, all'interno della storia universale, una storia ebraica a sé stante, quintessenziale, quasi metafisica, che va distinta dalla storia di tutte le altre culture del mondo, di tutti gli altri popoli della terra: unica nel suo genere, grande e terribile, la storia del Popolo eletto.

Ragionando di ebraismo e laicità in un saggio intitolato *Tante luci e non una luce*, Amos Oz ha argomentato come e quanto l'idea della storia ebraica quale eccezione sia debitrice di una tradizione teologicamente ortodossa, e normativamente rabbinica. I custodi della Legge hanno sempre sostenuto (e ancora sostengono) che sia stata la Torah a garantire la conservazione del popolo ebraico: se non fosse stato per la Torah, dicono, il Popolo eletto si sarebbe sciaguratamente confuso con tutti gli altri. «La verità – ha scritto Oz – è un'altra: non sono stati i precetti a conservare gli ebrei; ma sono gli ebrei che hanno deciso di conservare i precetti». Il popolo d'Israele esiste da migliaia di anni, a dispetto di tutte le difficoltà e di tutte le tragedie della diaspora, «in virtù di milioni di decisioni personali prese da milioni di ebrei per decine di generazioni, ebrei che hanno scelto di mantenere la propria identità». Non fosse che in tal senso, cioè per rendere umanistico omaggio a questa millenaria sommatoria di scelte individuali, più che di storia ebraica bisognerebbe sempre parlare di storia degli ebrei.

È stato ancora Oz – sulle orme del bardo del sionismo, Nathan Alterman – a sottolineare tutta la singolarità del «matrimonio misto» che diede origine, dopo la guerra d'indipendenza del 1947-48, allo Stato di Israele. Matrimonio davvero straordinario, quello fra due versioni intrinsecamente contraddittorie della *knesset*, dell'adunanza assembleare: la versione sacra trasmessa dall'Antico Testamento, i 120 scribi, saggi e profeti del Sinodo biblico, e la versione profana ereditata dalla Rivoluzione francese, i 120 deputati eletti a suffragio universale. Matrimonio misto che non per caso ha sollecitato le riflessioni di François Furet, il più acuto e il più influente fra gli storici tardonovecenteschi del 1789. Perché nella rivoluzione sionista lo studioso parigino ha facilmente riconosciuto alcuni elementi classici del repertorio politico europeo, dall'ideale di laicità all'investimento sull'idea di patria. Ma nella nascita dello Stato di Israele, Furet ha riconosciuto anche un elemento di eccezione novecentesca rispetto al repertorio settecentesco: l'ancoraggio di una nazione in una religione.

Così, Furet ha rilevato il paradosso di uno Stato costruito, insieme, su quanto di più antico e quanto di più nuovo nella vicenda ebraica: la Bibbia e il sionismo. Furet ha calcolato il prezzo che Israele ha rischiato di pagare per questo cortocircuito temporale: una «semi-censura collettiva» intorno a tutto ciò che sta in mezzo, la storia quasi intera del popolo ebraico. E Furet ha soppesato l'ipoteca politica della religione sopra la nazione. «L'accento posto sull'origine biblica instaura la religione come cofondatrice dello Stato, inseparabile dalla potenza pubblica. Trasforma la società nell'ostaggio di un rabbinato conservatore, a dispetto della volontà espressamente moderna di coloro che l'hanno fondata»: sono parole risalenti a trentacinque anni fa, ma si direbbero scritte ieri, anzi oggi.

Che cosa poteva mai porre in relazione e tenere insieme – dalla metà del Seicento alla metà del Settecento – un gruppo di solerti ebrei sefarditi di Livorno, alcuni bramini indù della casta dei Saraswat a Goa, e una manciata di buoni cattolici operanti fra Lisbona, Marsiglia e Londra? Semplice: i coralli del mare Mediterraneo, i diamanti del subcontinente indiano.

A leggere il libro che una storica italiana trapiantata negli Stati Uniti, Francesca Trivellato, ha intitolato nel 2012 *The Familiarity of Strangers*, si imparano parecchie cose su una storia degli ebrei che non voglia asserragliarsi dentro il «bunker spirituale ed emotivo» (*dixit* ancora Oz) di una storia ebraica. Gli studi di Trivellato illustrano come la migliore Jewish history abbia saputo diventare, da un quindicennio a questa parte, ciò che gli anglosassoni definiscono «transnational history». La vicenda dei sefarditi di Livorno affondava le proprie radici nella decisione del granduca di Toscana, Ferdinando I, di coinvolgere anche gli ebrei nello sviluppo di un nuovo porto mediceo. Da qui le fortune di una piccola ditta commerciale com'era quella degli Ergas e Silvera. Da qui la prosperità – per quanto precaria e provvisoria – di mercanti sefarditi capaci di impostare lo scambio internazionale dei coralli e dei diamanti sopra consolidati rapporti di fiducia: sulla «familiarità» con «stranieri» che nulla avevano a che fare con gli ebrei, né per religione, né per cultura.

Naturalmente, il commercio è stato interculturale fin dall'alba dei tempi. Ed è stato commercio globale (se così vogliamo qualificarlo) almeno dal tardo Quattrocento in poi, dalla scoperta dell'America: come illustrato a suo tempo da un altro storico italiano trapiantato negli Stati Uniti, Carlo M. Cipolla, in quei leggibilissimi long seller che sono *Vele e cannoni* e *Conquistadores, pirati, mercatanti*. Di suo, lavorando sul contributo specifico degli ebrei d'Europa agli scambi internazionali d'età moderna, Francesca Trivellato ha contribuito ad affrancare la storia ebraica dalla logica spirituale ed emotiva del bunker. Così pure in un libro del 2019, *The Promise and Peril of Credit*: dove lo studio ravvicinato di strumenti finanziari e creditizi quali le assicurazioni marittime e le lettere di cambio consente a Trivellato di ripensare un po' tutta la storia moderna del commercio internazionale, oltreché la storia dello stereotipo antisemita che faceva del giudeo il più infido fra tutti gli operatori del nascente capitalismo.

Anche qui, beninteso, nulla di totalmente nuovo sotto il sole della storiografia. Il proposito di sfondare i muri del bunker già era stato condiviso – nel 1997 – dai fondatori di un periodico accademico intitolato «Zakhor. Rivista di storia degli ebrei d'Italia». Il cui direttore responsabile era un medievista italo-israeliano di riconosciuta reputazione mondiale, Ariel Toaff, dell'Università Bar-Ilan di Tel Aviv, affiancato nella direzione da tre personalità diversamente autorevoli: il rabbino Riccardo Di Segni, medico di mestiere, prossimo a diventare rabbino capo della comunità ebraica di Roma; Giovanni Levi, ordinario di Storia economica all'Università di Venezia; Giacomo Todeschini, ordinario di Storia medievale all'Università di Trieste. E appunto la rivista «Zakhor» si era distinta, per un intero decennio dopo il 1997, nello sforzo di superare una visione tradizionale delle minoranze ebraiche d'Italia quali comunità marginali, chiuse, separate di netto dalla maggioritaria comunità cristiana.

Ovviamente, trattando di storia degli ebrei d'Italia, «Zakhor» non aveva potuto non coltivare la storia dei ghetti: dalla Venezia dell'anno di grazia 1516 e del decreto senatoriale istitutivo del primissimo quartiere separato, «li Giudei debbano tutti abitar unidi in la Corte de Case, che sono in Ghetto appresso San Girolamo», alla Roma della bolla papale del 1555, *Cum nimis absurdum*, la quale – oltre a prescrivere agli ebrei di «vivere in un'unica zona» – impose loro un segno vestimentario distintivo («siano obbligati e costretti gli uomini a indossare un berretto ben visibile, le donne un altro segno di facile riconoscimento»), fino all'istituzione di ghetti in tutte le città o le cittadine degli antichi Stati italiani che comprendessero una minoranza ebraica, Mantova o Verona, Genova o Mirandola, Ancona o Trieste, Chieri o Pitigliano... Nondimeno, dall'uno all'altro dei suoi numeri monografici, «Zakhor» aveva praticato una forma di storiografia che guardava – piuttosto che alle prescrizioni e alle interdizioni – alle connessioni e alle interazioni degli ebrei con i gentili: connessioni e interazioni favorite proprio, paradossalmente, dalla presenza di quartieri ebraici nel cuore delle comunità urbane d'antico regime. Sicché «Zakhor» aveva ricostruito le vicende non soltanto di mercanti o di banchieri, di rabbini o di medici ebrei, ma anche di macellai e di conciatori, di materassai e di pezzaroli... Tutto questo, fino alla violazione di qualcosa come un tabù. E fino al conseguente scoppio dello scandalo, all'inizio di febbraio del 2007. Fino alla deflagrazione del «caso Toaff».

Nel libro *Pasque di sangue. Ebrei d'Europa e omicidi rituali*, annunciato allora in uscita dalle edizioni del Mulino, il direttore responsabile di «Zakhor» proponeva una tesi storiografica ben più che innovativa: proponeva una tesi esplosiva. Ariel Toaff suggeriva infatti che l'«accusa del sangue» rivolta per secoli alle comunità ebraiche della diaspora – l'accusa di rapire e uccidere bambini cristiani, per utilizzarne il sangue nei riti della Pasqua – non fosse stata, sempre e dovunque, una pura e semplice invenzione antisemita. Dal Trecento al Quattrocento, argomentava Toaff, entro una vasta area geografica a cavallo della catena alpina, certi fondamentalisti dell'ebraismo avevano realmente compiuto omicidi rituali, per la valenza insieme mistica e terapeutica attribuita al sangue dalla cultura medievale. Quanto meno, fondamentalisti dell'ebraismo avevano quasi certamente perpetrato un singolo omicidio rituale, nella Trento del 1475. Detto fatto: prima ancora di approdare in libreria, il volume di Toaff innescava uno scandalo di dimensioni inaudite.

Il primo lettore a recensire *Pasque di sangue* – e a recensirlo in termini ampiamente elogiativi – sono stato io.

Il martedì 6 febbraio di quel 2007, sulle pagine del «Corriere della Sera». Sono rimasto quindi coinvolto, durante i giorni seguenti, nella feroce polemica scatenata contro Ariel Toaff sia da una sedicente intellighenzia ebraica legata all'Unione delle comunità israelitiche italiane, sia dai nostri colleghi italiani o stranieri, dalla corporazione universitaria degli storici. Hanno iniziato i rabbini (il giorno stesso dell'uscita della recensione sul «Corriere»: dunque, giocoforza, senza neppure avere preso in mano il libro di Toaff), guidati dal rabbino capo di Roma Riccardo Di Segni (uno dei condirettori di «Zakhor»), denunciando *Pasque di sangue* per le sue «tesi storiche tanto originali quanto aberranti». Hanno continuato gli storici (compreso Giacomo Todeschini, altro condirettore di «Zakhor»), in particolare dalle colonne di «Repubblica». Hanno proseguito i giornalisti, trascinando dentro l'arena mediatica perfino il padre (ultranovantenne) dello storico italo-israeliano esposto alla gogna: Elio Toaff, per mezzo secolo esatto, dal 1951 al 2001, carismatico rabbino capo della comunità ebraica di Roma.

La canea scatenata contro l'autore di *Pasque di sangue* ha rappresentato uno degli episodi più gravi e obbrobriosi nella storia intellettuale dell'Italia contemporanea. Oltreché uno dei segnali più avvilenti del conformismo che impronta, in tutto il mondo occidentale, qualunque discorso politicamente corretto in materia di ebraismo: il medesimo conformismo che si era velenosamente esercitato – pochi anni prima – contro un insigne storico della New York University, Tony Judt, colpevole di avere perorato la causa della *one-state solution* per porre fine al conflitto israelo-palestinese. Nel caso di Toaff, la canea si è trasformata in un incubo. Entro una settimana dall'uscita in Italia di *Pa-*

sque di sangue, il docente dell'Università Bar-Ilan è stato fatto oggetto, in Israele, di minacce talmente serie da indurre la polizia a disporre per lui una protezione armata.

Figlio del rabbino capo di Roma, Ariel Toaff avrebbe potuto fregiarsi a sua volta del titolo di rabbino: ventitreenne, aveva ricevuto l'investitura del Collegio rabbinico italiano nel lontano 1965. Ma dopo la pubblicazione di *Pasque di sangue*, rabbi Toaff è andato a infoltire la nutrita schiera di maestri che per una ragione o per l'altra – nella lunga storia del popolo ebraico – i dottori della Legge hanno additato come apostati. Sul «Corriere della Sera» di martedì 13 febbraio, Roberto Bonfil, docente di Storia ebraica all'Università ebraica di Gerusalemme e rabbino lui stesso, provvedeva a dichiarare: «La tesi di Toaff è un'offesa al buon senso, costruita con retorica insinuante, irresponsabile, metodologicamente priva di qualsiasi fondamento». Né rabbi Bonfil si fermava qui. Rispondendo all'inviata del «Corriere», che gli chiedeva che cosa potesse avere spinto Toaff a proporre dell'omicidio rituale un'interpretazione tanto problematica, Bonfil pensava bene di spostarsi dal terreno della storiografia a quello della clinica: «Solo uno psichiatra può rispondere a questa domanda».

Nell'età di internet, una settimana è bastata a trasformare per sempre la figura pubblica di Ariel Toaff: da capofila internazionale degli studi sulla storia degli ebrei d'Italia a reietto della storiografia, un poveraccio che aveva perso il lume della ragione. Dopodiché – a strettissimo giro – si sono aggiunte nell'*affaire* le pressioni finanziarie, accademiche, politiche. Gli sponsor americani della Bar-Ilan hanno minacciato di tagliare i fondi all'università israeliana, se l'autore di *Pasque di sangue* non fosse stato immediatamente costretto a un pensionamento anticipato. E gli sponsor di «Zakhor», nel loro piccolo, hanno minacciato di tagliare i fondi alla rivista, se Toaff non avesse immediatamente presentato le dimissioni dalla carica di direttore responsabile. Così, il mercoledì 14 febbraio, l'Università Bar-Ilan ha emesso una condanna formale del libro, chiedendo a Toaff un gesto di «riparazione»: intanto, alla Knesset di Gerusalemme, si discuteva della possibilità che fosse istruito contro Toaff un processo in piena regola. Il giovedì 15 febbraio, Toaff ha annunciato il ritiro dal mercato di *Pasque di sangue* (ne avrebbe poi pubblicato, l'anno dopo, una versione emendata). Quanto a «Zakhor», sarebbe trascorso un decennio prima che un nuovo numero della «Rivista di storia degli ebrei d'Italia» apparisse in biblioteca.

Sul piano storiografico, la critica più severa a *Pasque di sangue* riguardava il modo in cui Toaff aveva maneggiato le sue fonti: in particolare, le confessioni ottenute dai giudici al processo di Trento, nel 1475, dopo che gli ebrei imputati per omicidio rituale erano stati (com'era d'uso) sottoposti a tortura. Quale credibilità potevano mai avere, si rimproverava a Toaff, le ammissioni di colpevolezza dei poveri torturati? Non che Toaff avesse ignorato il problema. Al contrario, l'intera sua ricerca aveva ruotato intorno alla questione della maggiore o minore attendibilità delle confessioni estorte sotto tortura; delle spie lessicali e culturali che potevano attestare di una loro genuinità, eccetera. L'interpretazione proposta in *Pasque di sangue* si era iscritta così – seppure in controtendenza – entro un'annosa discussione di metodo sulla maniera più appropriata di maneggiare le fonti giudiziarie di matrice inquisitoriale. Ma tant'è: in quel febbraio 2007, occorreva far finta che Ariel Toaff fosse, nel migliore dei casi, un totale sprovveduto. Nel peggiore, un apprendista stregone.

Sia gli storici, sia i giudici lavorano sulle testimonianze. Tuttavia, non facendo lo stesso mestiere, dovrebbero avere l'accortezza di trattare le testimonianze con diversi mezzi, e a diversi fini. Mentre sempre più spesso – dal tardo Novecento in poi – l'«uso pubblico» della storia ha indotto i giudici e gli storici a condividere un medesimo terreno d'azione, o addirittura una medesima ragione sociale: consapevolmente o meno, si è proceduto nel senso di una «tribunalizzazione» della storia. Da un lato, si è chiesto agli storici di testimoniare nelle aule di giustizia, a carico o a discarico, contro l'uno o per l'altro imputato dei crimini anche più gravi, compresi i crimini contro l'umanità. Dall'altro lato, si è sottoposto gli storici a processo, per avere pubblicamente argomentato l'una o l'altra tesi sul passato. La politica ha fatto il resto. In Italia come in Francia, in Germania come in Polonia e altrove in Europa, «leggi memoriali» hanno cercato di imporre un pensiero storiograficamente corretto in tema di negazionismo, colonialismo, collaborazionismo, e quant'altro. In misura sempre più marcata, si è chiesto alla storia non già di ricostruire e di interpretare, ma di giudicare. E si è rivendicato, per conseguenza, il diritto-dovere di giudicare gli storici.

Ricordo quando sono finito in tribunale per colpa di padre Pio. O meglio: perché avevo pubblicato, proprio nel 2007, un libro su padre Pio da Pietrelcina fra miracoli e politica. E un nipote del Santo mi aveva fatto causa, per mancato rispetto delle testimonianze raccolte, in Vaticano, dalla Congregazione per le cause dei santi, che provavano oltre ogni dubbio le «virtù eroiche» del frate con le stigmate. Ancora meglio ricordo quando ho dovuto difendermi – se non in tribunale, nella pubblica arena – dall'imputazione di non essermi prostrato a sufficienza davanti alla testimonianza di Primo Levi. Perché avevo scritto un libro sulla banda partigiana di cui il giovane chimico torinese aveva fatto parte, in Valle d'Aosta, durante l'autunno del 1943. E scrivendo quel libro, non mi ero accontentato di prendere per buono quanto Levi stesso aveva testimoniato di sé e del suo piccolo gruppo di «partigia». Avevo voluto scavare dentro la storia della banda: non foss'altro, mi dicevo, perché esattamente l'opera di Levi, ineguagliata per spessore intellettuale e morale, aveva posto le basi per una critica del testimone. Invece, ero incappato nei fulmini di chi non arriva a distinguere la critica del testimone da quello che lo scrittore spagnolo Javier Cercas ha acutamente definito come il ricatto del testimone.

Al cuore di *Partigia* stava il «segreto brutto». Un piccolo episodio di storia della Resistenza italiana che presumibilmente sarebbe sfuggito al vaglio dei posteri, se Primo Levi non avesse deciso di evocarlo – nel 1975 – in dodici ellittiche righe del suo libro più compiutamente autobiografico, *Il sistema periodico*. Una minuscola banda di giovani borghesi torinesi, quasi tutti di origini ebraiche, radunata dopo l'8 settembre in un alpeggio sopra Saint-Vincent. Due ragazzi non ebrei di origini popolari, aggregati alla banda, che si fanno trascinare dalle circostanze, con la generosità e con l'ingenuità dei loro diciassette o diciott'anni: si muovono senza cautele tra l'alpeggio e il fondovalle, spaventano i montanari, forse li derubano, esponendo anche i compagni al rischio della delazione, della retata, della caduta. E i componenti più maturi della banda, Levi compreso, che si risolvono a prendere contro i due ragazzi la decisione più drammatica e più drastica: l'esecuzione sommaria. Salvo cadere comunque, di lì a pochi giorni, in mani nazifasciste. E salvo rimanere schiantati da quel trauma, il trauma di partigiani che uccidevano partigiani: salvo uscirne (secondo le parole di Levi nel *Sistema periodico*) «distrutti, destituiti, desiderosi che tutto finisse e di finire noi stessi».

Nel giorno dell'uscita di *Partigia* in libreria, 16 aprile 2013, il gruppo editoriale l'Espresso-la Repubblica ha lanciato contro il volume una campagna di discredito paragonabile a quella che aveva riservato anni prima a *Pasque di sangue* di Toaff. Intervistato da «Repubblica», un politologo di sinistra ha denunciato nel libro la «sproporzione fra gli eventi, minimi, e il rilievo dato a questi», oltreché l'«uso disumano di Primo Levi». Sull'«Espresso», uno storico di sinistra ha descritto *Partigia* come niente più che una «cronaca minuta di eventi», mero «elenco di personaggi», e lo ha condannato al fallimento che meritano tutti i «libri irrisolti». Ancora su «Repubblica», un giornalista di sinistra si è incaricato di suonare la carica a nome degli ebrei italiani, precisando come la «discutibile revisione iconografica e sentimentale» contenuta in *Partigia*, lungi dall'intaccare il monumento Primo Levi, sporcasse unicamente il responsabile della revisione. Quanto a «Pagine ebraiche», l'organo ufficiale dell'ebraismo italiano, pur di stroncare *Partigia* non avrebbe esitato – con dubbio gusto – a giocare con le parole: *Se questo è un libro*.

La mia prima colpa era stata quella di non soggiacere al ricatto del testimone. Di non accontentarmi di quanto Levi aveva lasciato trapelare sul segreto brutto, e di volerne ricostruire la storia da storico: cioè dall'archivio, dalle fonti originali, dalla documentazione d'epoca. La mia seconda colpa era stata quella di non sottacere il lato oscuro della Resistenza. Di non lasciare ai soli revisionisti la responsabilità di illustrare quanto pure dovrebbe riuscire ovvio: cioè che le tragiche circostanze della guerra mondiale, dell'occupazione tedesca, della guerra civile hanno costretto anche i partigiani a combattere una partita spietata, in cui non si facevano prigionieri. La mia terza colpa (e la più grave, ai sensi del pensiero storiograficamente corretto: in fondo, la medesima colpa di Ariel Toaff) era stata quella di non rispettare il tabù occidentale sul rapporto storico fra gli ebrei e la violenza. Di non descrivere gli ebrei nella storia – per default – come vittime integrali, assolute, sempiterne. La mia colpa imperdonabile era stata quella di trattare sia Levi, sia gli altri membri di una minuscola banda ebraica della Valle d'Aosta, come uomini normali: giovani inesperti, spaventati, e pronti a tutto pur di non lasciarci le penne.

Un paio d'anni dopo, ho scritto una postfazione per accompagnare l'uscita, da Gallimard, della traduzione francese di *Partigia*. E ho chiesto a un amico italianista, grande esperto di Primo Levi, se fosse interessato a pubblicare sul suo blog letterario la versione italiana del testo. L'amico ha chiesto allora un parere a un collega universitario, ritenuto specialista di storia degli ebrei: uno dei tre condirettori che avevano affiancato Ariel Toaff, nel 1997, nella fondazione di «Zakhor». E il responso di questo *referee* è calato sulla mia postfazione come una mannaia. «Il testo di Luzzatto è molto peggio di quello che pensavo», ha scritto al responsabile del blog letterario il presunto specialista di studi leviani. Che il mio «gusto demolitore» si esercitasse dunque, malauguratamente, al di là delle Alpi; ma che il blog letterario, in Italia, avesse la saggezza di non prestarsi da altoparlante. Che non mi offrisse un'ulteriore occasione mediatica per rimestare nel torbido.

Secondo Luzzatto, infatti, «la Resistenza di Primo ha un inizio torbido (*sic*) e disperato», si scandalizzava lo pseudo-specialista di Levi: trovando in tale assunto la prova, oltreché della mia volontà di «demolire Primo», del mio «livore spesso comico». E a colpi di *sic*, lo storico laureato comicamente ignorava che non a me, ma a Levi, va attribuito il giudizio sull'inizio torbido e disperato della Resistenza: come sa qualunque lettore – laureato o meno – che abbia letto *Se questo è un uomo* fino all'ultimo capitolo. Poco male. Come già il rabbino Bonfil nel caso di *Pasque di sangue*, il cofondatore di «Zakhor» nel caso di *Partigia* si preoccupava d'altro che di filologia storica: si preoccupava di patologie psichiatriche. «Mentre è evidente che parlare male di una persona celebre sia una delle tecniche più banali di mettersi in mostra, l'aspetto inconscio della decisione di S. L. di scegliere Primo richiederebbe uno psicanalista. Era del resto già in qualche modo un problema capire perché si era fatto promotore delle tesi di Toaff qualche anno fa». Insomma, lungi dall'avere una qualsivoglia dignità scientifica o culturale, l'intera faccenda di *Partigia* aveva «molto di patologico».

La dogmatica dell'ebraismo è riuscita ad applicarsi perfino alla storia della Shoah. È riuscita a integrare perfino la Soluzione finale in un discorso religiosamente ortodosso, dove lo sterminio degli ebrei perpetrato dai nazisti non rappresenta altro che l'ennesimo episodio di una infinita successione di *tzures*, di guai: l'ennesima biblica prova da riscattare con un pieno e fervido pentimento. «Come se la Shoah non fosse niente più che un pogrom, magari un po' più brutto», ha riassunto Amos Oz – polemicamente – nel saggio *Tante luci e non una luce*. Indignandosi alla sola idea che i sei milioni di ebrei trucidati nella Soluzione finale siano morti tutti quanti «per la santificazione del Nome». Mentre centinaia di migliaia di loro, nati da madre non ebrea, neppure venivano considerati quali ebrei dall'ebraismo tradizionale. E mentre centinaia di migliaia di loro non credevano affatto nella santificazione del Nome, avendo compiuto un percorso di secolarizzazione. Sicché fare di tutte le vittime della Shoah altrettanti martiri dell'ebraismo ortodosso equivale a una grossolana violazione sia della storia, sia della memoria.

A costo di essere additato come un traditore – un Giuda – del Popolo eletto, Oz si è impegnato anche nella critica di principio di una formulazione ormai talmente diffusa da riuscire banale: quella per cui lo Stato di Israele coincide con lo «Stato ebraico». Formulazione sempre più corrispondente alla realtà, d'altronde, nella misura in cui i dirigenti politici di Israele vanno approvando normative che sempre più precisamente configurano uno Stato razziale. Con malizia, Oz ha sottolineato come il profeta del sionismo, Theodor Herzl, avesse intitolato il fondativo suo libro del 1896 *Lo Stato degli ebrei*, non *Lo Stato ebraico*. Perché, ha ragionato Oz, uno Stato non può essere ebraico più di quanto possa essere ebraica una sedia o possa essere ebraico un autobus. Perché uno Stato non è altro (o non dovrebbe essere altro) che una cornice, entro la quale devono trovare posto, a medesimo titolo e con identici diritti, tutti i cittadini di quello Stato: indifferentemente ebrei o cristiani, drusi o musulmani.

Assurda e realistica insieme, è la prospettiva stessa di uno Stato ebraico ad allontanare nel tempo – fino a chissà quando – la trasformazione di Israele in un membro normale della comunità internazionale. E a consegnare la totalità degli ebrei israeliani, mani e piedi legati, alla dominazione culturale degli ultraortodossi. I quali, da parte loro, si augurano proprio questo: che Israele non diventi mai uno Stato come gli altri, in quanto è lo Stato del Popolo eletto. E pazienza se ciò comporta che Israele continui a vivere come vive, armato fino ai denti e accerchiato dal nemico. Non risiede forse qui – in quel particolare stato d'eccezione in cui si autocondanna a vivere l'unica democrazia del Medio Oriente – il terreno migliore dove possa tornare a manifestarsi, biblicamente, l'onnipotenza del Dio degli eserciti?

Con l'eccezione della *Premessa*, inedita, i testi raccolti qui secondo un nuovo ordine del discorso sono stati originariamente pubblicati – durante l'anno indicato in calce a ciascun testo – sulle pagine culturali dei quotidiani «La Stampa», il «Corriere della Sera» e «Il Sole 24 Ore».

I. Prima

La cultura del sangue

Trento, 23 marzo 1475. Vigilia di *Pesach*, la Pasqua ebraica. Nell'abitazione-sinagoga di un israelita di origine tedesca, il prestatore di denaro Samuele da Norimberga, viene rinvenuto il corpo martoriato di un bimbo cristiano: Simonino, due anni, figlio di un modesto conciapelli.

La città è sotto choc. Unica consolazione, l'indagine procede spedita. Secondo gli inquirenti, hanno partecipato al rapimento e all'uccisione del «putto» gli uomini più in vista della comunità ebraica locale, coinvolgendo poi anche le donne in un macabro rituale di crocifissione e di oltraggio del cadavere. Perfino Mosè il Vecchio, l'ebreo più rispettato di Trento, si è fatto beffe del corpo appeso di Simonino, come per deridere una rinnovata passione di Cristo. Incarcerati nel castello del Buonconsiglio e sottoposti a tortura, gli ebrei si confessano responsabili dell'orrendo delitto. Allora, rispettando il copione di analoghe punizioni esemplari, i colpevoli vengono condannati a morte e giustiziati sulla pubblica piazza.

Durante troppi secoli dell'era cristiana, dal medioevo fino all'Ottocento, gli ebrei si sono sentiti accusare di infanticidio rituale, perché quelle accuse non abbiano finito con l'apparire alla coscienza moderna niente più che il parto di un antisemitismo ossessivo, virulento, feroce. Unicamente la tortura – si è pensato – poteva spingere tranquilli capifamiglia israeliti a confessare di avere ucciso bambini dei gentili: facendo seguire all'omicidio non soltanto la crocifissione delle vittime, ma addirittura pratiche di cannibalismo rituale, cioè il consumo del giovane sangue cristiano a scopi magici o terapeutici. Impossibile credere seriamente che la Pasqua ebraica, che commemora l'esodo degli ebrei dalla cattività d'Egitto celebrando la loro libertà e promettendo la loro redenzione, venisse innaffiata con il sangue di un *goi katan*, un «piccolo cristiano».

Più che mai dopo la tragedia della Shoah, è comprensibile che l'«accusa del sangue» sia divenuta un tabù. O piuttosto, che sia apparsa come la miglior prova non già della perfidia degli imputati, ma del razzismo dei giudici. Così, al giorno d'oggi, soltanto un gesto di inaudito coraggio intellettuale poteva consentire di riaprire l'intero dossier, sulla base di una domanda altrettanto precisa che delicata: quando si evoca tutto questo – le crocifissioni di infanti alla vigilia di *Pesach*, l'uso di sangue cristiano quale ingrediente del pane azzimo consumato nella festa – si parla di miti, cioè di antiche credenze e ideologie, oppure si parla di riti, cioè di eventi reali e addirittura prescritti dai rabbini?

Il gesto di coraggio è stato adesso compiuto. L'inquietante domanda è stata posta alle fonti dell'epoca, da uno storico perfettamente attrezzato per farlo: un esperto della cultura alimentare degli ebrei, tra precetti religiosi e abitudini gastronomiche, oltreché della vicenda intrecciata dell'immaginario ebraico e di quello antisemita. Italiano, ma da vari anni docente di Storia medievale in Israele, Ariel Toaff manda in libreria per il Mulino un volume forte e grave sin dal titolo, *Pasque di sangue*.

Magnifico libro di storia, questo è uno studio troppo serio e meritorio perché se ne strillino le qualità come a una bancarella del mercato. Tuttavia, va pur detto che *Pasque di sangue* propone una tesi originale e, in qualche modo, sconvolgente. Sostiene Toaff che dal 1100 al 1500 circa, nell'epoca compresa tra la prima crociata e l'autunno del medioevo, alcune crocifissioni di «putti» cristiani – o forse molte – avvennero davvero, salvo dare luogo alla rappresaglia contro intere comunità ebraiche, al massacro punitivo di uomini donne bambini. Né a Trento nel 1475, né altrove nell'Europa tardomedievale, gli ebrei furono vittime sempre e comunque innocenti. In una vasta area geografica di lingua tedesca compresa fra il Reno, il Danubio e l'Adige, una minoranza di ashkenaziti fondamentalisti compì veramente, e più volte, sacrifici umani.

Muovendosi con perizia sui terreni della storia, della teologia, dell'antropologia, Toaff illustra la centralità del sangue nella celebrazione della Pasqua ebraica: il sangue dell'agnello, che celebrava l'affrancamento dalla schiavitù d'Egitto, ma anche il sangue del prepuzio, proveniente dalla circoncisione dei neonati maschi d'Israele. Era sangue che un passo biblico diceva versato per la prima volta proprio nell'Esodo, dal figlio di Mosè, e che certa tradizione ortodossa considerava tutt'uno con il sangue di Isacco sacrificato da Abramo. Perciò, nella cena rituale di *Pesach*, il pane delle azzime solenni andava impastato con sangue in polvere, mentre altro sangue secco andava sciolto nel vino prima di recitare le dieci maledizioni d'Egitto.

Quale sangue poteva riuscire più adatto allo scopo che quello di un bambino cristiano ucciso per l'occasione, si chiesero i più fanatici tra gli ebrei studiati da Toaff? Ecco il sangue di un nuovo *Agnus Dei* da consumare a scopo augurale, così da precipitare la rovina dei persecutori, maledetti seguaci di una fede falsa e bugiarda. Sangue novello, buono a vendicare i terribili gesti di disperazione – gli infanticidi, i suicidi collettivi – cui gli ebrei dell'area tedesca erano stati troppe volte costretti dall'odiosa pratica dei battesimi forzati, che la progenie d'Israele si vedeva imposti nel nome di Gesù Cristo.

Oltreché questo valore sacrificale, il sangue in polvere (umano o animale) aveva per gli ebrei le più varie funzioni terapeutiche, al punto da indurli a sfidare, con il consenso dei rabbini, il divieto biblico di ingerirlo in qualsiasi forma. Secondo i dettami di una Qabbalah pratica tramandata per secoli, il sangue valeva a placare le crisi epilettiche, a stimolare il desiderio sessuale, ma principalmente serviva come potente emostatico. Conteneva le emorragie mestruali. Arrestava le epistassi nasali. Soprattutto rimarginava istantaneamente, nei neonati, la ferita della circoncisione. Da qui, nel Quattrocento, un mercato nero su entrambi i versanti delle Alpi, un andirivieni di ebrei venditori di sangue umano: con le loro borse di pelle dal fondo stagnato, e con tanto di certificazione rabbinica del prodotto, sangue kosher...

Risale a vent'anni fa un libretto del compianto Piero Camporesi, *Il sugo della vita*, dedicato al simbolismo e alla magia del sangue nella civiltà materiale cristiana. Vi erano illustrati i diversi modi in cui i cattolici italiani del medioevo e dell'età moderna riciclarono sangue a scopi terapeutici o negromantici: come il sangue glorioso delle mistiche, da aggiungere alla polvere di crani degli impiccati, al distillato dai corpi dei suicidi, al grasso di carne umana, entro il calderone di portenti della medicina popolare.

Con le loro «pasque di sangue», i fondamentalisti dell'ebraismo ashkenazita offrirono la propria interpretazione – disperata e feroce – di un analogo genere di pratiche. Ma ne pagarono un prezzo enormemente più caro.

(2007)

Pasque di ipocrisia

Dopo che il libro di Ariel Toaff sugli ebrei d'Europa e gli omicidi rituali nel tardo medioevo, *Pasque di sangue*, era stato giudicato «aberrante» dai rabbini d'Italia prima ancora che ne avessero potuto leggere una singola pagina, era lecito augurarsi due cose. La prima: che gli storici di mestiere aprissero intorno al volume un dibattito critico. La seconda: che gli intellettuali difendessero comunque la persona di Toaff, la sua piena libertà di ricerca e di espressione.

Il dibattito critico si è effettivamente aperto, con il contributo di alcuni fra i maggiori studiosi italiani del Quattro e del Cinquecento. È stato un dibattito serio, quanto può esserlo una discussione intorno a problemi complessi che si svolge sulle pagine di giornali a larga tiratura anziché in sedi accademiche o scientifiche. E sono emersi due limiti gravi del lavoro di Toaff. Anzitutto, la scarsa chiarezza del suo discorso intorno al carattere episodico o seriale dei reati di sangue da lui attribuiti ai «fondamentalisti» dell'ebraismo ashkenazita tardomedievale. Inoltre, l'impiego disinvolto di testi prodotti dalla controversistica cattolica del Sei o del Settecento, troppo spesso viziati da un pregiudizio antisemita.

Ma è stato un altro l'argomento principale brandito dai critici di Toaff, sulla base del quale il libro è stato gettato alle ortiche della storiografia, o addirittura alla sentina dell'etica: l'autore avrebbe preso ingenuamente per buone, quali fonti a sostegno della sua tesi sulla reale occorrenza di omicidi rituali, testimonianze estorte agli imputati attraverso l'uso della tortura. Argomento in apparenza solido, e di sicuro effetto mediatico. Peccato che si tratti di un argomento tre volte pretestuoso.

È pretestuoso perché Toaff stesso, lungi dall'ignorarlo, lo prende in conto ad ogni pagina del suo libro, salvo rispondere che a testimonianze di quel genere va riconosciuto un valore, ove se ne trovino riscontri in altre fonti dell'epoca. È pretestuoso perché non soltanto *Pasque di sangue*, ma molti altri libri importanti di storia religiosa del Quattro e del Cinquecento si fondano sopra fonti inquisitoriali identiche a quelle impiegate da Toaff: testimonianze estorte con la tortura, ma riscontrate mediante controlli incrociati. Ed è pretestuoso perché rimprovera a Toaff di avere fornito «indizi» anziché «prove»: quasi che lo studioso di crimini commessi sei secoli fa possa muoversi sulla scena del delitto con gli strumenti di un ispettore del Ris, trovando in un angolo la pistola ancora fumante, oppure – anche meglio – tracce organiche da sottomettere alla prova del DNA.

Naturalmente, che qualcosa venga confessato sotto tortura non è una prova che quel fatto sia vero. Però, non è neppure una prova che quel fatto sia falso. Lo sanno bene gli aguzzini del XXI secolo, che ancora si servono della tortura non solo per architettare teoremi accusatori o teorie del complotto, ma anche per estorcere ai seviziati informazioni utili circa attività passate, trame presenti, progetti futuri. Da questo punto di vista, escludere a priori che alcuni ebrei fanatici del medioevo abbiano compiuto gesti omicidi, per il solo motivo che l'hanno confessato sotto tortura, è un ragionamento che dovrebbe offendere qualsiasi intelligenza.

Di là dalla discussione di metodo sul libro di Toaff, avvilente è stato lo spettacolo offerto dagli intellettuali italiani in quanto comunità scientifica. Rare, rarissime sono state le prese di posizione in difesa della libertà della cultura, come quella ferma e forte di Piero Ignazi sul «Sole 24 Ore». Abbondanti, abbondantissime sono state le reazioni scomposte e le denunce infondate. Colleghi che fino al giorno prima della pubblicazione di *Pasque di sangue* avevano condiviso con Toaff la direzione della maggiore rivista accademica sulla storia degli ebrei in Italia hanno improvvisamente scoperto che si erano seduti per anni accanto a un dilettante della storiografia, e lo hanno altamente proclamato sui maggiori giornali. Insigni studiosi hanno accusato Toaff di attentare, nientemeno, alla sacralità del Giorno della Memoria: suggerendo un nesso (introvabile, se non nel delirio dell'antisemitismo) fra quanto possa essere accaduto a Ratisbona o a Trento nel tardo Quattrocento e quanto è avvenuto in Europa al tempo della Shoah.

Appena pochi giorni prima dell'uscita di *Pasque di sangue*, la preoccupazione per i rischi insiti nel principio di una «verità storica di Stato» aveva spinto un nutrito gruppo di studiosi a firmare un appello contro il progettato decreto del ministro della Giustizia Mastella, che elevava a reato la negazione della Shoah. Dunque, persino le farneticazioni di quanti negano l'esistenza delle camere a gas erano sembrate degne di tutela giuridica a quanti difendono un'idea di storia come libera ricerca sul passato. Mentre gli studi di un professore da tutti stimato fino a un mese fa, anni e anni di lavoro nelle biblioteche e negli archivi, anni e anni di confronto intellettuale con colleghi e studenti, gli hanno meritato da un giorno all'altro una reputazione infamante.

Il fatto che Toaff sia stato lasciato solo ad affrontare la bufera scatenata dal suo libro spiega gli sviluppi successivi della vicenda. La minaccia pendente sul suo capo di perdere il posto di docente universitario in Israele. Il tentativo di alcuni colleghi dell'Università Bar-Ilan di prenderne le difese, salvo arrendersi alle ragioni politiche della situazione israeliana e alle pressioni economiche della diaspora americana. Infine, l'abiura di Ariel Toaff: il libro ritirato dal mercato italiano; i diritti d'autore devoluti alla medesima organizzazione ebraica statunitense, l'Anti-Defamation League, che senza nulla sapere del contenuto del volume lo aveva dichiarato ignobile; le scuse presentate da Toaff agli ebrei d'Israele e del mondo.

La morale dell'intera vicenda va tratta da un'intervista rilasciata a «Repubblica» dal padre di Ariel, Elio Toaff. L'ex rabbino capo della comunità ebraica di Roma si è pubblicamente compiaciuto dell'abiura del figlio, salutandone il ritorno all'ovile del pensiero unico sulla storia dell'ebraismo. Un pensiero che non ammette neppure la possibilità che gli ebrei abbiano avuto una storia in comune con altri uomini e altre donne, i gentili: storia fatta di incontri e di scontri, di convivenza e di intolleranza, di rispetto e di odio. Un pensiero che ha bisogno di considerare gli ebrei come al di fuori dello spazio e del tempo: mai – nel bene o nel male – attori vivi della storia, ma sempre, comunque, unicamente personaggi disossati, agnelli sacrificali, vittime vittime vittime.

«Non è parlando di sciocchezze come queste che si salvaguarda la vera essenza dell'ebraismo», ha dichiarato

Toaff padre a proposito del libro del figlio. E si avrebbe voglia di replicarc al venerando rabbino emerito della comunità di Roma: Maestro, siamo proprio sicuri che l'essenza dell'ebraismo si salvaguardi con l'interdetto etico e scientifico? Siamo sicuri che l'abiura alla quale suo figlio è stato obbligato non rappresenti, al contrario, una vergogna per gli ebrei così come per i gentili?

(2007)

Le nozze di Luna e Baracubà

Da decenni emigrato in Israele, Ariel Toaff è probabilmente il massimo conoscitore della storia degli ebrei italiani nell'età medievale e moderna. Nel 2007, la pubblicazione di un suo libro controverso, *Pasque di sangue*, fece di lui il bersaglio di una velenosa polemica da parte delle gerarchie rabbiniche e dell'intellighenzia diasporica. Ma Toaff non ha smesso, da allora, né di studiare né di scrivere. La scomunica lanciata, se non contro di lui, contro la libertà intellettuale della sua ricerca, non lo ha ridotto al silenzio.

Un nuovo libro di Toaff viene pubblicato ora dal Mulino, cioè dallo stesso editore di *Pasque di sangue*. Con trasparente omaggio a Niccolò Machiavelli, si intitola *Storie fiorentine*. E racconta (è il sottotitolo) *Alba e tramonto dell'ebreo del ghetto*. Dove Toaff torna a far prova della vena narrativa che fa di lui uno degli storici italiani – non molti – capaci di farsi leggere con gusto dai loro lettori. E dove Toaff torna a dimostrare un'implacata volontà di fare storia senza paraocchi. Qui, investendo una «moda» politicamente corretta che «prospera rigogliosa» nell'Italia ebraica d'oggidì: la moda di «mitizzare la presunta epopea del ghetto».

A Firenze come in quasi tutte le città italiane dove si fosse raccolta una comunità israelitica più o meno nutrita, quartieri riservati valsero per secoli a mantenere gli ebrei separati dai cristiani. Nel caso fiorentino l'istituzione del ghetto fu ordinata da Cosimo de' Medici, nel 1571, entro il fitto intreccio di case che si trovavano a ridosso del Mercato Vecchio. Per due secoli e mezzo abbondanti, fino all'apertura legale del ghetto nel 1835, là visse una comunità che non superava le cinquecento anime ed era composta di ebrei dalle origini più disparate: romane o pesaresi, senesi o maremmane, levantine o tedesche. Negli anni ottanta dell'Ottocento, l'antico ghetto dovrà poi cedere al diktat urbanistico del «risanamento». Un pittore locale, il macchiaiolo Telemaco Signorini, avrà appena il tempo di coglierlo in un'ultima istantanea prima che i fatiscenti edifici intorno alle piazze della Fonte e dell'Olio, a via dell'Oche, al vicolo della Luna fossero colpiti e affondati dal piccone sventratore della nuova piazza Vittorio Emanuele II, oggi piazza della Repubblica.

Nell'impossibilità di sottoporre a recupero l'annientato ghetto di Firenze, i ghetti di altre città italiane conoscono adesso quello che Ariel Toaff qualifica come un «ridondante e artificiale revival mitologico». Le loro misere abitazioni vengono restaurate e risistemate «per i nostalgici e i turisti abbienti che sono disposti a pagarle un occhio della testa». I cibi tipici della cucina ebraica vengono riproposti ed esaltati come leccornie. I costumi del ghetto vengono «riverniciati» e venduti in «salsa globalizzante» quali «espressioni del più originale giudaismo autoctono». Insomma l'identità ebraica reale e concreta, «perché saldamente ancorata alla storia italiana», viene contraffatta a beneficio di un'identità ebraica beatificata e virtuale.

Le storie fiorentine di Toaff raccontano un altro ghetto, altrimenti genuino e appassionante. Abitavano il ghetto di Firenze ebrei molto più ignoranti che colti (ignorante era pure la maggioranza dei rabbini), che campavano barattando cenci, giocando d'azzardo, rimestando pozioni magiche, distillando oro potabile. E lo abitavano spregiudicati cabbalisti, allevatori casalinghi di oche da contrabbando, matronali cuoche di pranzi sabbatici. Ma il ghetto era anche – scrive Toaff – «un campo di battaglia, dove si affrontavano senza esclusione di colpi inquisitori e frati da una parte ed ebrei dall'altra, intenzionati a difendersi e a sopravvivere».

Sul capo degli ebrei italiani continuavano a pendere antiche minacce, dai battesimi forzati ai processi inquisitoriali per eresia o stregoneria. Tuttavia, a partire dal Seicento e soprattutto nel Settecento, gli ebrei del ghetto dovettero difendersi meno dalle persecuzioni che dalle beffe. Allo sguardo dei cristiani, i «giudei» apparivano ormai più patetici che perfidi. Più che consumati maestri dell'usura, sistematici corruttori della morale, subdoli rapitori di bambini, apparivano ridicole vittime di prescrizioni strampalate, cerimonie bislacche, tradizioni grottesche. Del resto, gli ebrei del ghetto non erano forse, sotto sotto, invidiosi dei cristiani là fuori? La loro conclamata diversità non si riduceva forse, da ultimo, a un vorrei-ma-non-posso?

Intonata per la prima volta a Firenze nel 1753 e destinata a fortuna secolare, la canzone satirica *Sopra lo sposalizio della Gnora Luna e del Gnor Baracubà ambidue del Ghetto di Firenze* offre una testimonianza parlante di questa evoluzione dell'antisemitismo italiano in età moderna, dal tempo della minaccia al tempo dello sberleffo. La canzone irrideva un immaginario matrimonio ebraico, appunto quello fra una signora Luna e un signor Baracubà, che avrebbe ben voluto riuscire altrettanto sfarzoso di un matrimonio cristiano, ma dove già in partenza tutto risultava ridicolo, le acconciature, i vestiti, il contratto, la dote, e dove tutto finiva con l'andare storto: incidenti di ballo, malore della sposa, fuggi fuggi degli invitati, razzia finale di candele e stoviglie.

Pubblicato a stampa, orecchiato da viandanti e soldati, rilanciato da saltimbanchi e cantastorie, il carme della *Gnora Luna* divenne l'occasione, nel 1754, per piazzate o chiassate antiebraiche nel ghetto di Mantova come in quelli di Ferrara e di Alessandria. Eppure – di contro a una storiografia che ha voluto farne il testo antisemita più virulento della letteratura popolare italiana, «la giudiata più infame» – Toaff ha oggi buon gioco nell'argomentare come la canzone della *Gnora Luna* partecipasse di un registro irridente più che insolente, e burlesco più che manesco.

Con lo zelo dei neofiti, gli ebrei convertiti al cattolicesimo campeggiavano spesso in prima fila nel coro dello sberleffo. Ma capitava anche a ebrei tutt'altro che convertiti di lamentare i risvolti striminziti e meschini della vita di ghetto. Così un impaziente rabbino veneziano, il grande Leon da Modena, al cui soggiorno fiorentino, dal 1609 al 1610, Ariel Toaff dedica pagine magistrali. Approdato sull'Arno dalla laguna per rimpinguare le casse di famiglia con prediche in sinagoga e lezioni private, Leon da Modena si trovò circondato da null'altro (a sentir lui) che rabbini mediocri, maggiorenti impauriti, ebrei insipidi. «Io, per guadagnarmi la paga, sono costretto a sopportare. Ma questa vita non è vita». Nel ghetto di Firenze, infatti, Leon da Modena non resse più d'un anno.

Fra quanto poteva rivelarsi soffocante nella vita di ghetto erano le misure anguste della sfera affettiva e sessuale. D'altronde, diffuso restava – ancora nella Firenze del Settecento – lo stereotipo medievale dell'ebreo che la circoncisione del «dito senz'unghia» e gli afrodisiaci poteri del cibo kosher rendevano altrettanto virile che rapace. In ogni caso, di là dagli stereotipi c'era la vita vera. E capitavano storie come quella di Daniele Levi, giovanissimo figlio di un agiato merciaio del ghetto, che nel 1710 si innamorò perdutamente di Maria Francesca Antinori, figlia adolescente dell'illustre senatore che aveva palazzo in via de' Tornabuoni. Come sia andata avanti questa storia (torrida storia, diremmo se si trattasse di un romanzetto), non riveleremo qui: lasceremo al lettore delle *Storie fiorentine* il gusto dolceamaro di scoprirlo.

(2013)

L'umanità del Ghetto

Quando si dice: lo spaccato di un ambiente e di un'epoca. Datato 1778, il disegno di Giorgio Fossati è esattamente questo, e lo è nella doppia accezione del termine. È il disegno in sezione di una casa del Ghetto, per mano di un noto architetto del Settecento veneziano. Ma è anche una rappresentazione diretta, immediata, dei modi di vita in quella casa del Campo di Ghetto Nuovo: la casa «sopra il Rio di San Gerolamo» (il «camarino», si legge nell'appunto a sinistra) dove abita la signora Giuditta Alpron.

I piani dell'edificio sono addirittura sette, cui va aggiunta una mansarda. La signora Giuditta si è riservata gli ultimi due, con il sottotetto e una terrazza. Negli altri piani – che hanno i soffitti particolarmente bassi: sono poco più che mezzanini, per aumentare il numero di alloggi disponibili – si addensa, si incrocia, si pesta i piedi una varia umanità. Davide Zemello risulta abitare sia al pianterreno, cioè al livello del Rio, sia al terzo piano. Al primo piano stanno i fratelli Valenzin, al secondo Isac Vita Todesco, al quinto i fratelli Malta. Al quarto piano è insediata la Fraterna da Maritar Donzelle, un'associazione di carità per le giovani prive di dote. Tutti gli occupanti della casa sono ebrei. E tutti vivono in affitto. Nel pieno dell'età dei Lumi, la proprietà immobiliare resta preclusa agli israeliti, quand'anche entro i limiti del quartiere loro imposto e riservato.

Il Ghetto di Venezia era stato il primo in Europa, al punto di dare il nome alla cosa: la parola «ghetto» derivava dal «getto» delle scorie di una fonderia di rame situata lì, a Cannaregio, dopo che il «g» dolce del dialetto veneto aveva ceduto il passo – nella lingua degli ebrei ashkenaziti – al «gh» duro del tedesco. Il 29 marzo 1516, la Repubblica Serenissima aveva ordinato a «li Giudei» della città di «tutti abitar unidi» nella «Corte de Case» presso San Gerolamo, «acciocché non vadino tutta la notte attorno». Ogni mattina, soltanto al primo suono della campana di San Marco gli ebrei di Venezia (cinquecento o settecento che fossero, secondo i calcoli del diarista Marin Sanudo) avrebbero avuto il diritto di lasciare il Ghetto per affaccendarsi, al mercato di Rialto, nelle solite loro faccende: i banchi di pegno, la vendita di stoffe, il riciclo di abiti e oggetti usati.

In fondo, tenere gli ebrei dentro la città, senza ricacciarli verso la Terraferma o oltre le acque del Lido, costituiva un buon affare così per i padroni di casa come per l'erario della Repubblica. «Quando li hebrei andassero via di Venetia – ragionava un proprietario – si caveria molto poco, per esser loco picolo e di poco momento, et a ridurlo che li potessero habitar cristiani li bisognarabe spender molti denari». Trattenere gli ebrei a Venezia profittava anche alle casse dello Stato, poiché incrementava il gettito fiscale; e comunque valeva a conservare sul posto i beni dei cristiani finiti in mano a *zudei* attraverso i banchi dei pegni. Insomma, occorreva fare buon viso a cattivo gioco. Bisognava vendere agli ebrei il diritto d'accesso all'acqua dei pozzi. Bisognava individuare i luoghi dove potessero tagliare ritualmente la loro carne. E bisognava rassegnarsi a quelle poche case di Cannaregio straripanti e maleodoranti, «otto e diese e alle volte molte più persone quali stano in un sol logo streti et con molto fettor».

Del Ghetto, nel cinquecentesimo anniversario della sua istituzione, Donatella Calabi restituisce ora una storia anzitutto urbanistica. Segue l'allargarsi del quartiere recintato, quando al Ghetto Nuovo si aggiunse il Ghetto Vecchio (i nomi traggono in inganno) e poi il Ghetto Nuovissimo. Accompagna l'accrescersi demografico della comunità ebraica di Venezia, quando agli ashkenaziti si sommarono i sefarditi, levantini o ponentini, elevando a quasi cinquemila – verso la metà del Seicento – il numero di israeliti abitanti in città, il 3% della popolazione totale. Sottolinea la svolta intervenuta nel 1589, quando gli ebrei furono ufficialmente autorizzati dalla Repubblica a «tener sinagoghe, secondo l'uso loro»: le cinque sinagoghe tanto dimesse nell'aspetto esteriore quanto trionfanti, all'interno, di luce naturale e artificiale, che ancora oggi testimoniano ai turisti di una vita religiosa tutta concentrata sull'illuminazione del Libro.

Lungi dall'esaurirsi tra banchi e banche di Rialto, la quotidianità degli ebrei veneziani era fatta di mille altre cose. Le *yeshivot* dove bambini (i maschi, ma anche le femmine) e ragazzi studiavano dapprima l'ebraico e la Bibbia, poi le scienze e la filosofia. Le stamperie dalle quali uscirono, fra Cinquecento e Settecento, autentici tesori di letteratura biblica, talmudica, cabbalistica. Le botteghe di Cannaregio (legali o illegali) dove si lavoravano gioielli, si trafficavano preziosi, si confezionavano e si smerciavano pellicce. E ancora i forni per il pane e per le azzime, i negozi di cibo kosher, le botteghe del barbiere e del cappellaio, l'antro dell'alchimista, il deposito delle casse da morto destinate a viaggiare in gondola – un giorno o l'altro – verso il cimitero di San Nicolò al Lido: l'unico bene immobile che gli ebrei veneziani avessero il diritto di possedere.

Come per altre comunità ebraiche degli antichi Stati italiani, così per la comunità di Venezia la fine dell'isolamento avvenne per tappe, con fughe in avanti e marce indietro, nei decenni compresi tra l'epopea di Napoleone e l'epopea del Risorgimento. Durante la Restaurazione, il governo austriaco riconobbe agli ebrei la possibilità di accedere alla proprietà immobiliare. Banchieri come gli Errera o i Levi poterono dunque muovere alla conquista di prestigiosi palazzi sul Canal Grande, mentre la declinante popolazione del Ghetto pur cercava di conservare le sue antiche abitudini. Cercava di evitare che la fine delle interdizioni coincidesse con la fine delle tradizioni. Cercava di non pagare troppo caro il prezzo dell'uguaglianza.

Separate da un secolo di storia, due istantanee tratte dal libro di Calabi – l'una curiosa, l'altra drammatica – rappresentano l'alfa e l'omega di questa storia. Il 1° dicembre 1830, il medico G. Levi procede a un rilevamento delle oche possedute dai macellai operanti nel Ghetto, e ne conta nientemeno che 1580: in pratica, un'oca per ogni ebreo allora residente in città, a suggello della centralità dell'oca nell'arte del «mangiare alla giudia», perché non mancasse mai in tavola un salame d'oca, o un fegato grasso, o una focaccia alla pelle d'oca fritta. Il 17 settembre 1943, il medico Giuseppe Jona, anziano presidente della comunità israelitica locale, preferisce suicidarsi piuttosto che consegnare ai nazifascisti l'elenco dei suoi correligionari destinati ai treni per Auschwitz. Rinunciare all'allevamento delle oche non era bastato agli ebrei per farsi accettare quali uomini e donne come gli altri.

(2016)

A modo loro

In quasi tutti i dipartimenti di Storia delle maggiori università americane vengono proposti uno o più insegnamenti di Jewish history, cioè di Storia ebraica. Ai quali si aggiungono gli insegnamenti di American history, French history, Chinese history eccetera. Il che non corrisponde affatto a qualcosa di analogo, nella misura in cui questi ultimi si riferiscono per definizione a uno spazio geografico, mentre quelli di Jewish history richiamano un popolo, o un'etnia, o un'identità. Anche nelle università israeliane, gli insegnamenti di Storia ebraica – e non di Storia di Israele: il che sarebbe ben diverso – vengono normalmente distinti da quelli di Storia dell'America o dell'Europa, dell'Africa o dell'Asia.

Ma esiste una Storia ebraica? E ha senso definirla in quanto tale, allo stesso modo in cui negli Stati Uniti, o in generale nell'ambiente accademico anglosassone, si definisce e si insegna una Islamic history? Ancora: perché, nell'accademia americana o britannica, una Christian history viene insegnata quasi soltanto presso le scuole superiori di teologia? Anglosassoni a parte, quanti fra noi, nell'Occidente più o meno laico, si sentirebbero adeguatamente rappresentati da una didattica universitaria che distinguesse preventivamente l'insegnamento di Storia cristiana (più che di Storia del cristianesimo) da quello di tutte le altre storie? E quale studioso assennato pretenderebbe oggi di ricostruire la storia della Palestina moderna distinguendo in questa la Storia ebraica dalla Storia islamica?

L'attualità – una tragica attualità – si incarica fin troppo di dimostrarlo: a chi guardi senza paraocchi alla vicenda della città di Gerusalemme o dei territori della Cisgiordania, riesce del tutto evidente come le due storie, l'ebraica e l'islamica (oltreché una terza, la storia cristiana in Palestina), partecipino di una stessa storia. Così per il XXI secolo, e così per i secoli precedenti. Si tratti del medioevo o dell'età moderna, dell'Otto o del Novecento, più che la storia ebraica, ha senso studiare la storia degli ebrei (esattamente come, più che la storia islamica, ha senso studiare la storia dei musulmani, e più che la storia cristiana, la storia dei cristiani).

Storia degli ebrei, quindi. Non nella loro separatezza, ma nella loro interazione con gli uomini e le donne di altre fedi religiose – o di nessuna fede – che abbiano vissuto in un medesimo spaziotempo, che abbiano insistito su uno stesso territorio in uno stesso periodo storico. Per esempio, *Storia degli ebrei nell'Italia moderna. Dal Rinascimento alla Restaurazione*: secondo il titolo che Marina Caffiero ha pensato bene di dare al suo ultimo libro, appena uscito da Carocci. Appunto per sottolineare il carattere falsificante di una storia ebraica che postuli la separatezza tra le comunità israelitiche degli antichi Stati italiani e il contesto cristiano maggioritario: «La storia degli ebrei e dei cristiani è una storia di scambi e intrecci istituzionali, sociali e culturali, impossibili da separare, in cui le minoranze non costituiscono delle isole».

Nella ricostruzione di Caffiero, la vicenda storica degli ebrei nell'Italia moderna comprese tre fasi. La prima e la seconda furono inaugurate da un «trauma»; la terza da una «svolta» benefica, ma a suo modo dolorosa. Il primo trauma intervenne tra la fine del Quattrocento e l'inizio del Cinquecento, quando alla cacciata degli ebrei autoctoni dalla Sicilia e dall'intero Mezzogiorno – italico riflesso della *Reconquista* spagnola – si accompagnò l'arrivo, nel Centro-nord, di massicci contingenti di ebrei originari proprio della Spagna e soprattutto del Portogallo. Il secondo trauma intervenne nel Seicento, quando, tenendo dietro all'esempio fornito dai papi della Controriforma, le classi dirigenti di tutti gli antichi Stati costrinsero gli ebrei d'Italia entro i confini dei ghetti. La svolta benefica ma dolorosa intervenne dal tardo Settecento al primo Ottocento, quando le riforme illuministiche, giacobine e napoleoniche dischiusero agli ebrei la strada dell'emancipazione, ma a rischio concreto di un'assimilazione, di una perdita dell'identità.

Gli ebrei spagnoli e portoghesi che raggiunsero l'Italia centro-settentrionale all'inizio del Cinquecento erano i cosiddetti «marrani». In teoria, ebrei convertiti (più o meno forzosamente) alla religione cristiana. In pratica, ebrei rimasti fedeli (più o meno nascostamente) alla religione degli avi. Falsi cristiani, dunque. E in quanto tali oggetto di diffidenza diffusa, quando non – come nella Ancona pontificia del 1556, in un terribile *auto da fé* – di aperta persecuzione. Vittime, i marrani? Certo. Ma non soltanto vittime. A scoprire, attraverso il racconto di Caffiero, le ingegnose maniere in cui i sefarditi di origine lusitana stesero le loro reti amicali, commerciali, matrimoniali da un angolo all'altro dell'Europa cinquecentesca, da Anversa a Genova e da Livorno a Ferrara verso l'Impero ottomano e addirittura verso le Indie, si tocca con mano come la storia degli ebrei in età moderna sia irriducibile (fortunatamente!) al paradigma «vittimario» con cui è stata il più delle volte declinata.

Nella loro identità plurima, i marrani portoghesi erano figure destabilizzanti. Erano invise ai cristiani, ma riuscivano sgradite anche a non pochi ebrei di origine italiana, che faticavano a riconoscere in loro il profilo chiaro e distinto del correligionario ortodosso. Secondo i termini di una denuncia raccolta dall'Inquisizione veneziana nel 1580: «Questi portoghesi de questa sorte non sono né christiani né hebrei né turchi né mori, ma vivono al modo loro. Et quando vanno in sinagoga, portano un officiolo alla cristiana in lingua portoghese et sono odiati da li altri hebrei, che non portano altro che 'l turpante da hebrei». Nelle parole di un altro veneziano del Cinquecento, il marrano era «un traditor et l'homo non se ne pole fidar et io non l'ho né per cristiano né per hebreo, ma per homo senza religione».

Così, come per altre figure dell'ebraismo moderno e contemporaneo, era la loro identità cosmopolitica, di confine, che esponeva i marrani – entro il campo stesso dell'ebraismo – alla facile accusa di tradimento (proprio quella, sia detto per inciso, che Amos Oz ha scelto di porre al centro del suo ultimo romanzo, *Giuda*). Mentre era la loro formidabile intraprendenza culturale e mercantile, variamente dispiegata fra i torchi di una Venezia capitale europea dell'editoria, o nelle nebbie della Ferrara estense, o lungo i moli della Livorno medicea, che esponeva i marrani al desiderio di rivalsa dei cristiani.

Il ghetto rappresentò la soluzione prettamente italiana – controriformistica e papalina – al problema politico, religioso ed economico della diversità ebraica. E se il «secolo dei ghetti», come Marina Caffiero lo qualifica, fu il Seicento, fu nel corso del Settecento che i ghetti salirono da 29 a 41, raccogliendo oltre il 75% degli ebrei d'Italia. Ma perfino il mondo dei ghetti, quale emerge da questo libro, non era un mondo di separatezza. Luogo di segregazione, il ghetto restava pur sempre un luogo di inclusione, nella misura in cui faceva parte integrante del tessuto urbano (e del vissuto quotidiano) dell'una o dell'altra città italiana, Torino o Mantova, Modena o Firenze, Pesaro o Roma. In fondo, la soluzione del ghetto risparmiò agli ebrei della penisola il destino storico dell'espulsione, o comunque dell'esclusione. E garantì loro, paradossalmente, una coesione identitaria che sarebbe divenuta difficile dopo la sospirata revoca delle cosiddette interdizioni israelitiche.

(2014)

Lo straccivendolo della Rivoluzione

Viveva in una mansarda della rue Saint-Denis, nel cuore della Parigi popolare. Ci era arrivato poco più che ventenne, nel 1774, mettendosi alle spalle lo *shtetl* della sua infanzia, laggiù in Polonia, dalle parti di Lublino. Di giorno, sbarcava il lunario come quasi tutti gli ebrei intorno a lui, un migliaio di immigrati dall'Europa centrale o orientale: vendeva abiti vecchi nel quartiere delle Halles. Di notte si tuffava nei libri, per impadronirsi della lingua francese dopo il tedesco, il polacco, e lo yiddish degli antenati. Scapolo, non si interessava alle donne, né israelite né gentili. Era un totale signor Nessuno: povero, zotico e, per giunta, circonciso. Si chiamava Zalkind Hourwitz.

Se la Francia di fine Settecento non fosse stata il paese che era, la Storia si sarebbe dimenticata di lui. L'ambulante autodidatta non avrebbe lasciato traccia scritta di sé, e sarebbe morto come la maggior parte dei diseredati, ebrei o non ebrei: senza meritare nei libri di storia neppure una nota a piè di pagina. Ma alla vigilia della Rivoluzione, la Francia era un paese straordinario, quanto di più lontano si possa immaginare dallo stereotipo scolastico della monarchia assoluta. Tutti discutevano su tutto, sulle collane di Maria Antonietta o sugli aerostati dei fratelli Montgolfier, sull'impotenza sessuale di Luigi XVI o sulla convocazione degli Stati generali. Così, anche un non-essere come Zalkind Hourwitz ebbe diritto di parola. E scelse di esercitarlo.

Quando l'Accademia delle arti e delle scienze di Metz mise a concorso, nel 1787, un premio per l'autore della migliore dissertazione sul tema «C'è modo di rendere gli ebrei più felici e più utili alla Francia?», Hourwitz partecipò alla gara con un testo da lui ritoccato nel corso dell'anno successivo e pubblicato all'inizio dell'Ottantanove sotto il titolo *Apologia degli ebrei.* Era un libretto pieno di idee e strapieno di verve, che si può finalmente leggere in italiano grazie all'intraprendenza culturale delle edizioni Medusa. Unico ebreo a scendere in lizza, il venditore di abiti usati ebbe la soddisfazione di vincere il premio, a pari merito con un prete di campagna cui la Rivoluzione avrebbe riconosciuto il ruolo di protagonista nella lotta contro l'antisemitismo: l'abate Henri Grégoire. Ma la piccola celebrità acquisita con l'*Apologia degli ebrei* cambiò la vita anche di Hourwitz, proiettandolo verso un destino – provvisorio – di impensabile prestigio. Una favola bella, seppure di corta durata.

Nonostante la miseria in cui gli ebrei versavano nella Francia del tardo Settecento, il discorso su di loro era colpevolizzante, allarmistico, ansiogeno (tale e quale il discorso sui musulmani nell'Europa di oggi). Diffuso il timore di vedere gli ebrei, «la cui popolazione cresce in maniera prodigiosa», «costituire all'interno del regno una nazione straniera» e «invadere le proprietà terriere che non fossero già nelle loro mani». Ripetuta la denuncia contro gli effetti sociali delle prescrizioni talmudiche in materia di matrimonio, divorzio, maggiore età dei figli, ordine delle successioni. Insistita, quasi ossessiva, la contrapposizione tra gli ebrei come comunità e la Francia come collettività: «È necessario sapere se la religione che, presso gli ebrei, estende la sua influenza su quasi tutti gli atti della nostra società civile, permetterà loro di sottomettersi alle nostre leggi».

Nella vigilia rivoluzionaria in cui Hourwitz pubblicò l'*Apologia degli ebrei*, anche l'abate Grégoire diede alle stampe la sua dissertazione concorsuale, il *Saggio sulla rigenerazione fisica, morale e politica degli ebrei*. Le intenzioni del prete cattolico erano altrettanto generose che quelle dell'israelita autodidatta: entrambi peroravano la causa di una piena emancipazione degli ebrei. Ma fin dal titolo, l'abate Grégoire sottolineava come quell'emancipazione dovesse essere una «rigenerazione», cioè – letteralmente – una «nuova nascita» che togliesse agli ebrei quanto era loro più proprio, dalle abitudini alimentari alle tradizioni liturgiche, dalla lettura della Torah alla prospettiva della Palestina. Hourwitz aveva un'idea ben diversa, ch'egli riassunse così: «Il sistema per rendere gli ebrei felici e utili? Eccolo: smettere di renderli infelici e inutili».

«Non sono gli ebrei, ma i cristiani che bisognerebbe rigenerare», sostenne Hourwitz nell'impertinente suo libretto. Perché un antico pregiudizio antisemita vietava agli ebrei praticamente tutti i mestieri, obbligandoli a essere quasi soltanto venditori ambulanti, gioiellieri, o usurai. E quello stesso pregiudizio precludeva loro l'accesso alla cittadinanza francese. Una volta che fosse stato loro consentito diventare cittadini come gli altri, commerciando in ogni campo e svolgendo professioni liberali, gli ebrei si sarebbero facilmente integrati nella collettività dei cristiani, senza per questo dover rinunciare alla loro identità religiosa. D'altro canto, ammise Hourwitz, occorreva evitare che la comunità ebraica si chiudesse su sé stessa, rifiutando ogni forma di integrazione. Occorreva dunque vietare ai rabbini l'esercizio di qualsiasi potere al di fuori della sinagoga. Occorreva aprire ai bambini israeliti le porte delle scuole pubbliche. Occorreva proibire l'uso dell'ebraico nelle transazioni commerciali.

Le tesi di Hourwitz parvero così ragionevoli agli alti funzionari della monarchia borbonica, che il 23 maggio 1789 – cinquanta giorni prima della presa della Bastiglia – l'inquilino della soffitta di rue Saint-Denis si vide nominato addirittura bibliotecario di Sua Maestà: conservatore dei libri e dei manoscritti orientali presso la Bibliothèque royale! Ma negli anni successivi Hourwitz ebbe poco tempo da spendere in biblioteca. Milite della guardia nazionale, collaboratore di giornali democratici, portavoce ufficioso delle comunità ebraiche di Parigi e di Metz: fino a quando il Terrore non stese sulla Francia intera una cappa di conformismo e di morte, Hourwitz poté ben sentirsi cittadino onorario nel paese dei diritti dell'uomo.

Tanto più brusco dovette sembrargli il risveglio dal sogno. Ghigliottinati i rivoluzionari suoi amici, i libertari della Gironda. E precaria, dopo il Termidoro, l'emancipazione ottenuta dagli ebrei nel 1791, quasi azzerata da Napoleone Bonaparte. Perso il posto di bibliotecario, Hourwitz si ritrovò altrettanto povero e solo che prima della Rivoluzione. Scrisse ancora qualche articolo di giornale, come per dimostrare che c'era anche lui. Ma dopo l'ubriacatura della fraternità e dell'eguaglianza, i diritti degli ebrei non interessavano più nessuno.

Perfino la mansarda in rue Saint-Denis divenne troppo cara per le tasche vuote di Zalkind Hourwitz. Gli restarono comunque energie da dedicare a una vecchia passione dei filosofi: la ricerca di un idioma perfetto, perché universale. Con la sua *Poligrafia, o l'arte di corrispondere in tutte le lingue* (libro che non è sfuggito all'onniscienza di Umberto Eco), il venditore ambulante delle Halles anticipò di ottant'anni un altro ebreo polacco, appena più fortunato di lui nel coltivare l'utopia di un mondo unito dalle parole: l'oculista Ludwik Zamenhof, inventore dell'esperanto.

(2006)

Perfidi o ciechi?

Si è fatto un gran parlare, il mese scorso, del *Motu proprio* con cui Benedetto XVI ha autorizzato la reintroduzione nella liturgia cattolica della messa in latino. Se ne è parlato anche a sproposito, sostenendo che la decisione di papa Ratzinger avrebbe potuto annaffiare la mala pianta dell'antisemitismo cristiano, attraverso la riproposizione nella liturgia del Venerdì santo della preghiera per i «perfidi giudei». Il che è totalmente inesatto, poiché Benedetto XVI ha liberalizzato l'impiego del messale tridentino nella sua versione del 1962, dalla quale già erano state cancellate le formule sui «perfidi giudei» e sulla «perfidia giudaica».

Inesattezze a parte, le discussioni del mese scorso avranno comunque avuto il merito di evocare l'importanza di una preghiera, appunto quella *Pro perfidis Judaeis*, che per oltre mille anni – dall'inizio dell'età carolingia alla metà del XX secolo – ha risuonato nelle nostre chiese durante i riti del triduo pasquale: contribuendo anch'essa, insieme con altri riti e altri miti, al pregiudizio negativo dei cristiani contro il «popolo deicida».

Sul «Sole 24 Ore», la storica Emma Fattorini ha ricostruito un episodio notevole di questa lunga vicenda. Nel 1928, un'associazione cattolica denominata Amici di Israele, che comprendeva fra i propri membri influenti presuli del Vaticano, presentò alla Congregazione dei Riti la richiesta formale di cancellare dalla preghiera *Pro Judaeis* le espressioni relative alla perfidia degli ebrei. A incaricarsi della pratica fu l'abate benedettino Ildefonso Schuster (di lì a poco, arcivescovo di Milano), che si disse più che favorevole alla proposta. L'ultima parola spettava però al Sant'Uffizio. Il quale non soltanto bocciò sdegnosamente la richiesta di cancellazione, ma inflisse al benedettino Schuster una severa reprimenda (e approfittò della circostanza per dichiarare soppressa l'associazione Amici di Israele).

Emma Fattorini ha concluso il suo intervento con l'esplicitazione di un dubbio, inseparabile dall'espressione di un rimpianto. Se già nel 1928 avesse accettato di omettere dalla liturgia della Pasqua le formule rituali sui perfidi giudei, il Vaticano non avrebbe forse contribuito in modo significativo ad arginare la crescente ondata antisemita, che presto avrebbe prodotto la tragedia della Shoah?

Ma l'episodio del 1928 non fu l'unica occasione in cui autorevoli voci si levarono, all'interno stesso della Chiesa cattolica, per argomentare l'opportunità di una riforma liturgica che cancellasse dalla preghiera *Pro Judaeis* le accuse contro la perfidia ebraica. Meno conosciuto ancora di quello del 1928 è un episodio più antico, risalente al 1808: all'età di papa Pio VII e dell'imperatore Napoleone Bonaparte. Un episodio di cui nulla si saprebbe a tutt'oggi senza l'acribia di un valente studioso dell'Archivio Segreto Vaticano, monsignor Giuseppe Croce, che di recente ne ha ritrovato le tracce sotto la polvere di ingialliti documenti.

Nella primavera del 1808, quando la Toscana fu annessa all'Impero napoleonico, le nuove autorità bonapartiste sollecitarono i vescovi della regione affinché intervenissero sulla liturgia del Venerdì santo con due significative riforme. Anzitutto, si richiedeva loro di sostituire alla classica preghiera per l'imperatore dei Romani un'orazione per Napoleone, «Christianissimo imperatore nostro». Inoltre, nella preghiera *Pro Judaeis*, si richiedeva di sostituire le formule sui perfidi giudei e sulla perfidia giudaica – giudicate «troppo ingiuriose» – con due espressioni meno corrosive: rispettivamente, «accecati giudei» e «giudaica cecità».

In attesa di ricevere dal papa istruzioni precise al riguardo, un po' tutti i vescovi di Toscana accolsero le richieste delle autorità napoleoniche con deferenza, e alcuni quasi con entusiasmo. Forse perché ossequiosi verso i nuovi padroni, ma forse anche perché sensibili alla necessità di ripensare il rapporto dei cristiani con gli ebrei, il vescovo di Chiusi e Pienza, il vescovo di Pescia, il vescovo di Pistoia e Prato, il vescovo di Fiesole, il vescovo di Livorno, il vicario generale di Firenze, l'arcivescovo di Pisa fecero a gara nell'inviare una circolare ai parroci delle rispettive diocesi, prescrivendo per le funzioni dell'imminente Settimana Santa sia la preghiera in gloria di Napoleone imperatore, sia le nuove parole nelle «preci pelli ebrei».

Senonché, da Roma, anche la reazione ufficiale di Pio VII raggiunse i vescovi di Toscana a stretto giro di posta, nell'immediata vigilia della Pasqua. Nessun problema – spiegò il papa – ad accettare la richiesta di pregare per Napoleone come imperatore cristianissimo. Ma divieto assoluto di sostituire, nell'orazione *Pro Judaeis*, «perfidi» con «accecati» e «perfidia» con «cecità». «Se si facesse ora un cambiamento parrebbe che la Chiesa avesse fin'ora errato, e riconoscesse ora negl'ebrei non più un errore di malizia e di ostinazione, ma di semplice cecità e ignoranza». Se proprio le autorità napoleoniche insistevano – concluse Pio VII – che i vescovi omettessero del tutto dalla messa la preghiera per gli ebrei, salvo ripristinarla in tempi migliori…

E fu così che a Pasqua di quel «fatale 1808» (come lo ha definito monsignor Croce), la liturgia del Venerdì santo non comprese, in molte chiese toscane, le parole dell'odio. Per quell'unica volta, in mille e più anni di storia del cristianesimo.

(2007)

Il segno color giallo

La Shoah non è uscita tutta intera dalla testa di Hitler, come Minerva dalla testa di Giove. Il progetto nazista di eliminare la «razza» ebraica ha origini culturali che affondano le loro radici nella storia europea del tardo Ottocento e del primo Novecento. Almeno su questo punto, gli storici dell'antisemitismo si trovano d'accordo. E citano quasi sempre, come precedente dell'hitleriano *Mein Kampf*, i celebri *Protocolli dei savi Anziani di Sion*: un falso documento prodotto dalla polizia segreta zarista nel 1905, destinato a circolare ovunque nel Vecchio continente e ad alimentare l'isteria antisemita di almeno due generazioni di europei.

Professore di Antropologia e Storia alla Brown University di Providence, David Kertzer non si è accontentato di risalire – nello studio delle origini culturali della Shoah – al passaggio di secolo tra Otto e Novecento. Né si è accontentato di limitare il suo sguardo all'Europa centrale e orientale, là dove il mostruoso disegno dello sterminio avrebbe finito per mietere la maggior parte delle sue vittime. Studioso dell'Italia moderna, Kertzer ha voluto ricercare le radici della tragedia già a partire dal Settecento, e più vicino a casa nostra: scavando nella storia della Roma vaticana e della cultura cattolica.

I papi contro gli ebrei è un libro che si legge con fastidio e con pena. Il fastidio deriva dalla mediocrità della traduzione italiana. La pena deriva da qualcosa di molto più grave: dalle responsabilità della Chiesa nella genesi della Shoah. Alla vigilia del 2000, dopo una decennale riflessione ordinata da Giovanni Paolo II, il Vaticano ha ufficialmente negato qualsiasi collegamento fra l'antigiudaismo tradizionale della Chiesa e l'antisemitismo eliminazionista. Ma il libro di Kertzer dimostra l'infondatezza di questa autoassoluzione. Se lo sterminio degli ebrei ha potuto avere luogo in paesi di antica civilizzazione cristiana, è anche perché la Chiesa cattolica (e i papi in persona) hanno contribuito – per due secoli dopo l'Illuminismo – a legittimare e a corroborare un pregiudizio antisemita.

«Debbano gli Ebrei dell'uno, e dell'altro sesso portare il segno color giallo, per cui vengano distinti dagl'altri, e debbano sempre portarlo in ogni tempo, e luogo, tanto nei Ghetti, quanto fuori di essi»: questa non è la traduzione maccheronica di un qualche ordine pubblicato dai nazisti nella Varsavia del 1942; è il testo originale di un editto di papa Pio VI, risalente al 1775. Il testo continuava vietando agli ebrei dello Stato pontificio di giocare, mangiare, bere, addirittura parlare con i cristiani, «sotto pena agli Ebrei di scudi dieci, e del carcere ad arbitrio, ed a' Cristiani di scudi dieci, e di altre corporali ad arbitrio».

Da Pio VI a Pio VII e da Pio VIII a Pio IX, la musica del Vaticano non sarebbe cambiata granché. Durante il secolo successivo alla prima emancipazione degli ebrei, avvenuta con la Rivoluzione francese, i papi avrebbero instancabilmente ripicchiato sul tasto del malvagio giudeo: un giudeo così pericoloso per il cristiano da doverlo sempre sorvegliare, se proprio non era possibile convertirlo. Da qui pratiche odiose come quella della predica obbligatoria, che gli ebrei erano costretti ad ascoltare, di sabato, dalla voce irridente di un sacerdote cattolico. O come la pratica dei battesimi forzati dei bambini, incubo ricorrente nella vita delle famiglie israelite.

Tra il 1858 e il 1860, intorno al battesimo forzato di un fanciullo – l'ebreo bolognese Edgardo Mortara – scoppiò uno scandalo internazionale che finì per costare caro a Pio IX, contribuendo alla fine del suo potere temporale: è la storia splendidamente raccontata da Kertzer nel suo libro precedente, *Prigioniero del Papa Re*. Ma anche dopo il 1870, quando (dopo la breccia di Porta Pia) i papi si trovarono confinati in quella sorta di ghetto che divenne il Vaticano, i successori di Pietro non persero l'abitudine di trattare gli ebrei come nemici giurati della cristianità. Al contrario, riscontrarono nell'evoluzione sociale e politica dell'Europa nuove ragioni per urlare al complotto «giudaico-massonico», riconoscibile così nelle trame della finanza internazionale come nei progressi dell'idra socialista.

Uno dopo l'altro, i papi si rifiutarono poi di smentire l'antica «accusa del sangue», secondo la quale gli ebrei avevano bisogno di uccidere bambini cristiani per preparare con il loro sangue il pane azzimo delle feste. Né Leone XIII, né Pio X furono disposti a sottoscrivere una confutazione ufficiale delle leggende relative al cosiddetto omicidio rituale. Ancora nel 1914 «Civiltà cattolica» – l'influente periodico dei gesuiti, vicinissimo alla Curia – poteva mettere in guardia dagli ebrei che consideravano il sangue «una bevanda come il latte».

Quattro anni più tardi, da visitatore apostolico in Polonia, monsignor Achille Ratti nulla fece per frenare l'ondata di violenze antiebraiche che andavano scuotendo il paese. In questo silenzio sui pogrom da parte del futuro Pio XI, giustamente Kertzer riconosce la premessa di altri silenzi vaticani. Nel 1938, papa Ratti avrebbe vissuto con interiore tormento, ma senza proferire verbo, l'applicazione delle leggi razziali in Italia. E dopo di lui, Pio XII avrebbe lasciato compiersi l'intero percorso della Shoah senza mai pronunciare in pubblico la parola «ebreo».

(2002)

Energici e bellissimi

Dopo la morte prematura del figlio, una vedova ebrea viveva da sola con la nuora cristiana. Trattata come una serva, costretta a lavorare di sabato e a mangiare nel giorno di Kippur, «la povera vecchia ricordava lo schianto del suo cuore» quando il figlio le aveva annunciato di voler sposare «quella donna che i suoi amici cristiani meno stupidi di lui avevano pagata e lasciata ad altri». Da subito dopo il matrimonio, la sgualdrinella aveva rinfacciato al marito le sue origini ebraiche; e gli aveva imposto al capezzale «un crocifisso che le avevano dato le monache», «un'immagine alla quale tutti i capiscarichi di cattivo gusto avevano appesa la pipa» prima di assaporare le «gesta erotiche» dell'ex educanda. Ma la povera vecchia ricordava anche un'altra ragazza, «una dolce fanciulla ebrea, buona e gentile e modesta» che «sarebbe stata beata di sposare Bonaiuto»: «quanto sarebbero stati tutti felici... ora nessuna speranza più...».

Scritto da tale Gino Racah e pubblicato nel 1906 sul «Vessillo Israelitico», la principale rivista ebraica dell'Italia liberale, il racconto *Tristi effetti* illustra un incubo caratteristico delle minoranze religiose di allora e di poi: la paura che un'integrazione nella cultura maggioritaria possa risolversi in un'assimilazione. Cioè la paura che un guadagno, l'accesso ai diritti, possa risolversi in una perdita, l'abbandono dei doveri. A cominciare dal sacrosanto dovere di sposarsi all'interno della comunità d'appartenenza, rifuggendo la tentazione perniciosa del matrimonio «misto».

Nel 1861, con l'Unità, i trenta o quarantamila ebrei che abitavano il nuovo Regno d'Italia si erano visti riconoscere la pienezza dei diritti civili e politici: erano divenuti cittadini come gli altri oltreché sudditi della monarchia sabauda. Naturalmente, gli ebrei italiani avevano accolto con sollievo questa uscita dai ghetti, la tanto sospirata «emancipazione». Ma avevano presto dovuto fare i conti con il prezzo dell'eguaglianza: con la necessità di uniformarsi ai principî come ai codici dell'Italia laica, rinunciando a una separatezza che aveva garantito loro – in passato – la sopravvivenza sia di antichissime usanze rituali, sia di istituti quali i tribunali rabbinici. Essere italiani come tutti gli altri poteva, e forse doveva significare essere meno ebrei di prima? Questo il dilemma che accompagnò la vita delle comunità israelitiche nel mezzo secolo compreso fra l'unità d'Italia e la Grande guerra.

È un dilemma di cui Carlotta Ferrara degli Uberti ha ricostruito le implicazioni in un libro pubblicato dal Mulino, *Fare gli ebrei italiani*. Dove appunto si guarda al processo di «nazionalizzazione» degli israeliti nell'Italia liberale, e si misura come tale processo sia stato – al tempo stesso – agevole e faticoso. Fu agevole, perché la minoranza ebraica condivideva con la maggioranza cristiana tutto un bagaglio di valori che noi potremmo definire (semplificando) borghesi o piccolo-borghesi. Fu faticoso, perché la logica delle culture di minoranza intrinsecamente comporta una frizione tra diritti collettivi e diritti individuali. Quando si tratta di rivendicare diritti collettivi, le minoranze religiose ragionano quasi sempre con spirito liberale. Ma quando si tratta di concedere diritti individuali, le medesime minoranze tendono a relegare il liberalismo in soffitta.

L'attacco contro i matrimoni misti fu soltanto una delle forme di chiusura identitaria dell'ebraismo italiano di fine Ottocento. Altre riguardarono la difesa a spada tratta della circoncisione, contro le critiche di chi denunciava ogni mutilazione genitale come lesiva dei diritti umani; o la strenua difesa del levirato (l'obbligo fatto al cognato di sposare una donna rimasta vedova senza figli), a tutela del cognome del defunto e dell'integrità del suo patrimonio. Né tali forme di chiusura identitaria si limitarono al terreno di una difesa teorica e pratica dei precetti trasmessi dalla Bibbia. I riflessi difensivi di una comunità che si sentiva tanto più minacciata quanto più emancipata investirono anche una burocrazia che si intendeva far valere da pegno dell'ortodossia: per esempio, sotto forma dell'iscrizione coatta di ogni ebreo italiano alla comunità israelitica di sua pertinenza.

Se poi – come fu il caso, nel 1914, del deputato socialista Giuseppe Emanuele Modigliani – un ebreo italiano si ribellava, in nome della libertà di opinione religiosa, al principio di tale iscrizione coatta e addirittura ne chiedeva ragione in Parlamento, poteva capitare che il «Vessillo Israelitico» lo accusasse di capeggiare una «coalizione ebreo-antisemita contro l'Ebraismo costituito». E poteva capitare che il più diffuso fra i periodici israeliti invocasse l'aiuto delle istituzioni statali contro quanti tradivano il popolo di Mosè: «l'Ebreo Modigliani ha ancora bisogno che il governo d'Italia gl'insegni che la propria qualità di Ebreo non si perde né con una istantanea dichiarazione verbale né con un tratto di penna».

Poteva capitare insomma, all'indomani dell'*affaire* Dreyfus e alla vigilia della prima guerra mondiale, che gli ebrei italiani parlassero tali e quali come gli antisemiti. Senza capire quanto il clima fosse cambiato in Europa proprio intorno al caso Dreyfus; e senza misurare i rischi di un arroccamento che avrebbe offerto nuova benzina alla macchina mitologica dell'antisemitismo. Al di qua come al di là delle Alpi, gli ebrei avevano talmente interiorizzato il discorso di fine Ottocento sulle «razze» e sulla «degenerazione» da appropriarsene essi stessi: senza intuire come quel discorso preludesse, in un modo o nell'altro, all'orrore più grande del Novecento.

Nel 1910, era la «Settimana Israelitica» che wagnerianamente invitava gli ebrei italiani a rigenerare nelle palestre di ginnastica una «stirpe depauperata» da secoli vissuti entro le «mura fetide dei ghetti», e che – per quanto ignara di psicoanalisi – freudianamente li esortava: «Noi non dobbiamo più essere i poveri squallidi e smunti ebrei del Medio Evo, ma gli ebrei forti energici e bellissimi, domatori di tutte le nevrastenie».

(2012)

Cimiteri in cerca d'identità

Con la libertà di parola del romanziere, Giorgio Bassani aveva già detto molto, quasi tutto. Nel 1962, immaginando la tomba ferrarese dei Finzi-Contini, aveva detto le manie di grandezza funeraria che colsero gli ebrei italiani all'indomani dell'Unità, nel tempo felice seguìto all'emancipazione: «La tomba era grande, massiccia, davvero imponente: una specie di tempio tra l'antico e l'orientale, come se ne vedeva nelle scenografie dell'*Aida* e del *Nabucco* in voga nei nostri teatri d'opera fino a pochi anni fa». «Ne era venuto fuori un incredibile pasticcio in cui confluivano gli echi architettonici del mausoleo di Teodorico di Ravenna, dei templi egizi di Luxor, del barocco romano, e persino, come palesavano le tozze colonne del peristilio, della Grecia arcaica di Cnosso».

Bassani aveva detto, anche, il degrado sorprendentemente rapido di cappelle come quella dei Finzi-Contini, un degrado risalente già al primo dopoguerra: precedente la rovina delle famiglie ebraiche dopo le leggi razziali del 1938 e l'occupazione tedesca del 1943, precedente la distruzione degli ebrei di Ferrara come d'Italia e d'Europa. «Mezzo affondata nel verde selvatico, con le superfici dei suoi marmi policromi, in origine lisce e brillanti, rese opache dai bigi accumuli di polvere, menomata nel tetto e nei gradini esterni da solleoni e gelate, già allora essa appariva trasformata in quell'alcunché di ricco e di meraviglioso in cui si tramuta qualunque oggetto rimasto a lungo sommerso». Bassani aveva detto, insomma, il fascino rapinoso del cimitero ebraico in Italia: un frutto maturato e marcito nel breve volgere dei decenni che separarono le illusioni di Vittorio Veneto dalle promesse di Porta Pia.

Sulla breve stagione durante la quale il cimitero ebraico poté liberamente svilupparsi in Italia come spazio identitario, l'architetto Andrea Morpurgo ha adesso scritto un libro che può valere da prima ricognizione storica. Una sistemazione della materia in ordine cronologico, e un inventario ragionato dei luoghi. Con tutto un apparato iconografico di planimetrie, stampe, fotografie d'insieme e di dettaglio, e con dovizia di rimandi archivistici e indicazioni bibliografiche.

Prima dell'emancipazione, la storia delle sepolture ebraiche in Italia corrisponde – naturalmente – a una storia di discriminazione. Le autorità municipali dei borghi o delle città dove si erano stabilite comunità israelitiche non autorizzavano la «sepoltura dei giudei» altro che *extra muros*, fuori porta. Ai cristiani lo spazio consacrato delle chiese o dei camposanti *intra muros*, agli ebrei zone di inumazione suburbane, niente più che un «Prato», un «Campo», un «Orto» (o anche, spregiativamente, un «Campaccio», un «Ortaccio»). E la raccomandazione fatta spesso agli ebrei di organizzare i loro funerali di notte, senza «publiche cerimonie, ne cantare, ne portar lumi»: così da sottrarsi, con il favore delle tenebre, alle altrettanto frequenti molestie dei cristiani.

Dopo l'Unità, la fine delle interdizioni israelitiche dischiude anche agli ebrei la gran porta ottocentesca delle moderne necropoli costruite fuori le mura, monumentali città dei morti. In diversi casi, viene consentito alle comunità di aprire un «Reparto israelitico» annesso al nuovo cimitero cattolico: così a Torino, Milano, Genova, Bologna, Roma. In altri casi, si permette alle comunità ebraiche la ristrutturazione di antichi cimiteri autonomi o la costruzione di nuovi: così a Venezia, Trieste, Ferrara, Livorno, Firenze, Ancona, e in una varietà di centri minori dal Piemonte all'Umbria. È il mezzo secolo d'oro degli ebrei d'Italia, quello che va dall'Unità alla Belle Époque. E che non per caso coincide con l'epoca di costruzione delle maggiori sinagoghe.

In sinagoga come al cimitero, gli ebrei cercano di esprimersi attraverso un'estetica che sia loro propria: ma non per questo la trovano. «Uno stile veramente "Giudaico" che io sappia non esiste» deve riconoscere allora il più dotato e il più quotato degli architetti italiani di origine israelita, il vercellese Marco Treves. Nelle architetture delle sinagoghe come in quelle delle tombe, lo stile giudaico del mezzo secolo d'oro somiglierà fin troppo all'«incredibile pasticcio» descritto da Giorgio Bassani dopo mezzo secolo ancora con riferimento alla cappella di famiglia dei Finzi-Contini: sarà un'eclettica miscela di elementi assiri ed egizi, di reminiscenze o allusioni greche, di citazioni del gusto moresco. Più chiare e distinte, in compenso, appariranno le forme della sepoltura secondo la tradizione dei defunti, ashkenazita o sefardita: steli verticali per gli uni, lastre orizzontali per gli altri. E ricorrenti, nella trasparenza simbolica del loro significato, si faranno le presenze funerarie di *Magèn David* e *Menorah*, la stella a sei punte e il candelabro a sette braccia.

Nel mezzo secolo d'oro degli ebrei d'Italia, le loro tombe raccontano la storia di una borghesia la quale, al pari di certa borghesia dei gentili, ama immaginarsi come nobiltà. È quanto Primo Levi, scrivendo del cimitero ebraico di Venezia, avrebbe poi definito «il tratto più curioso di queste tombe»: l'invenzione di uno stemma di famiglia, la strana corsa verso l'araldica di dinastie che erano bel lungi dall'avere ricevuto – all'epoca dei ghetti – l'una o l'altra patente nobiliare. Lo stemma degli Abravanel, lo stemma dei Cabib, lo stemma dei Cohen, lo stemma degli Jona... «Oltre a tutto», noterà Levi, i blasoni rappresentavano «uno strappo al divieto biblico, "non ti farai immagini" (bisogna pure seguire i tempi, ed il prestigio sociale è qualcosa)».

Ancora Primo Levi, con il suo sguardo tanto acuto e la sua lingua tanto parlante: «Ma entro il contorno e gli svolazzi dello stemma si vedono simboli ebraici: il grappolo d'uva, le mani benedicenti dei Kohanim, la brocca dei Leviti, lo stilo degli scribi; o raffigurazioni tratte dal nome ebraico del defunto: il leone, il cervo, l'aquila, la colomba. In un unico contesto, in pochi palmi di pietra corrosa dal tempo, vediamo congiunta la fedeltà alla tradizione con il consenso alla vita: e del resto, nella Lingua Sacra, il cimitero è *Bet-Hayyim*, la Casa della Vita».

(2013)

Eredità in transito

«Le eredità non sono mai banali», si legge all'inizio di questo magnifico libro di Edmund de Waal, *Un'eredità di avorio e ambra*. Perché le eredità sono sempre fatte di cose, di cose concrete. Dunque – siano piccole o grandi, misere o sontuose – contengono storie. E «le storie stesse sono in qualche modo cose concrete. Storie e oggetti hanno qualcosa in comune, una patina». Lo sa bene de Waal che di mestiere fa il ceramista, che ha l'arte del tatto: le storie migliori somigliano a sassi di fiume, il loro bello sta nella levigatura.

D'altra parte, la storia dell'eredità – materiale e immateriale – degli ebrei d'Europa distrutti dal nazismo è stata talmente detta e ridetta da correre ormai il rischio di riuscire stucchevole per tutti, discendenti delle vittime o dei carnefici o degli spettatori. Peggio che stucchevole: pervasiva, colpevolizzante, inutile. «Solo perché possiedi qualcosa, non sei obbligato a tramandarla. Privarsi delle cose, a volte, può restituire spazio vitale». Ebraica o non ebraica, «la malinconia è una sorta di vaghezza automatica, una clausola liberatoria, una soffocante mancanza di lucidità». Basta, insomma, con l'«elegia della perdita in salsa mitteleuropea».

Edmund de Waal non ha voluto scrivere la nostalgica saga della famiglia da cui discende, gli Ephrussi: ebrei di

Odessa che a partire da metà Ottocento fecero fortuna con il commercio del grano, e che a fine secolo disponevano di un impero finanziario centrato su Vienna e su Parigi ma esteso all'Europa intera, prima di cadere in rovina per l'effetto congiunto della Grande guerra e della persecuzione hitleriana. Né de Waal ha voluto trasformarsi in un «triste detective della storia dell'arte», ricostruendo come siano stati trafugati l'uno o l'altro pezzo delle collezioni che i diversi rami della famiglia Ephrussi avevano messo insieme: a cominciare da decine di capolavori degli impressionisti appesi oggi alle pareti del Metropolitan Museum di New York, del parigino Musée d'Orsay, della National Gallery di Londra.

Anziché la storia di tutto quello che gli Ephrussi hanno perduto, de Waal ha voluto scrivere la storia dell'unica cosa che gli Ephrussi sono riusciti a conservare: una preziosa collezione di netsuke, le minuscole sculture in avorio e ambra o in legno di bosso con le quali gli uomini giapponesi – quando ancora indossavano il kimono, cioè fino all'Ottocento – rimediavano alla mancanza di tasche, impiegandole per fissare alla cintura del kimono stesso un astuccio per le monete o per la pipa e il tabacco.

La consistenza dei netsuke, quale meraviglioso antidoto all'inconsistenza della nostalgia! Rappresenti una lepre o un nudo di donna con polipo, un servitore addormentato o un sacerdote a cavallo, un accalappiatopi o due amanti durante l'amplesso, ogni singolo netsuke «è una piccola, spietata esplosione di esattezza, e merita di essere trattato con il medesimo rigore». È il rigore (spiega de Waal) che si riserva ai testimoni: anche mettendoli alle strette, interrogandoli senza tregua su tutto quanto hanno visto o sentito. Così – facendo parlare i netsuke – il ceramista di Londra ci guida successivamente in tre mondi, la Parigi del tardo Ottocento, la Vienna del primo terzo del Novecento, la Tokyo del secondo dopoguerra.

De Waal muove da Parigi perché fu lì, alla fine degli anni settanta dell'Ottocento, che la collezione delle sculturine settecentesche venne acquistata dal cugino del suo bisnonno, il critico d'arte e mecenate Charles Ephrussi: comprata in blocco, 264 pezzi, presso un mercante specializzato in quell'ultimo grido della moda, le giapponeserie. E de Waal indugia su Parigi perché la vetrina di netsuke allestita da Charles nella sua casa della rue de Monceau ne ha viste davvero tante, ha mille cose da raccontare. Compreso il (provvisorio) giapponismo di un personaggio letterario che su Charles Ephrussi risulta modellato non poco, Charles Swann: sì, proprio quello della *Recherche* di Proust.

Dalla loro vetrina in legno nero e lucido come lacca, i netsuke contemplarono imperterriti l'accumularsi sulle pareti dello studiolo di Ephrussi, negli anni ottanta dell'Ottocento, di asparagi dipinti da Manet, cavalli dipinti da Degas, bagnanti dipinti da Monet, canottieri dipinti da Renoir. Ma assistettero anche, nel decennio successivo, all'incrinarsi della reputazione sociale di Charles (divenuto prima il direttore, poi il proprietario della «Gazette des Beaux-Arts») sotto i colpi di un antisemitismo sempre più diffuso, ossessivo, viscerale. Giunta l'ora del caso Dreyfus, un antico *protégé* di Ephrussi com'era stato Renoir non avrebbe esitato a rompere pubblicamente con il mecenate e con la sua «arte giudaica».

Provvisorio come il giapponismo dello Swann proustiano, il giapponismo di Charles Ephrussi si esaurì durante gli anni novanta dell'Ottocento. Così, al cambio di secolo, i 264 netsuke, pur restando in famiglia, cambiarono paese e proprietario: regalo di nozze di Charles a un cugino viennese, Viktor. Era questi l'erede dell'impero Ephrussi in Europa centrale, ma piuttosto che di antichità orientali (o di strategie finanziarie, come pure avrebbe dovuto) si appassionava di storia romana. Nel fastoso Palais Ephrussi sul Ring, la vetrina dei netsuke venne dunque confinata allo spogliatoio di sua moglie, la bella quanto infedele Emmy Schey von Koromla.

Dallo spogliatoio del Palais, le sculturine giapponesi contemplarono per decenni il vestirsi e lo svestirsi di Emmy a beneficio dell'uno o dell'altro suo amante. I netsuke erano diventati – nel frattempo – il giocattolo preferito dei bambini Ephrussi, fra i quali Elisabeth, la nonna di Edmund de Waal. Le toilettes di Emmy erano gli unici momenti della giornata che i figli potessero trascorrere insieme alla madre anziché con governanti o precettori, e la vetrinetta stava proprio lì, nello spogliatoio, con le 264 figurine che i bambini avevano il diritto di tirar fuori, e che valevano da esotici mutanti per raccontarsi innumerevoli storie.

La Storia con la esse maiuscola penetrò nel Palais con la catastrofe della prima guerra mondiale, ma si fece irrimediabilmente distruttiva negli anni trenta, quando l'*Austria felix* divenne una provincia del Terzo Reich. Nel 1938, con i figli Ephrussi dispersi ormai per il mondo, i netsuke assistettero al dramma finale dei genitori: Viktor ed Emmy ribattezzati a forza Israel e Sara, il Palais depredato e «arianizzato», le collezioni d'arte inventariate con cura e offerte alla scelta di un ex pittore d'acquarelli, il cancelliere Adolf Hitler. Soltanto si salvò dalla razzia la raccolta delle sculturine che la fedele Anna, governante «ariana», nascose (letteralmente) nel suo materasso; e che avrebbero riguadagnato il Giappone – la Tokyo in rovine del post-1945 – fra i bagagli del prozio di Edmund, Iggie Ephrussi: ebreo viennese naturalizzato americano per sbarcare in Normandia da G. I. e liberare l'Europa, poi giapponese d'adozione fino alla sua morte nel 1994.

È dall'amatissimo zio Iggie che l'autore di *Un'eredità di avorio e ambra* – perfezionatosi a Tokyo quale artista della ceramica – ha ricevuto in lascito la collezione di netsuke. Ed è dallo zio Iggie che de Waal ha imparato l'arte di fabbricare storie simili ai sassi di fiume (e ai netsuke stessi): materiche eppure levigate, plasmate dal tempo e dallo spazio. Un po' come le splendide opere dell'Edmund de Waal ceramista intitolate *Cargo*: gruppi di vasi in transito fra culture. Altrettanti pegni di una concezione non patrimoniale, ma transitiva, dell'eredità Ephrussi ch'egli porta sulle spalle.

(2011)

L'estremismo ebraico

Domenica scorsa era il Giorno della Memoria. Giorno solennizzato, a Milano, dall'inaugurazione del Memoriale della Shoah al Binario 21 della Stazione centrale. Giorno sporcato, a Milano, da improvvide *boutades* su fascismo e Shoah. L'indomani, in un'intervista al «Corriere della Sera», il presidente della Comunità ebraica milanese ha rinunciato a giudicare se l'autore di quelle battute avesse perso voti, al Binario 21, in vista delle prossime elezioni politiche: «Non lo so. Certo, non li ha conquistati. E avrebbe potuto, perché gli ebrei non cercano mai le posizioni estreme».

Gli ebrei non cercano mai le posizioni estreme? Ecco un'affermazione politicamente curiosa e, in ogni caso, storicamente discutibile. Lasciamo perdere qui l'italico presente: vinciamo la curiosità di sapere come funzioni l'attribuzione a un'intera comunità religiosa di un'unica patente politica, l'estremismo di centro. Concentriamoci sul versante storico della faccenda e chiediamoci se quel «mai» sia vero per il passato, o almeno per il passato prossimo: per gli ebrei d'Europa dall'Ottocento al Novecento.

Può servirci da guida un libro appena uscito in francese, scritto da uno storico italiano troppo bravo per incontrare gloria universitaria in patria: Enzo Traverso, studioso mondialmente affermato della storia degli intellettuali novecenteschi, a lungo professore in Francia e adesso emigrato oltreoceano, alla Cornell University. L'ultimo libro di Traverso suona forte sin dal titolo, *La fin de la modernité juive*. Suona altrettanto forte nel sottotitolo, *Histoire d'un tournant conservateur*. E con buona pace del presidente della Comunità ebraica milanese, il libro di Traverso va letto come una dimostrazione del fatto che gli ebrei hanno spesso cercato, dall'Otto al Novecento, proprio le posizioni estreme.

Addirittura si potrebbe riconoscere nell'estremismo l'ingrediente decisivo della moderna identità ebraica. Non tanto (o non soltanto) in un estremismo politico, quanto piuttosto in un estremismo culturale. Nella vocazione degli ebrei moderni all'affermazione intellettuale della dissonanza, della differenza, della dissidenza. Per circa un secolo – grosso modo dal 1850 al 1950 – la cultura ebraica ha rappresentato in Europa il principale focolaio di quello che Traverso definisce, riassumendo e semplificando, il «pensiero critico». Ma dopo il 1950, «la modernità ebraica ha esaurito la sua traiettoria». Peggio, si è trasformata nel suo contrario. Gli estremisti della critica sono divenuti estremisti del dogma. Da sovversivi dell'intelligenza europea, gli ebrei si sono trasformati in guardiani dell'ortodossia occidentalista.

Il connubio tra ebraismo e modernità si era inaugurato, a dire il vero, ben prima del 1850. Già nel Seicento, i discendenti dei marrani provenienti dalla penisola iberica avevano incarnato (per esempio nella Amsterdam di Spinoza) una prima realizzazione della figura cosmopolitica dell'«ebreo non ebreo». Erano seguite, dal Sette all'Ottocento, le diverse tappe della cosiddetta emancipazione.

Nell'Europa centro-occidentale, una millenaria discriminazione degli ebrei aveva lasciato il passo a una loro piena integrazione giuridica, economica, sociale, politica. E il prezzo dell'eguaglianza era consistito nell'affrancamento (se così si può dire) degli ebrei dall'ebraismo: nel trionfo dell'ebreo laico, quell'«ebreo senza Dio» in cui volentieri si riconosceva Sigmund Freud.

Tuttavia, la fine della marginalizzazione degli ebrei non aveva significato la fine della loro diversità. Perché – nota acutamente Traverso – «né l'esperienza storica né la struttura diasporica degli ebrei corrispondevano al lessico della modernità politica, dominato dalla triade Stato, nazione, sovranità». La modernità ebraica era fatta di tutt'altro: di «testualità, urbanità, mobilità, extraterritorialità». Particolarmente negli imperi multietnici dell'Europa centrale e orientale, dall'*Austria felix* alla Russia dei pogrom, la modernità ebraica era costruita sulle opportunità del multilinguismo, se non sulle necessità dell'esilio. Nell'età dei nazionalismi, gli ebrei vivevano i confini nazionali non come barriere da erigere, ma come ponti da superare.

Minoritaria, all'epoca, la scelta del sionismo: cioè di una via ebraica al nazionalismo. Maggioritaria – dalla Germania di Radek alla Russia di Trockij, attraverso la Polonia del Bund – la scelta del socialismo: cioè di una via politica al cosmopolitismo. Scelta che l'ebrea polacca Rosa Luxemburg avrebbe trovato parole poetiche per spiegare, dal fondo di una cella prussiana, due anni prima di morire ammazzata. Davanti ai dolori del mondo, confidava a un'amica nel 1917, non restava più nel suo cuore nessun «angolino speciale» per i dolori degli ebrei: «nel vasto mondo, mi sento a casa mia ovunque vi siano delle nuvole, degli uccelli, e delle lacrime». Non per caso l'identificazione dell'ebreo con il cosmopolita rappresentava un cavallo di battaglia dell'antisemitismo colto come dell'antisemitismo volgare.

Tra gli anni novanta dell'Ottocento e gli anni trenta del Novecento, un'indefinibile miscela di *Mitteleuropa* e di *Yiddishkeit* produsse, da Berlino a Parigi attraverso Praga e Vienna, un'esplosione di creatività che Traverso ha buon gioco nel paragonare a quelle della Grecia classica o dell'Italia rinascimentale. Kafka e Proust nella letteratura, Chagall nella pittura, Luxemburg e Trockij nella teoria politica, Simmel, Mannheim, Durkheim, Mauss nella sociologia, Einstein nella fisica, Schönberg nella musica, Warburg, Kracauer, Benjamin nelle arti, Adorno, Horkheimer, Arendt nelle scienze sociali, Jakobson e Lévi-Strauss nella linguistica e nell'antropologia... liberati dai ghetti, entro un paio di generazioni gli ebrei moderni – gli ebrei senza patria e senza Dio – fertilizzarono ogni campo della cultura europea.

La fine della modernità ebraica coincise con un doppio evento: da un lato, con il trauma immane della Shoah; dall'altro lato, con l'epocale nascita di Israele. Mentre i salvati della Soluzione finale abbandonavano progressivamente l'Europa (dieci milioni gli ebrei intorno al 1930, due milioni intorno al 1990), l'Europa stessa si organizzava, seppure lentamente, per sublimare la spinosa «questione ebraica» in un pensoso «luogo di memoria». Quanto a Israele, si fondava come Stato etnico e confessionale proprio mentre la vecchia Europa cercava di risorgere dalle proprie ceneri come Europa unita, in una prospettiva laica di superamento dello Stato-nazione.

La «svolta conservatrice» della cultura ebraica nel mondo ha parecchio a che fare con la storia dello Stato di

Israele, e in particolare con le vicende mediorientali successive alla guerra dei Sei giorni del 1967. Da Henry Kissinger a Leo Strauss, da Saul Bellow a Elie Wiesel, è la storia di una progressiva riconciliazione fra le passioni identitarie degli ebrei diasporici e le ragioni politiche delle destre occidentali. Ed è la storia di uno sfruttamento sempre più smaccato delle sacche di giudeofobia che continuano a esistere – purtroppo – nelle società occidentali. *Pro domo* di Israele, si finge di credere che Mahmoud Ahmadinejad sia un erede diretto di Adolf Hitler. *Pro domo* delle classi privilegiate nostrane, si finge di credere che i fondamentalisti islamici delle *banlieues* siano i nipotini delle SS di Himmler. E si alimentano luoghi comuni islamofobi elevando l'immigrato musulmano a spauracchio del nostro tempo.

Il cuore di Enzo Traverso batte per una cultura ebraica diversa, ormai morta e sepolta. Rimpiange l'estremismo culturale dei dissidenti, l'anticonformismo politico degli apolidi, l'eresia laica degli ebrei non ebrei. «Il pensiero critico resta una tradizione ebraica, ma ha cessato di essere uno dei "privilegi negativi" che, secondo Max Weber, qualificavano la condizione degli ebrei. Si fatica a immaginare Kafka che riceve un premio letterario, Benjamin che diventa membro del Collège de France o del Max Planck Institut, Trockij che si candida alle elezioni».

(2013)

Charlot sulla croce

Qualche settimana fa, al momento dell'uscita in Italia del film di Mel Gibson *La Passione di Cristo*, mi è occorso di rilevare – su queste colonne, sul «Corriere della Sera» – le impressionanti analogie tra il nuovo kolossal hollywoodiano e un vecchio libro di Giovanni Papini, la *Storia di Cristo* del 1921. Identico il dolorismo voyeuristico della sacra rappresentazione; identico l'antisemitismo sotteso nell'idea che il figlio di Dio sia caduto vittima del popolo maledetto.

Numerosi lettori hanno scritto al «Corriere» per contestare la mia provocazione intellettuale. In particolare, hanno scritto al direttore Paolo Mieli due nipoti di Papini, renitenti al pensiero che il dolcissimo nonno della loro infanzia avesse mai potuto detestare qualcuno, men che meno un ebreo. Purtroppo per loro, è capitato anche a Adolf Hitler di accarezzare qualche testa di bambino ariano. Quanto a Papini, il suo dolorismo postbellico era il rovescio di un crudelismo che lo aveva spinto a vergare, nel 1914, pagine fra le più sinistre dell'intera letteratura europea sulla Grande guerra. Con toscana incoscienza di vocabolario, Papini aveva inneggiato al «caldo bagno di sangue nero» che finalmente irrorava la terra del Vecchio continente, «bella innaffiatura di sangue per l'arsura dell'agosto», «rossa svinatura per le vendemmie di settembre».

Sul «caso» Papini-Gibson, la lettera più notevole non l'ha comunque ricevuta Mieli; l'ho ricevuta io stesso, da un lettore che voleva rimproverarmi di persona per l'incauto accostamento tra lo scrittore fiorentino e il cineasta australiano. Almeno ai miei occhi, il meglio della colta missiva non stava però in questo rimprovero: stava nell'accenno a un piccolo episodio di storia del cinema, che forse non è poi così piccolo. Perché già negli anni venti del Novecento la *Storia di Cristo* rischiò di diventare un film di Hollywood, girato da un attore-regista che non veniva dall'Australia, ma dall'Inghilterra, e che non si chiamava Mel Gibson, ma Charles Spencer Chaplin.

Bisogna sapere che il libro di Papini – best seller nell'Italia della marcia su Roma – fu prestamente tradotto in inglese, nel 1923; e che anche sul mercato statunitense la *Life of Christ* conobbe un successo straordinario, attestandosi ai vertici delle classifiche di vendita. Subito i dirigenti di una casa di produzione hollywoodiana, la First National, si organizzarono per allestirne una versione cinematografica. Ma certo non si aspettavano di ritrovarsi, di lì a poco, a discutere della cosa con Charlie Chaplin: la star che li aveva appena lasciati – dopo il trionfo del *Monello* – per fondare una casa di produzione che fosse anche sua, la United Artists.

Successe che Chaplin invitò a pranzo i capi della First National, per verificare se davvero avessero acquisito i diritti cinematografici della *Life of Christ*. Il presidente della casa di produzione, Robert Leiber, non poté che confermarlo. Allora, quasi incredibilmente, Chaplin replicò: «Il ruolo di Gesù lo voglio per me». I suoi ospiti rimasero di stucco. Senza scomporsi, l'inventore del personaggio di Charlot spiegò le ragioni che lo rendevano la più logica delle scelte nel casting per il personaggio di Cristo: «Gli assomiglio. Sono ebreo. E sono un attore».

Se dobbiamo credere alle memorie di una signora presente quel giorno in casa Chaplin, la scena andò avanti così: l'attore-regista si sforzò di illustrare ai suoi ex datori di lavoro l'ineludibile contiguità fra il comico e il tragico. Aggiunse di ritenersi tanto più tagliato per la parte di Gesù, in quanto ateo: sicché la sua interpretazione avrebbe posseduto il valore aggiunto dell'obiettività. Chaplin si lanciò poi in una gag banale quanto blasfema: fingendosi crocifisso, urlò che Dio non esisteva, e sfidò il Padreterno a provare il contrario facendolo morire sul colpo. Quel pomeriggio, i dirigenti della First National tornarono in ufficio con il mal di testa. Ammisero che un Papini riletto da Chaplin prometteva di riuscire la più grande rappresentazione religiosa nella storia delle arti, ma finirono per giudicare assurda la prospettiva di uno Charlot incamminato alla sua inconfondibile maniera lungo la strada del Calvario.

La vicenda di questo film mai girato non appartiene soltanto alla *petite histoire* di Hollywood, né soltanto ai sorprendenti recessi della biografia di Chaplin. Per l'artista, quelli compresi tra il *Monello* e *Luci della città* furono notoriamente anni di crisi estetica e morale. Non era soltanto l'arrivo del sonoro a disorientare il maestro del cinema muto. Era, in generale, la volontà di sottrarre Charlot (dunque sé stesso) alla maschera del vagabondo col bastoncino in mano. Perciò Chaplin si trovò a contemplare i soggetti più diversi: un milionario tentato dal suicidio, un Napoleone pacifista, e anche – per l'appunto – un Gesù di Nazareth.

Il progetto cristologico gli frullava ancora in testa durante l'autunno del 1925, dopo l'ennesimo trionfo ottenuto con *La febbre dell'oro*. A un critico che lo interrogava sul libro di Papini, l'artista dichiarò peraltro senza mezzi termini di non voler interpretare «il tradizionale, scialbo personaggio di uomo-dio». Non era in quanto incarnazione del divino che la figura di Cristo affascinava Charlie Chaplin. Al contrario, il personaggio di Gesù gli sembrava prestarsi a meraviglia per veicolare il principio fondamentale della sua poetica cinematografica: «voglio rappresentare un qualunque uomo medio dai venticinque ai cinquanta anni, di un qualunque paese del mondo, che aspiri alla dignità».

Era dunque questo – geniale, se non devoto – il nocciolo del progetto di Chaplin: si trattava di riconoscere l'universalità di Gesù nella sua *medietas*, per fare del Sacrificio sovrumano il migliore attestato dell'umana nobiltà. Inutile dire che, una volta fondato su simili basi, il film americano avrebbe avuto ben poco in comune con il best seller italiano da cui pure era parso prendere le mosse. In ogni caso, la progettata pellicola rimase tutta intera nella testa di Chaplin, o sotto la bombetta di Charlot.

A noi resta da chiederci se l'antisemitismo di Papini sia tale da reggere, per così dire, la prova di Chaplin. Nell'America degli anni venti, un famoso artista (ritenuto) ebreo fu così colpito dal successo della *Storia di Cristo* da pensare di ricavarne un film. Ciò significa forse che il libro di Papini non aveva nulla di anti-giudaico? Di fatto, io temo che l'argomentazione vada esattamente capovolta. In America come in Europa, i pregiudizi storici, morali e religiosi contro gli ebrei risultavano tanto diffusi e intimamente condivisi, che neppure a un uomo della sensibilità di Chaplin era dato di turbarsi per il delirio antisemita di Papini.

Si sarebbe dovuto attendere un'altra decina d'anni – e l'avvento di Hitler alla cancelleria di Berlino – perché il nesso fra stereotipi antisemiti e furori omicidi si facesse chiaro, almeno allo sguardo di chi voleva vederlo. Allora, senza più immaginarsi nudo come il Nazareno, Chaplin avrebbe vestito i panni mirabilmente corrosivi di Hynkel, nel *Grande dittatore*.

(2004)

Un libro e un grido

«Avviene di essere attratti a leggere questo libro da tutte le parti simultaneamente; ma non si vuol perdere neanche una pagina, da tutte le parti contemporaneamente si vorrebbe continuare, si riempie il volume di segnalibri». Recensione a suo modo entusiastica, quella uscita sulla «Rassegna mensile di Israel» – il maggiore periodico dell'ebraismo italiano – nell'autunno del 1934. E recensione imperativa («leggerlo è un dovere»), nonostante il volume in questione fosse «un libro di dolore». «La prosa di Lion Feuchtwanger costringe a leggerlo, tutto, prima di ogni altra urgente attività, quando lo si ha cominciato».

Il libro era un romanzo, *I fratelli Oppenheim*, pubblicato dalla casa editrice Querido di Amsterdam l'anno prima, cioè nello stesso 1933 che aveva segnato l'avvento di Hitler al potere in Germania. Di origini ebraiche, l'autore figurava tra i campioni più riconosciuti dell'incipiente diaspora intellettuale tedesca, di una cultura di Weimar che volente o nolente si disponeva all'esilio. E per quanto superasse le quattrocento pagine, il romanzo era un instant-book. Rappresentando la drammatica caduta di una famiglia di ebrei berlinesi, Feuchtwanger voleva rendere conto presso l'opinione pubblica occidentale dell'enormità – enormità morale prima ancora che politica – di quanto andava succedendo nella Germania delle camicie brune. Il libro di dolore era un grido di dolore.

Grido immediatamente raccolto dagli editori d'Europa e d'America. Entro pochi mesi dall'uscita in tedesco nella Amsterdam del novembre 1933, *I fratelli Oppenheim* (originariamente, *I fratelli Oppermann*: all'ultimo momento Feuchtwanger aveva dovuto cambiare titolo, per le minacce di un nazista tedesco di nome Oppermann) veniva tradotto e pubblicato in una decina di lingue. In francese, inglese, danese, norvegese, svedese, finlandese, polacco, boemo, ungherese, ebraico... Quanto al recensore italiano della «Rassegna mensile di Israel», l'antifascista milanese Guido Lodovico Luzzatto, il libro gli sembrava un «prodigio» soprattutto per la «rapidità» del gesto artistico di Feuchtwanger: per la capacità di fare letteratura con la più contemporanea e la più bruciante delle realtà.

Fin dal titolo il romanzo alludeva al genere della saga familiare, nel quale aveva eccelso colui che nel 1933 si apprestava a divenire, da premio Nobel per la letteratura, l'incarnazione di una libera Germania in esilio: il Thomas Mann de *I Buddenbrook*. Con la non trascurabile differenza che la dinastia di borghesi tedeschi è qui una dinastia di ebrei borghesi tedeschi, che la decadenza della famiglia si consuma qui nello spazio di mesi anziché di anni o decenni, e che la caduta di una singola famiglia coincide qui con l'annientamento di un'intera civiltà. *I fratelli Oppermann* sta agli ebrei d'Europa centrale come un altro capolavoro dell'epoca – *I fratelli Ashkenazi*, pubblicato da Israel J. Singer nel 1936 – sta agli ebrei d'Europa orientale: il primo in tedesco, il secondo in yiddish, i due romanzi partecipano di un'unica, tragica profezia.

Il nonno dei fratelli Oppermann, Immanuel, aveva inaugurato le fortune familiari da fornitore dell'esercito tedesco durante la guerra franco-prussiana del 1870. Aveva poi fondato un'azienda, un mobilificio cresciuto nel tempo fino a diventare un autentico brand: modulari ed economici, gli arredi Oppermann avevano riempito le case della piccola borghesia guglielmina come quelli di un'Ikea *ante litteram*. Mezzo secolo più tardi, i suoi nipoti possono permettersi di fare anche altro che gestire l'azienda di famiglia. Si occupa della ditta soltanto uno dei fratelli, Martin, cercando abilmente di sottrarla ai rovesci della Grande crisi. Il maggiore degli Oppermann, Gustav, coltiva sia i vezzi del dandy sia gli scrupoli dell'intellettuale (prepara, da anni, un'eruditissima biografia di Lessing). Quanto al minore, Edgar, fa l'otorinolaringoiatra a Berlino, e ha fama internazionale.

I fratelli Oppermann è un grido di dolore sulla disintegrazione dell'umanesimo tedesco. Disintegrazione rapida, quasi fulminea nella percezione di tanti contemporanei, ebrei e non ebrei. All'inizio del libro – e siamo già al novembre 1932 – ancora il dottor Oppermann può farsi beffe di qualunque teoria delle razze: «"Non ho mai osservato", concluse sorridendo, "che la laringe di un cosiddetto ariano abbia reagito a certi stimoli diversamente da quella d'un semita"». Ancora suo fratello Martin può illudersi che l'azienda di famiglia verrà preservata grazie a qualche astuzia da commercialista, una riorganizzazione delle filiali e una ridenominazione societaria (Mobilificio Germanico). E ancora Gustav Oppermann può avere fiducia nell'interesse delle case editrici di cultura per una biografia di Lessing, l'autore filosemita di *Nathan il saggio*.

Ma a metà del libro – siamo al 28 febbraio 1933, all'indomani dell'incendio del Reichstag – il figlio di Martin, studente liceale, preferisce suicidarsi piuttosto che abiurare il contenuto della tesina, *L'umanesimo e il secolo XX*, che ha cercato di sostenere davanti a quel nazista del suo professore di tedesco. Mentre il preside del liceo, un galantuomo di lontane origini francesi, non trova più un riparo neppure simbolico presso il busto di Voltaire che troneggia nel suo studio. L'autore del *Mein Kampf* non è forse divenuto, nel frattempo, il cancelliere del Reich? E Markus Wolfsohn, il commesso più fidato della ditta Oppermann alla filiale della Potsdamerstraße, non deve forse levare il braccio e rispondere «Heil Hitler!» quando la sera, rientrando nel condominio popolare della Friedrich-Karl-Straße, incontra sulle scale il suo vicino di pianerottolo, il signor Rüdiger Zarnke sottufficiale delle SA?

Consulente legale degli Oppermann, Arthur Mülheim vede più lontano dei suoi clienti ebrei: dopo lo scatenarsi dei proletari, al tempo della rivoluzione spartachista, e dopo lo scatenarsi dei grandi borghesi, che contro gli spartachisti avevano seminato il terrore, la Germania nazista avrebbe conosciuto lo scatenarsi dei piccolo borghesi, in confronto al quale tutto il resto sarebbe sembrato un paradiso! Tanto meno colto del professor Mülheim, anche il cognato del commesso Wolfsohn – Moritz Ehrenreich, compositore alle Grandi Tipografie Riunite – è lucido abbastanza da reagire in tempo: il 3 marzo 1933 s'imbarca da Marsiglia per la Palestina, dove conta di lavorare a un giornale sportivo ebraico di Tel Aviv. Perfino quella goffa ragazza che è Ruth, la figlia di Edgar Oppermann, dimostra una vista migliore del padre e degli zii nel momento in cui compie, a sua volta, la scelta sionista.

Alla fine del romanzo, la rovina degli Oppermann è la condanna alla diaspora: «Martin va a Londra, Edgar a Parigi, Ruth è a Tel Aviv, Gustav, Jacques, Heinrich andranno chissà dove: sparpagliati sui mari del mondo, ai quattro venti». In altre parole, neppure un visionario come il Lion Feuchtwanger del 1933 era capace di immaginare sino in fondo quanto attendeva gli ebrei d'Europa, la Soluzione finale (o forse sì, in un singolo passo. Ma di sfuggita, terribilmente di sfuggita: «Gli Oppermann erano destinati a subire tutte le persecuzioni, a essere sterminati, era fatale e inutile opporsi»).

In ogni caso, Feuchtwanger riusciva straordinariamente acuto nel rappresentare quanto il suo recensore italiano del 1934, Guido Lodovico Luzzatto, definiva come il «decadimento della dignità» nella Germania del nazismo. E forse anche per questo – perché era un libro di dolore sulla perdita dell'umana dignità – entro il giro di qualche anno la versione francese de *I fratelli Oppenheim* avrebbe trovato un lettore particolarmente attento, a Torino, nel giovane Primo Levi.

(2014)

Le parole del Venerdì

Germania, agosto 1935. Entro l'idilliaco paesaggio altodanubiano di Beuron, nel Baden, un oscuro professore di teologia sta profittando delle vacanze estive per studiare nella ricca biblioteca della locale abbazia benedettina. Erik Peterson (questo il nome del teologo) si era recentemente convertito dall'evangelismo al cattolicesimo e si era trasferito a Roma, dove tuttavia faticava a mantenere la famiglia. Per arrotondare il bilancio, proprio alla biblioteca dei benedettini tedeschi il professore esperto di patristica aveva accettato di vendere una parte dei suoi libri. E adesso – mentre il Reich hitleriano si prepara a promulgare le leggi antisemite di Norimberga – Peterson sta studiando un tema altrettanto erudito che attuale: il tema della «giudaica perfidia» nella liturgia cristiana del Venerdì santo.

Da più di mille anni il programma liturgico della settimana pasquale comprendeva l'orazione *Pro perfidis Judaeis*. E da almeno cento anni la stigmatizzazione cristiana del popolo ebraico si era caricata, oltreché dell'antica sua connotazione teologica (il popolo ebraico come popolo eretico, perché incapace di riconoscere l'avvento del Messia), di moderne connotazioni morali, politiche, sociali: il popolo ebraico come popolo pericoloso, perché corrotto dal vile denaro e impaziente di dominio mondiale. Di contro a una deriva antisemita che precisamente nella Germania del Terzo Reich si va rivelando esplosiva, Erik Peterson non può maneggiare altro che le piccole armi della filologia storica per cercare, in qualche modo, di evitare l'irreparabile.

Da quella stessa abbazia benedettina di Beuron era partita verso il Vaticano, due anni prima, una forte lettera di denuncia dell'antisemitismo nazista. L'aveva scritta un'insegnante tedesca coetanea di Peterson che dall'ebraismo si era convertita al cattolicesimo, ma che non per questo sarebbe stata risparmiata dalla Soluzione finale: Edith Stein, futura suora carmelitana e futura santa. Per parte sua, il professor Peterson getta nella biblioteca di Beuron le basi di una ricerca, *Perfidia judaica*, che pubblicherà sulla rivista «Ephemerides liturgicae» nel 1936 e che finirà per pesare significativamente – ma soltanto dopo la distruzione degli ebrei d'Europa – nella storia della liturgia del Venerdì santo.

Muovendo da un'ampia raccolta di testi antichi e medievali, Peterson argomentava come l'aggettivo latino *perfidus* fosse stato erroneamente interpretato, per secoli e secoli, nell'accezione di «perfido», mentre avrebbe dovuto essere tradotto nell'accezione di «infedele». Con l'orazione *Pro perfidis Judaeis* i cristiani del medioevo non avevano inteso accusare gli ebrei di tralignamento morale: avevano inteso sottolinearne, semplicemente, la mancanza di fede (tanto è vero che il termine latino *perfidia* era stato da loro applicato anche a pagani, eretici, scismatici). Per il Peterson del 1935 si trattava dunque di incoraggiare la Chiesa affinché nei cosiddetti messalini, i libretti diffusi tra i fedeli e contenenti la traduzione dei testi liturgici nelle diverse lingue volgari, non si pregasse più per gli ebrei «perfidi» ma semmai per gli ebrei «increduli».

Italia, agosto 1935. Entro l'idilliaco paesaggio appenninico di Pieve Santo Stefano, nell'Aretino, il più celebrato fra gli scrittori cattolici italiani – Giovanni Papini, autore nel 1921, da neo-convertito, della fragorosa *Storia di Cristo* – congeda il manoscritto di un racconto da pubblicare sulla rivista fiorentina «Il Frontespizio». Racconto intitolato *La leggenda del gran rabbino* e fondato sul dialogo tra un immaginario gran rabbino della diaspora, Sabbatai ben Shalom, e un altrettanto immaginario papa Celestino VI. Dove il rabbino offre al papa una conversione di massa degli ebrei al cattolicesimo, ma in cambio gli chiede la cancellazione dalla liturgia della Pasqua di qualunque riferimento al popolo ebraico come al popolo deicida. E dove, dietro rifiuto del papa, il rabbino propone un nuovo, inaccettabile patto: in cambio della riforma del rito pasquale, il versamento alla Santa Sede di tutte le ricchezze accumulate nel mondo dagli ebrei.

Il racconto di Papini era impregnato degli stereotipi antisemiti che già avevano riempito, nel 1921, le pagine del best seller *Storia di Cristo*. Né gli anni intercorsi dal momento della conversione né i drammatici effetti dell'avvento di Hitler al potere in Germania avevano placato i furori del neofita. Evidentemente, Papini si riconosceva ancora nella rappresentazione degli ebrei sul Golgota da lui consegnata alla *Storia di Cristo*: «Guardateli dunque, ancora una volta, quelli che ridono intorno alla croce dove Cristo è morso dai dolori!». «Vedete come protendono i musi annusanti, i colli nodosi, i nasi gobbi e uncinati, gli occhi predaci che sbucano dai sopraccigli setolosi. Osservateli quanto sono orridi in quelle pose spontanee d'implacata cainità. Contateli bene che ci son tutti, eguali a quelli che conosciamo, fratelli di quelli che incontriamo ogni giorno sulle nostre strade. Non manca nessuno».

Simultanee nel tempo, antinomiche nello spirito, queste due esperienze intellettuali – la ricerca filologica di Peterson sui testi liturgici, le variazioni letterarie di Papini sulla corruttela giudaica – contengono l'alfa e l'omega della vicenda ricostruita da Daniele Menozzi in un libro pubblicato ora dal Mulino. *«Giudaica perfidia»* è il primo tentativo sistematico di rendere conto delle fortune e sfortune del sintagma lungo cinque secoli di storia: dal Cinquecento ai giorni nostri, dalla riforma del messale romano promulgata da Pio V all'indomani del Concilio di Trento alle misure di recupero di quello stesso messale emanate da Benedetto XVI nel 2007.

Il libro di Menozzi documenta, per l'appunto, la lunga durata di una polarità nella vicenda storica del cattolicesimo moderno e contemporaneo. Da un lato, i progressi di una sensibilità filosemita riconoscibile in certi ambienti dell'Europa cattolica già alla fine del Settecento, nell'età dei Lumi e della Rivoluzione. Dall'altro lato, la resistenza di una sensibilità antisemita che a tutt'oggi dimora negli ambienti integralisti e che percorre, su internet, le autostrade digitali dell'odio.

Il seme gettato da Erik Peterson a partire dalle sue ricerche nella biblioteca benedettina di Beuron fu raccolto dalla Chiesa soltanto dopo la tragedia della Shoah. Nel 1948, un vecchio amico di Peterson che riusciva ascoltato nei Palazzi Apostolici – Jacques Maritain, ambasciatore francese presso la Santa Sede – trasmise il saggio pubblicato dal teologo tedesco nel 1936 al sostituto alla segreteria di Stato, Giovanni Battista Montini, richiamando la sua attenzione sul «vero senso della parola *perfidus* nella liturgia». E fu anche così che nel corso stesso del 1948 Pio XII si risolse ad accogliere una delibera della Congregazione dei Riti secondo cui «non si disapprov[ava]» la traduzione di *perfidus* come «infedele». Il che schiuse la via alle decisioni del successore di Pio XII sul trono petrino, Giovanni XXIII. Fin dal primo suo Venerdì santo quale pontefice, il 27 marzo 1959, papa Roncalli ripulì la liturgia pasquale sia dall'aggettivo «perfidi» chc dal sostantivo «perfidia». Dopodiché, la riforma ufficiale del messale latino venne formalmente sancita nel 1962.

Ma anche la pianta annaffiata dalla sensibilità di cattolici come Papini avrebbe trovato il modo di restare in vita nel secondo Novecento, e fin dentro il terzo millennio. Ad esempio presso i seguaci dell'arcivescovo tradizionalista francese Marcel Lefebvre, per dialogare con i quali papa Ratzinger ha compiuto il gesto, nel 2007, di riaprire le porte della Chiesa al messale tridentino di Pio V: sia pure in una versione depurata, senza più traccia di accuse esplicite contro i perfidi giudei.

(2014)

Céline, uno e indivisibile

«Gli italiani sono sempre stati i migliori, con mio marito!»: questo – correva l'anno 1995 – il parere informato di Lucette Almanzor, vedova Destouches. La vedova di Céline. L'ex ballerina e maestra di danza allora ultraottantenne e oggi quasi centenaria che nello sfacelo di una villetta della periferia parigina, a Meudon, fra un brulicare di animali domestici e l'incombere delle case popolari, aveva nuovamente aperto la porta – come già quarant'anni prima, vivente il marito – a un italiano viaggiatore di professione, l'Alberto Arbasino di *Parigi o cara*.

Céline e l'Italia: una questione da riaprire. Approfittando dell'uscita imminente, per le edizioni Medusa, di un saggio scritto da Riccardo De Benedetti e dedicato al più scabroso fra gli scabrosissimi testi di Céline, *Bagatelles pour un massacre*: il pamphlet «abominevolmente antisemita» (così lo definiva Céline stesso) pubblicato da Denoël nel dicembre 1937 e sollecitamente tradotto in italiano nell'aprile 1938, con appena pochi mesi d'anticipo sulla promulgazione delle nostre leggi razziali.

Il libro di De Benedetti vale a sottolineare il paradosso di una divisione persistente e incongrua, ma forzosa e inaggirabile, tra due Céline. Da una parte il Céline editorialmente coltivato e letterariamente venerato del *Viaggio al termine della notte*, di *Morte a credito*, di *Rigodon*, quello che contende a Proust la palma di massimo scrittore francese del XX secolo. Dall'altra parte il Céline ideologicamente maledetto e legalmente interdetto delle *Bagattelle*, quello che circola qua o là in versioni clandestine stampate in Paraguay, che colonizza i siti globali dell'odio in rete, e che in Italia si può comprare fermo posta grazie a un marchio – la Libreria Ar – di trasparente ispirazione neonazista.

Fa comodo a molti questa divisione fra i due Céline: a cominciare dagli editori di letteratura alta, che possono passare all'incasso con l'arte dello scrittore senza sporcarsi le mani con l'abominio del pamphlettista. Culturalmente parlando, è una divisione che non regge: il Céline maggiore – il Céline degli anni trenta – fu un tutt'uno, ed è assurdo farlo a fette. Ma giuridicamente parlando, non c'è nulla da fare: depositaria dei diritti sull'opera del marito, Lucette Destouches ha finora vietato qualunque ripresa editoriale dei testi antisemiti, e tutto lascia prevedere che il divieto sarà compreso, dopo la morte della vedova, fra le clausole trasmesse all'esecutore testamentario. Dunque, si dovrà forse attendere il 2031 (l'anno in cui l'intera opera di Céline diventerà di dominio pubblico) per leggere le *Bagattelle* senza farsi complici di una pirateria.

Per misurare quanto sia incongrua la divisione fra i due Céline, è sufficiente aprire la raccolta di *Lettere* recentemente pubblicata da Gallimard nella collana della Pléiade. Lì, il Céline-tutt'uno degli anni trenta non è stato colpito da interdetto: nella sua corrispondenza lavorativa come in quella privata, l'arte dello scrittore e l'abominio del pamphlettista convivono fianco a fianco, senza distinguo di comodo fra il narratore geniale e il pornografo razzista. Ma per misurare quanto sia incongrua la divisione fra i due Céline riesce utile prendere le mosse anche dal saggio di De Benedetti. In particolare, dalle sue pagine sopra la prima traduzione italiana delle *Bagattelle per un massacro*, pubblicata nel 1938 dall'editore milanese Corbaccio.

Confrontando l'originale francese e la versione italiana, De Benedetti sottolinea come quest'ultima uscì emendata (resta da sapere se per iniziativa personale del traduttore, o dietro esplicita richiesta dell'editore, o per l'intervento esterno di un'autorità fascista). In pratica, rispetto alle *Bagatelles* francesi, le *Bagattelle* italiane finivano per temperare l'antisemitismo di Céline: ne tagliavano le punte più aguzze, sia in quanto a volgarità escrementizie o sessuali, sia in quanto ad allusioni ideologiche o politiche. «Tutte le fighette, Ferdinand, tutte vogliono sbattersi i giudei»; «Siamo in pieno fascismo ebreo»; «La politica del Vaticano è sempre a favore della giudaglia»: ecco tre esempi di tagli operati sulla versione italiana rispetto all'originale francese.

Curiosamente, De Benedetti rinuncia a interrogarsi sulla figura di quell'Alex Alexis che il frontespizio dell'edizione Corbaccio indicava come autore della traduzione. «Con ogni probabilità uno pseudonimo», De Benedetti si limita a ipotizzare. Né si preoccupa di aggiungere che il medesimo pseudonimo aveva figurato cinque anni prima sul frontespizio della traduzione italiana dell'opera prima di Céline: il *Voyage au bout de la nuit*, che nel 1932 aveva rivelato come immenso il talento letterario del dottor Destouches. Così, De Benedetti perde l'occasione per notare come già il primo libro di Céline fosse stato abbondantemente emendato nell'edizione Corbaccio. Non già per temperare un eccesso di antisemitismo, assente nel *Voya-*

ge, quanto per occultare – anche in quel caso – le volgarità più esplicite e i riferimenti sessuali più spinti.

Censure a parte, domandarsi chi si nascondesse dietro lo pseudonimo di Alex Alexis vale a ritrovare l'essenziale: il contesto culturale che rese possibile anche nell'Italia di Mussolini una ricezione immediata di Céline, il quale pure – per anni ancora dopo il 1932 – poteva ben sembrare, nella sua durissima critica della guerra, del colonialismo, del fordismo, scrittore quasi di sinistra. Alex Alexis era il *nom de plume* di tale Luigi Alessio, un trentenne piemontese emigrato a Parigi che la polizia segreta del duce, sempre a caccia di cospirazioni da smascherare, considerava vicino agli ambienti di Giustizia e Libertà, ma che più banalmente cercava di sbarcare il lunario secondo la vecchia tradizione della bohème letteraria: attraverso collaborazioni editoriali pagate un tanto alla pagina.

La bohème è di destra o di sinistra? In realtà, l'internazionale bohémienne della Parigi anni trenta – un sottobosco poligrafico di immigrati italiani, russi, spagnoli, ungheresi, ebrei tedeschi – condivideva passioni più che idee e pulsioni più che progetti. Non tutti potevano essere, né erano, Carlo Rosselli o Walter Benjamin. I precari della penna di cui Alex Alexis faceva parte somigliavano piuttosto a Ferdinand Bardamu, l'eroe autobiografico di Céline: vivevano meno di valori politici che di espedienti quotidiani, meno di speranza nel riscatto che di vertigine della negazione. *Viaggio al termine della notte* li rappresentava pienamente, ma in un senso che nulla aveva di fascista. Tanto è vero che l'arbitra del gusto nell'Italia mussoliniana, Margherita Sarfatti, non aveva atteso la traduzione del Corbaccio per denunciare nel primo libro di Céline la nichilistica quintessenza del non-fascismo.

Insomma, chi segua il filo di Alex Alexis e del Céline uno e indivisibile degli anni trenta si ritrova in un mondo *ni droite ni gauche* assai più complicato di quanto non si vorrebbe oggi vederlo alla luce del politicamente corretto. È il mondo stesso delle edizioni Corbaccio, dove un imprenditore coraggioso come Enrico Dall'Oglio e un editor sensibile come Gian Dàuli pubblicavano Arthur Schnitzler, Thomas Mann, Jakob Wassermann, Stefan Zweig, Alfred Döblin, Italo Svevo, insieme con il Lion Feuchtwanger di *Süss l'ebreo* e con il Céline del *Viaggio* e poi delle *Bagattelle per un massacro*. Fino al paradosso editoriale e politico della primavera 1938, quando proprio il Corbaccio entrò nel mirino della «bonifica libraria» di regime per una sovrabbondanza in catalogo di autori di «razza ebraica», ma il medesimo Corbaccio pubblicò il pamphlet abominevolmente antisemita di Céline tradotto da Alex Alexis.

Traduttor non porta pena: sette anni dopo – nell'Europa del 1945 liberata dal nazifascismo – Luigi Alessio sarebbe riuscito ancora a vivacchiare dentro la bohème letteraria di Milano, stampando sotto pseudonimo libri da bancarella sul Mussolini di piazzale Loreto e sulle gambe di Claretta Petacci; mentre l'autore delle *Bagatelles* avrebbe dovuto percorrere fin dentro il marcio di Danimarca un terribile cammino di espiazione senza redenzione.

(2011)

II. Durante

Una storia di pidocchi

Primo Levi ha riconosciuto come decisivo per la sua sopravvivenza ad Auschwitz il fatto di avere potuto lavorare, da un certo momento in poi, nel Kommando Chimico di Monowitz-Buna. Di essere stato reclutato, grazie alla sua laurea scientifica, in quella caricatura della ricerca sperimentale che nella fabbrica Buna corrispondeva al laboratorio del Reparto Polimerizzazione. L'ebreo italiano tatuato con il numero 174 517 è sopravvissuto perché aveva superato, al cospetto del «Doktor Pannwitz», un «esame di chimica» (è il titolo di un capitolo di *Se questo è un uomo*) talmente improbabile e grottesco da contenere – forse – l'«essenza della grande follia della terza Germania».

Un anno prima di lui, a un altro uomo di scienza toccò di avvicinare l'essenza di quella grande follia. Era un uomo di oltre vent'anni più vecchio del venticinquenne Primo Levi, e ben più noto di lui prima di essere deportato. Era un medico polacco, un ebreo di Galizia che si chiamava Ludwik Fleck e che aveva pubblicato in tedesco, nel 1935, *Genesi e sviluppo di un fatto scientifico*: una pietra miliare della moderna epistemologia. Nella Leopoli tragica del 1943, toccò a Fleck di superare, al cospetto di un tale dottor Weber delle SS, un esame di batteriologia. E gli toccò quindi di aderire al più incongruo possibile dei profili professionali: immunologo ad Auschwitz.

La storia di Fleck, e delle straordinarie circostanze che lo portarono a dirigere il laboratorio sierologico del cosiddetto Istituto di Igiene di Auschwitz, è raccontata ora in un libro tradotto per i tipi di Bollati Boringhieri: *Il fantastico laboratorio del dottor Weigl*, di Arthur Allen. Un gran bel libro, sul più ingrato degli argomenti: la lotta contro il tifo nell'Europa del Terzo Reich e della Soluzione finale; nell'Europa di Heinrich Himmler e del dottor Mengele, delle finte docce di Auschwitz e delle vere camere a gas.

Il collante della storia è rappresentato – evidentemente – dai pidocchi. Dagli insetti parassiti, che fin dall'inizio del Novecento erano stati scientificamente riconosciuti quali agenti infettivi del tifo. E dagli ebrei, che fin dagli esordi del nazismo erano stati additati quali parassiti disgustosi e ubiqui, che andavano estirpati dal corpo sano della Germania e dall'intero suo «spazio vitale». La «geomedicina» tedesca degli anni trenta aveva fatto il resto, promuovendo l'idea che il tifo fosse una patologia caratteristicamente ebraica, e prestando così legittimazione scientifica alla costruzione dei ghetti. Dopodiché, il nesso cogente tra disinfestazione dai pidocchi e disinfestazione dagli ebrei aveva trovato la più plastica delle evidenze – ad Auschwitz-Birkenau – nella procedura di svestizione che immediatamente precedeva l'andata in gas.

Nella Leopoli cosmopolita degli anni venti, il giovane Ludwik Fleck era stato assistente di Rudolf Weigl: lo zoologo austro-polacco che aveva poi, negli anni trenta, messo a punto un sistema pioneristico (ancorché disgustoso) per produrre vaccino anti-tifo. Vaccino ottenuto alimentando larve di pidocchi con sangue umano, che gli insetti succhiavano dalle cosce e dai polpacci di donatori volontari; iniettando nei pidocchi sani il batterio del tifo tratto da pidocchi infetti; omogeneizzando e centrifugando gli intestini dei pidocchi contaminati, ripieni del sangue succhiato agli «alimentatori». Alle soglie della seconda guerra mondiale, il vaccino di Weigl rappresentava quanto di più efficace fosse conosciuto in Europa quale metodo di profilassi antitifica. Il che contribuisce a spiegare il destino occorso al laboratorio del dottor Weigl dopo l'Operazione Barbarossa del giugno 1941, cioè dopo l'invasione tedesca dell'Europa orientale.

Subito dopo avere occupato Leopoli, averne trucidato l'intellighenzia universitaria, e avere avviato anche in Galizia lo sterminio di massa degli ebrei, plenipotenziari di Himmler bussarono alla porta del laboratorio di Weigl. Gli offrirono una cattedra a Berlino e il patrocinio tedesco per il premio Nobel, chiedendogli – in cambio – di moltiplicare la produzione del suo vaccino a beneficio delle truppe del Reich mobilitate sul fronte dell'Est. Weigl, che aveva ancora negli occhi l'immagine dei colleghi d'università trucidati, declinò l'offerta della cattedra a Berlino, ma accettò la proposta di cooperare con l'occupante. Nei tre anni seguenti, decine di migliaia di dosi del vaccino di Weigl uscirono dal laboratorio della via San Nicola per immunizzare contro il tifo ufficiali e soldati della Wehrmacht, delle Einsatzgruppen, delle SS.

In quegli stessi anni – tuttavia – il laboratorio del dottor Weigl divenne anche qualcosa di molto simile a un rifugio umanitario, e a un covo della Resistenza polacca. Perché impiegandoli quali «alimentatori» dei pidocchi, Weigl ottenne dall'occupante un salvacondotto per un numero imprecisato di abitanti di Leopoli: da mille a tremila insegnanti, musicisti, romanzieri, biologi, matematici, molti dei quali impegnati in attività politiche clandestine. Il vaccino che protesse dal tifo, sul fronte orientale, reparti interi di aguzzini delle SS e delle Einsatzgruppen era stato ricavato dagli intestini di pidocchi nutriti con il sangue dell'intellighenzia antinazista di Leopoli salvata da Weigl.

L'accoglienza nel laboratorio della via San Nicola non poté estendersi a Ludwik Fleck, l'ex assistente di Rudolf Weigl. Il permesso di alimentare i pidocchi era tassativamente precluso a quei pidocchi degli ebrei. E tanto più era precluso dopo il loro confinamento, a Leopoli, nel ghetto oltre la linea ferroviaria. Ma in un ospedale di quel ghetto decimato dal tifo, l'immunologo Fleck trovò l'energia necessaria per sperimentare un suo vaccino, più o meno efficace, tratto dall'urina dei pazienti infetti. Abbastanza per impressionare il dottor Bruno Weber, ufficiale sanitario delle SS in visita nel ghetto, e per garantire a Fleck – dopo la sua deportazione ad Auschwitz nel 1943 – un trattamento di favore. Prima l'alloggio in una stanza del Kanada (il magazzino del Lager), poi la direzione del laboratorio sierologico presso l'Istituto d'Igiene. Dove il dottor Fleck analizzava campioni di sangue sotto lo sguardo fisso di due gemelli, due teste in formalina di bambini zingari vivisezionati dal dottor Mengele.

Successivamente trasferito al campo di Buchenwald, Fleck si vide affidare dai nazisti il compito di produrre vaccino antitifico sulla base di un metodo particolarmente complesso, sperimentato nel frattempo all'Institut Pasteur di Parigi. E Fleck ebbe ancora la lucidità per organizzare – con altri scienziati detenuti nel Blocco 50 – un sistema clandestino di doppia produzione: vaccino inefficace con cui immunizzare i militari tedeschi, vaccino efficace con cui immunizzare i prigionieri di Buchenwald attivi nella Resistenza.

Sopravvissuto alla Soluzione finale, Ludwik Fleck resterà in Polonia fino al 1957: professore universitario prima a Lublino poi a Varsavia, entro il grigio orizzonte del socialismo reale. Si deciderà a partire per Israele soltanto quando verrà raggiunto da voci che corrispondevano ad accuse, accuse di collaborazionismo. Lo stesso genere di voci che in quello stesso 1957 accompagneranno alla tomba Rudolf Weigl, il domatore di pidocchi della via San Nicola.

(2015)

Matès e Idesa

Questa *Storia dei nonni che non ho avuto* è uno dei libri di storia più belli che siano usciti negli ultimi anni. È avvincente nell'intreccio, solido nel metodo, complice nella scrittura. Il lettore viene catturato fin dalla primissima pagina, dove legge che l'autore – un parigino sulla quarantina, Ivan Jablonka – aveva sette anni e mezzo quando scrisse ai nonni materni (gli unici che ha avuto) un'impressionante lettera-testamento.

«Potrete star certi, quando sarete morti, che penserò tristemente a voi per tutta la vita. Anche quando la mia vita sarà a sua volta finita, i miei figli vi avranno conosciuto. Anche i loro figli vi conosceranno quando io sarò nella tomba. Per me, voi sarete i miei dèi, le mie divinità adorate, che veglieranno su di me, solo su di me. Io penserò: le mie divinità mi proteggono, posso stare sia all'inferno che in paradiso»: il bambino che esprimeva così il suo attaccamento ai nonni materni era schiacciato, visibilmente, da un sentimento del dovere di memoria. Ed era marcato a fuoco, presumibilmente, da un sentimento di privazione dei nonni paterni, quelli che definisce oggi «gli assenti di sempre». Matès Jablonka e Idesa Feder: due polacchi qualunque, due sconosciuti della Storia cancellati dalle tragedie del XX secolo, lo stalinismo, la seconda guerra mondiale, la distruzione degli ebrei d'Europa.

Il bambino si è poi fatto grande, ed è diventato uno storico. Storico di mestiere, professore all'università. E fin dagli studi che gli avrebbero dischiuso le porte di una carriera accademica, è sembrato scrivere da figlio di un orfano. I suoi primi libri non parlavano del padre, figlio salvato dalla Soluzione finale, né dei nonni, genitori sommersi: ma trattavano pur sempre di infanzia abbandonata, nella Francia della Terza e della Quinta Repubblica. Per Ivan Jablonka, studiare la storia ha significato da sempre coltivare una memoria.

Proprio questo legame fra storia e memoria – forte, cogente, necessario – rende unico il suo libro di oggi, la *Storia dei nonni che non ho avuto*. Perché se sono ormai tanti i discendenti di vittime della Shoah che muovendo dai luoghi della diaspora hanno voluto risalire verso le terre di sangue, che lungo i fili della memoria hanno compiuto la loro anabasi per risarcire gli scomparsi e sé stessi, il libro di Jablonka è reso unico dal fatto di contenere qualcosa di più: una magistrale ricerca archivistica. Discepolo di Alain Corbin, uno storico francese particolarmente abile nel ridare vita agli anonimi del passato, Jablonka ha saputo ridare vita a Matès e Idesa: due anonimi del Novecento che gli hanno trasmesso, con un cognome, un destino.

Senza sorprese, la storia incomincia da uno *shtetl*. Incomincia da Parczew, borgo di cinquemila abitanti massicciamente abitato da ebrei, russo prima della Grande guerra, polacco dopo e ancora oggi: oltre Lublino, ai confini con la Bielorussia e con l'Ucraina. Il posto dove Matès Jablonka è nato nel 1909, terzo figlio di un ebreo povero e devotissimo che di mestiere fa il guardiano del bagno rituale. Il posto dove Matès, di professione sellaio, abbraccia il comunismo alla fine degli anni venti: per opporsi sia all'antisemitismo dei polacchi, sia al bigottismo (e al sionismo) degli ebrei. Il posto dove lo sgraziato Matès incontra la bellissima Idesa, nata illegittima nel 1914, e l'amore sboccia fra due proletari che militano entrambi in un Partito comunista polacco duramente represso dal regime di Piłsudski. Si riuniscono di nascosto con altri compagni? Stampano volantini? Affiggono manifesti? Due anni e mezzo di galera per lui, un anno e mezzo per lei con l'assortimento probabile di qualche tortura.

A partire dal 1935 il regime polacco si fa sempre più autoritario, e sempre più antisemita. Ma nel 1937, quando Matès e Idesa escono di prigione e si sposano, l'Unione Sovietica non offre loro prospettive migliori: quell'anno Stalin provvede a liquidare i vertici del Partito comunista polacco. Ebrei, refrattari, pregiudicati, disoccupati, i coniugi Jablonka capiscono che è venuto il momento di andarsene. Vorrebbero l'Argentina, dove già sono emigrati i fratelli maggiori di Matès, ma se pure ottenessero un visto non avrebbero i soldi per la nave. Resta – più raggiungibile con poco denaro e senza permesso – la Francia: la Francia del Fronte popolare, la Francia dell'ebreo socialista Léon Blum, la Francia patria delle rivoluzioni e terra d'asilo. Matès e Idesa arrivano a Parigi (separatamente, per dare meno nell'occhio) tra la fine del 1937 e l'inizio del 1938: ritorneranno in Polonia viaggiando insieme, nel marzo del 1943, sul treno per Auschwitz.

Cercando negli archivi francesi le tracce dei nonni che non ha avuto, Ivan Jablonka ha la fortuna di trovarle. Ma la fortuna del nipote riflette, in questo caso, la sfortuna dei nonni. Stranieri illegali, Matès e Idesa hanno lasciato tracce abbondanti perché sono entrati da subito nel mirino della polizia. In apparenza, la Francia dei diritti dell'uomo li accoglie. In sostanza, li rigetta. I profughi di Parczew che stentatamente aggiungono qualche parola di francese alla loro lingua madre, lo yiddish, e alla lingua matrigna, il polacco, trovano a Belleville – il quartiere per eccellenza degli immigrati poveri, nel XX arrondissement di Parigi – la più avara possibile delle terre d'asilo. Lui lavoricchia a domicilio da guantaio, lei partorisce Suzanne nel 1939, Marcel (il padre di Ivan) nel 1940, ma la famigliola sopravvive di espedienti. Giuridicamente, nella clandestinità. Socialmente, nella marginalità.

Un giorno di maggio del 1939 Matès Jablonka viene fermato per strada, trovato senza permesso, arrestato. Matès non fa più paura, come nella Polonia di Piłsudski, per quello che vuole: non conosce la prigione come militante comunista. Nella Francia di Daladier, Matès fa ribrezzo per quello che è: ritrova la prigione come ebreo inutile. Inutile? Quando esce, si arruola volontario nella Legione straniera. Per sbarcare il lunario. Per ottenere la naturalizzazione dei figli. Per contribuire alla lotta contro il nazifascismo. E da legionario il trentenne Jablonka (che in Polonia, da ebreo, era stato escluso dal servizio militare) combatte valorosamente la battaglia di Francia del maggio-giugno 1940, a Soissons: salvo cedere, lui come tutti, alla strapotenza del Blitzkrieg.

L'occupazione nazista della Francia, i Jablonka la vivono da Belleville, al pari di molti altri profughi ebrei dall'Europa orientale, nascondendosi come topi nelle case insalubri quanto insicure di un ghetto non dichiarato. Fetide stanze a pigione, inquilini famelici, vicini sospettosi e sospetti, portinai burberi ma a volte benefici, poliziotti di quartiere ora spietati ora inteneriti. 3 rue Désirée, 17 passage d'Eupatoria, rifugi precari di cui Ivan Jablonka ricostruisce le vicende dal 1940 al 1943 con infinita acribia storiografica, e con uno scrupolo d'umanità degno de *La vie, mode d'emploi* di Georges Perec: quel bambino cresciuto a Belleville il cui padre, ebreo polacco nato poco distante da Parczew, era caduto da legionario nella battaglia di Soissons tre anni prima che la madre, ebrea di Varsavia, sparisse nel buco nero di Auschwitz.

Matès e Idesa Jablonka vengono arrestati in casa, al 17 del passage d'Eupatoria, il mattino del 25 febbraio 1943. A catturarli sono poliziotti francesi, solerti collaboratori dell'occupante tedesco. I due genitori hanno appena il tempo di consegnare Suzanne e Marcel a un polacco non ebreo che abita sullo stesso pianerottolo, e che si organizzerà per salvarli. Cinque giorni dopo, dal campo di raccolta di Drancy, scrivono un biglietto d'addio a due bambini troppo piccoli per saperlo leggere.

Arrivano ad Auschwitz il pomeriggio del 4 marzo. Idesa viene inghiottita non si sa quando, ma presto. A Matès tocca di peggio: membro del Sonderkommando, al lavoro per mesi – prima di essere selezionato a sua volta – tra camere a gas e forni crematori. «Forse è stato lui a gettare tra le fiamme il corpo di sua moglie».

(2013)

Una tragedia tipografica

I carnefici della Soluzione finale furono anche distruttori di libri. Allo sterminio di massa degli ebrei si accompagnò uno sterminio letterario senza precedenti nella storia: fra il 1933 e il 1945, dalle biblioteche pubbliche e private d'Europa sparirono cento milioni di volumi che i nazisti ritenevano infestati dalla tabe giudaica. Secondo una logica a suo modo stringente, la civiltà del Libro andava annientata cominciando dai libri.

Così, la vicenda della Shoah va oggi ripensata anche come quella (nel gergo di Primo Levi) di libri sommersi e di libri salvati. E fra i libri salvati – ma a prezzo di un compromesso tanto gravoso da farne quasi rimpiangere la sopravvivenza – vanno annoverati i fascicoli della rivista storica più importante del Novecento: le famose «Annales d'histoire sociale», che Marc Bloch e Lucien Febvre avevano fondato nella Strasburgo del 1929, e che nel corso degli anni trenta erano andate rivoluzionando il metodo scientifico di fare storia della società, dell'economia, delle mentalità.

Dopo la conquista della Francia, nel 1940, i tedeschi pensarono bene di sottoporre a censura preventiva tutti i libri che uscivano dai torchi di Parigi e delle altre città direttamente sottoposte al regime d'occupazione. In particolare, decisero di vietare qualunque impresa editoriale che non fosse puramente «ariana». Su tali basi, le «Annales» rischiarono di chiudere. Erano infatti il frutto straordinario di quello che nel lessico razzista andava considerato un matrimonio misto: l'unione intellettuale fra l'ariano Febvre e il giudeo Bloch. Durante la primavera del 1941, i due storici vennero posti di fronte a un'ineludibile evidenza: l'occupante nazista avrebbe concesso alle «Annales» la licenza di stampa soltanto a condizione che dal frontespizio della rivista fosse cancellato il cognome israelita di Bloch.

Sul tetro sfondo delle rovine di Francia si aprì allora uno psicodramma, che la recentissima pubblicazione del carteggio tra Febvre e Bloch consente ormai di ricostruire passo per passo. Più esattamente, si aprì allora un *morality play* le cui implicazioni trascendevano la singola vicenda di una rivista di storia, per investire il problema generale dei diritti e dei doveri di intellettuali che volessero restare liberi sotto un regime coercitivo. Cosa era meglio – o meno peggio – per la Francia da rifondare, e per quel che restava di una cosmopolita Repubblica delle Lettere? Rinunciare alle «Annales», ma lasciando libero il campo alle miserabili voci della cultura collaborazionista, o continuarle, ma inchinandosi alla logica abietta del diktat razzista?

Sebbene lacerato nell'intimo della sua coscienza, Febvre ritenne di sciogliere il dilemma giudicando che le «Annales» andassero salvate ad ogni costo. In fondo – ragionò da Parigi, scrivendo a Bloch che era sfollato verso Sud, nella zona amministrata dal governo di Vichy – neanche un Voltaire, né un Diderot erano stati davvero uomini liberi. Ma ai despoti dell'assolutismo, i filosofi dei Lumi avevano saputo contrapporre la forza sottile dell'*esprit*. Due secoli dopo, le coscienze libere di Francia dovevano opporre ai tiranni venuti d'oltre Reno le più riposte e preziose loro energie spirituali. Le «Annales» dovevano sopravvivere non tanto in quanto rivista di storia, quanto piuttosto come estremo rifugio dell'anima europea contro l'assalto della barbarie. Perciò, Febvre chiese espressamente a Bloch l'autorizzazione di togliere dalla testata della rivista il suo inguardabile nome di ebreo.

Alla richiesta dell'amico, Bloch oppose per varie settimane un fermo rifiuto. Si sarebbe trattato, gli scrisse, di un rimedio peggiore del male: di un'abdicazione morale della quale Febvre stesso avrebbe finito col pentirsi. Il condirettore ariano delle «Annales» ritornò tuttavia all'attacco: egoistico l'atteggiamento del collega israelita, «odiosa» la sua «diserzione»... Alla fine, Bloch accettò un compromesso che somigliò molto a una sconfitta. Finché fosse durata l'occupazione tedesca, pur conservando sede e abbonati la rivista avrebbe cambiato intestazione, chiamandosi «Mélanges d'histoire sociale»; in cambio, il nome di Bloch sarebbe scomparso dal frontespizio.

A dispetto di questa tragedia tipografica, il sodalizio tra i due fondatori delle «Annales» si mantenne vivo per due anni ancora. Nel 1942, Febvre trovò il modo di pubblicare il suo capolavoro, *La religione di Rabelais*; mentre Bloch ebbe il cuore di dedicare all'amico il proprio testamento culturale, *Apologia della storia o Mestiere di storico*. Soltanto nel 1943 i destini dell'uno e dell'altro studioso si divaricarono irreparabilmente: quando Bloch imboccò – alla soglia dei sessant'anni – la via della clandestinità e della resistenza armata contro i tedeschi. Un anno dopo, il grande medievista fu arrestato, torturato, ucciso dagli uomini della Gestapo. E a Febvre non restò che piangerlo, nella Francia infine liberata, su pagine delle «Annales» listate a lutto: «Mi ritrovo qui, ora, come un albero che la folgore ha spogliato di metà dei suoi rami».

(2004)

La destra rivoluzionaria

La prima volta, in dicembre, c'ero andato da storico. Sfavillante delle luci di una vigilia natalizia, Parigi sembrava invitare ad altro sia i parigini stessi, eternamente frettolosi, sia i turisti più o meno sfaccendati. Shopping a parte, anche lì, nel Marais, sembrava esserci di meglio da fare – per chi non fa lo storico di mestiere – che infilarsi nel cortile delle vecchie Archives Nationales. A cominciare da un Musée Picasso finalmente riaperto. Mentre salivo lo scalone dell'Hôtel de Soubise per visitare la mostra su *La Collaboration 1940-1945*, avevo la sensazione di non fare altro che qualcosa di professionale, quasi di tecnico. La solita mostra documentaria, la solita polvere del tempo.

Mi ero soffermato su certe cose, avevo sorvolato su altre. Mi avevano particolarmente colpito le pagine spiegazzate degli elenchi stilati con zelo, nell'ottobre 1940, dai funzionari della Préfecture de Police di Parigi: il censimento sistematico – strada per strada, casa per casa, abitante per abitante – di tutti i «juifs» residenti a quella data nella capitale e dintorni. In pratica, il lavoro preparatorio per la caccia all'ebreo che si sarebbe aperta quindici mesi più tardi. Sgualcite dall'uso e ingiallite dal tempo, le *Pages Blanches* di uno sterminio ordinato dai tedeschi, ma organizzato dai francesi.

La mostra (che resterà aperta fino al 5 aprile) espone i materiali più vari, dalle carte di polizia ai manifesti di propaganda, dalle fotografie ufficiali ai manoscritti letterari. Il più notevole di questi ultimi consiste in due pagine di Céline, la versione autografa del pamphlet *Les beaux draps*. Mi ero chinato su quelle due pagine, nella vetrina, con il consueto disagio di chi scopre gli orrori di stampa dell'antisemita più talentuoso d'Europa: con la nausea dell'ammiratore disgustato. Né la nausea era scomparsa quando mi ero chinato sulla vetrina accanto: le amatissime copertine bianche di Gallimard, il venerato logo in corsivo minuscolo, *nrf*, ma in alto, come autore di quel libro, il nome di Drieu La Rochelle. L'editore opportunista e il collaboratore collaborazionista.

Oggi – due mesi e mezzo dopo – all'Hôtel de Soubise voglio ritornare non più da storico, ma da cittadino (italiano o francese, poco importa: diciamo da cittadino europeo). Voglio visitare la mostra sulla *Collaboration* con gli occhi di chi ha visto, nel frattempo, cose che non avrebbe immaginato di vedere nel suo paese d'adozione, la proverbiale Francia della Rivoluzione e dei diritti dell'uomo. Non soltanto le immagini di due incappucciati nerovestiti che risalgono in macchina, urlando, un momento dopo avere vendicato Maometto e un momento prima di freddare, per strada, un poliziotto di nome Ahmed. Né soltanto le immagini dei clienti di un supermercato kosher, uomini e donne con bambini in braccio che fuggono terrorizzati nel pomeriggio di un giorno da cani.

Pochi giorni fa ho visto altro ancora. Immagini meno drammatiche, e nondimeno inquietanti. Ho visto il video di un reporter israeliano che ha camminato dalla mattina alla sera, con una kippah in testa, per le strade del centro e della periferia di Parigi: nient'altro che camminato, dritto davanti a sé, senza far nulla per attirare l'attenzione. E che tuttavia ha raccolto, per reazione, una quantità di sguardi ostili, gesti aggressivi, commenti volgari. Indici puntati contro il «sale juif», lo sporco ebreo. Sputi addosso. «Questo qui è venuto per farsi fottere». Ho visto anche, nei giorni scorsi, le fotografie delle tombe profanate di un cimitero ebraico d'Alsazia. Una cittadina tranquilla, un paesaggio incantevole all'intorno, e nel campo israelitico decine e decine di sepolcri divelti, vandalizzati, distrutti. I responsabili? Quattro ragazzi del posto, incensurati, fra i quindici e i diciassette anni. Come a dire che potrebbero essere i compagni di scuola dei miei figli.

Sì, ritornando alle Archives Nationales, voglio guardare con occhi diversi la mostra parigina sulla *Collaboration*. E voglio farlo pur sapendo che i tempi della storia non vanno mai confusi. Sapendo che l'anacronismo è anzi – secondo il monito di Lucien Febvre – il peccato mortale dello storico, e che sarebbe improprio per tutti (storici o cittadini) assimilare questo nostro tempo agli anni quaranta del Novecento. Ma oggi non mi interessa – al limite – la disumana eccezionalità di quei tempi di ferro e di sangue, 1940-1945, la seconda guerra mondiale, l'Occupazione, la Soluzione finale. Oggi mi interessa l'umana banalità dei meccanismi di difesa e di offesa sociale. Mi interessano il sentimento di appartenenza, la diffidenza verso l'altro, la tentazione del capro espiatorio.

Fanno impressione, è chiaro, le fotografie più tragiche della mostra. La foto dei pullman in coda il 16 luglio 1942, quell'unica foto esistente della retata del Vél d'Hiv, 13 152 ebrei da deportare tutti in una volta. Le foto degli ebrei stranieri internati nei campi della Zona Sud e adesso pronti a partire, in fila indiana, per Drancy e poi per Auschwitz. Ma non sono meno impressionanti, a ben guardare, altri documenti esposti alle Archives Nationales. Certe lettere anonime, per esempio. Delazioni spicciole. Pedinate quello, controllate quell'altro, arrestate quell'altro ancora. Regolamenti di conti da vicini di casa (o da amanti delusi, o da concorrenti commerciali) bardati di patriottiche accuse contro gli ebrei o contro i massoni, contro i comunisti o contro gli stranieri.

Nella Francia del 2015 – dove il Front National prevede ragionevolmente di vincere le elezioni regionali di fine anno – quanto più colpisce della mostra sulla *Collaboration* è la forza sempreverde di una doppia retorica: la retorica una e bina dell'inclusione e dell'esclusione. Noi e loro. Ecco la famosa «Affiche rouge», il manifesto stampato nella Parigi tedesca del febbraio 1944 contro i combattenti partigiani della Main-d'œuvre immigrée. Che cos'hanno in comune i dieci resistenti più ricercati della regione parigina (e infine catturati, e condannati a morte)? Sono tutti stranieri. Quattro ebrei polacchi, tre ebrei ungheresi, un «comunista italiano», uno «spagnolo rosso», il «capobanda armeno». Nessuno è francese, nessuno è dei nostri. Sono tutti alieni. Hanno combinato tutto fra loro.

Se una retorica dell'esclusione può apparire spesso così primaria da riuscire ingenua, una retorica dell'inclusione può risultare altrimenti sofisticata. Ecco, alla mostra, la foto di un elegante palazzo parigino della Rive droite e un cartellone che troneggia al quarto piano, davanti alle finestre d'angolo: «Vogliamo la Francia unita in un'Europa unita!». La Francia unita in un'Europa unita? Al pianterreno del palazzo, una gigantografia del maresciallo Pétain illustra di quale Francia e di quale Europa si tratti. Perché nel 1940 come nel 2015 le parole degli slogan europeisti suonano bene, ma non bastano a dire tutto. In fondo, sarebbe stata un'Europa unita anche quella della *pax hitleriana*.

Voglio tornare all'Hôtel de Soubise, ma non sono sicuro che rivedere la mostra servirà davvero a chiarirmi le idee. Da un lato, so di detestare l'appello che Benjamin Netanyahu lancia continuamente, da Israele, a tutti gli ebrei di Francia: venite qui, vi aspettiamo, è questa la vostra patria. Dall'altro lato, sento che non deve smettere di parlarci la storia della Terza Repubblica francese naufragata tra le acque di Vichy: una storia fatta – anche quella – di crisi economica, disoccupazione di massa, sgretolamento dei valori democratici, stigmatizzazione del diverso da sé, fascino dei leader populisti.

Né deve smettere di parlarci la storia (precedente, e meno nota) della «destra rivoluzionaria» in Francia: la cultura politica che iniettò all'Europa – oltre un secolo fa, e prima ancora di Benito Mussolini – il bacillo dell'ideologia fascista. Quella strana miscela di destra e di sinistra, di disciplina e di rivolta, di ruralismo e di operaismo, di frustrazione e di fierezza, di crociata e di laicità, che nella Francia di oggi viene quotidianamente impastata da una signora che tutti, ormai, chiamano familiarmente «Marine».

(2015)

Geografia della vita nel ghetto

Il 27 gennaio di quest'anno, il Giorno della Memoria non somiglierà a nessuno dei precedenti per almeno una ragione: perché nel frattempo è scomparso Marek Edelman. Il più rappresentativo degli ebrei sopravvissuti all'insurrezione del ghetto di Varsavia aveva novant'anni al momento della morte, nell'ottobre scorso. Era dunque molto vecchio, ma ancora pochi mesi prima, il 19 aprile 2009, aveva commemorato alla sua maniera il 66° anniversario dell'insurrezione: separatamente da ogni celebrazione ufficiale, percorrendo a piedi (da ultimo, in carrozzella) le strade dei quartieri varsoviti divenuti ghetto sotto l'occupazione tedesca, raccogliendosi a meditare davanti a certe lapidi. Fedele alla memoria dei compagni caduti, ma fedele altrettanto agli ideali socialisti del Bund, il partito operaio ebraico della sua giovinezza: i medesimi ideali per cui aveva da sempre rigettato il sionismo e per cui aveva rinunciato, dopo la guerra, a emigrare in Israele.

La morte di Marek Edelman segna un momento simbolico di svolta nel rapporto fra la storia del ghetto di Varsavia e la sua memoria. Conclude l'«era del testimone», la stagione di una memoria intesa come esperienza vissuta. Consegna definitamente alla storia i due anni e mezzo intercorsi fra il novembre 1940 e il maggio 1943 durante i quali 450 000 ebrei di Polonia vennero rinchiusi in tre chilometri quadrati al centro della capitale, uscendone vivi soltanto per essere gasati a Treblinka. Quest'anno, il Giorno della Memoria deve misurarsi con la scomparsa di colui che della memoria polacca della Shoah si sentiva, a buon diritto, «il guardiano» (così il titolo di una riflessione autobiografica di Edelman pubblicata da Sellerio nel 1998).

Ma quest'anno, come per un risarcimento della perdita, i lettori occidentali dispongono di un nuovo, meraviglioso strumento per avvicinarsi alla storia del ghetto di Varsavia. È l'edizione americana di un librone di novecento pagine uscito in Polonia nel 2001 per opera di due specialisti locali della Shoah, Barbara Engelking e Jacek Leociak. Se in inglese il titolo suona asciutto, puramente descrittivo, il sottotitolo riesce tanto suggestivo quanto esatto: *The Warsaw Ghetto. A Guide to the Perished City*. Proprio di questo si tratta, di una guida alla città ebraica dapprima riempita e sigillata, poi svuotata e distrutta dagli uomini del Terzo Reich.

Grazie a una varietà di mappe, si ritrovano nel volume i confini geografici del ghetto, la topografia delle strade, il percorso dei mezzi di trasporto. Ma soprattutto si ritrova la dislocazione precisa, infallibile – sembra di stare su Google Maps – di ogni singolo luogo, più o meno pulsante di vita o di morte. Case private, uffici pubblici, sinagoghe, commissariati di polizia, caserme dei pompieri, parcheggi delle ambulanze, ospedali, farmacie, laboratori, scuole dichiarate o segrete, cimiteri, giardinetti, mense popolari, orfanotrofi, bagni comuni e bagni rituali, ricoveri per profughi, uffici postali, buche delle lettere, saloni di coiffure, lavanderie, sartorie, calzolerie, gioiellerie, negozi di alimentari, pompe funebri, imprese artigianali, biblioteche legali o illegali, librerie, stamperie clandestine, teatri, ristoranti ordinari o kosher, scuole rabbiniche, caffè, cabaret, sedi di riunione delle forze di resistenza, depositi di armi, bunker... per il lettore di questa guida, la geografia del ghetto non ha più misteri.

Ritrovare la storia nel segno della geografia è tanto più importante, in quanto la dimensione spaziale fu costitutiva dell'esperienza del ghetto di Varsavia. Onnipresenti, i muri di recinzione conferivano all'enclave ebraica l'aspetto inatteso di una città orientale. E fino all'estate 1942 pareva che ogni cosa lì dentro succedesse all'aperto, davanti a tutti. Il ghetto brulicava di gente in perpetuo andirivieni, risuonava delle voci dei passanti come delle urla dei gendarmi, vibrava dei traffici nei mercati dell'usato, sussultava a ogni movimento dei militari tedeschi, celava a malapena l'indaffararsi dei contrabbandieri, ed esibiva ininterrottamente – suo malgrado – lo spettacolo della morte: cadaveri nudi sul marciapiede, vinti dal tifo, dalla fame, dagli stenti. Solo nell'autunno del 1942, dopo la prima ondata di deportazioni verso Treblinka, il ghetto avrebbe assunto l'aspetto di una città non più strapiena ma deserta, non più vociante ma silenziosa. E solo nella primavera del 1943, dopo il soffocamento della disperata insurrezione, i tedeschi ne avrebbero fatto un paesaggio vuoto, immobile, lunare: il paesaggio che ci è rimasto negli occhi attraverso il film di un superstite del ghetto di Cracovia, *Il pianista* di Roman Polański.

Quasi tutte le fotografie del ghetto di Varsavia pervenute sino a noi furono scattate dagli occupanti tedeschi: compresa quella – dolorosamente celebre – del bambino che alza le mani mentre viene trascinato con altri fuori da un rifugio. In compenso, furono gli ebrei polacchi a raccogliere la maggioranza dei documenti non fotografici che hanno consentito a Engelking e Leociak di ricostruire la vita e la morte del ghetto nei più minuti dettagli. Riunendosi intorno alla figura di uno storico di professione, Emanuel Ringelblum, un gruppo di intellettuali fondò allora un'istituzione unica nella storia dell'Europa occupata: l'archivio clandestino del ghetto, dove si radunavano materiali sulla storia del presente destinati alla memoria del futuro.

Diari, poesie, lettere, volantini, carte d'identità, ricette mediche, biglietti del tram, bracciali con la stella di David, menù di ristoranti, quaderni di scuola, disegni di bambini, dépliant pubblicitari, locandine di spettacoli, verbali di riunioni politiche, giornali clandestini, contabilità commerciale, statistiche demografiche: Ringelblum e i suoi compagni ebbero la lucidità di riconoscere in questo il lascito più prezioso che fosse dato ai morituri di trasmettere alla posterità. Dopo l'avvio delle deportazioni di massa verso Treblinka, infilarono migliaia di documenti in dodici contenitori metallici e li seppellirono di nascosto sotto le cantine di due edifici del ghetto, dove vennero ritrovati fra il 1946 e il 1950.

Da duemila anni in qua, i muri hanno rivestito una funzione decisiva nella storia del popolo ebraico: dall'inizio della diaspora al ritorno nella Terra promessa, dalla rovinosa distruzione del tempio di Gerusalemme alle misure di sicurezza dell'Israele di oggi, insomma dal Muro del Pianto al muro di Sharon, il destino delle comunità israelitiche è stato spesso quello di una separazione coatta dal mondo circostante. Ma nella tragedia di tale destino, il popolo ebraico ha trovato la forza per non vivere i muri soltanto come un limite: per viverli anche come una risorsa. Facendo degli spazi chiusi mondi aperti, e dei giorni contati giorni regalati. È stato così nella Varsavia stessa del 1940-1943, dove gli ebrei reclusi nel ghetto e destinati allo sterminio riuscirono a cimentarsi con le arti della vita.

Uomini più o meno atletici si guadagnavano il pane pedalando, autisti di un mezzo di trasporto rudimentale eppure diffuso: il risciò. Donne più o meno fascinose percorrevano le strade da coquettes, in precario equilibrio su tacchi sorprendentemente alti. Musicisti di rango o di dozzina suonavano nei caffè, agli angoli delle vie, nei cortili delle case. La programmazione teatrale era intensa, in yiddish come in polacco, e capitava che gli spettacoli durassero tutta la notte per aggirare le regole del coprifuoco. Se costretti in casa, molti cittadini-prigionieri si tenevano occupati leggendo, giocando a scacchi, sfidandosi a carte (il bridge la faceva da padrone). Quanto al proverbiale humour ebraico, si tradusse addirittura nella circolazione, in forma manoscritta, di una *Guida turistica del ghetto*.

Agli ebrei di Varsavia capitava pure di innamorarsi: anche questo, in fondo, un modo per opporre resistenza morale all'orrore della Soluzione finale. Alla vigilia dell'insurrezione, rimanevano nel ghetto soprattutto giovani single che avevano appena perduto i genitori, i nonni, i fratelli più piccoli. Ragazzi e ragazze cui il destino aveva sottratto ogni cosa, salvo la voglia di resistere fino all'ultimo, e salvo il bisogno di amare ed essere amati. Studente di medicina, Marek Edelman era uno fra loro. Non avrebbe mai dimenticato certi idilli sbocciati nella Varsavia della morte.

Li ha raccontati in conversazioni della vecchiaia, recentemente raccolte da Sellerio in un libro che va letto come il suo testamento, e che va assaporato fin dal titolo: *C'era l'amore nel ghetto*.

(2010)

Lo sterminio degli oggetti

La fotografia non è datata, ma risale all'immediato dopoguerra, 1945 o dintorni. Prima di finire (recentemente) nel Museo di Treblinka, in Polonia, apparteneva a un abitante del vicino villaggio di Wólka Okrąglik. La foto mostra un gruppo di gente del posto, uomini e donne, contadini e contadine della Masovia armati di pale e di vanghe, insieme con alcuni poliziotti. È una foto-ricordo. Il gruppo di paesani si è radunato intorno ai frutti di un raccolto ordinatamente disposto davanti a loro. A un primo sguardo si direbbero zucche, o cocomeri. A guardar meglio, si riconosce che il raccolto è fatto d'altro. È un raccolto di teschi e di ossa. Frutti dissotterrati, evidentemente, nel gibboso campo lì intorno. Nel terreno formato dalle ceneri degli ottocentomila ebrei gasati a Treblinka fra il luglio 1942 e l'ottobre 1943.

Studioso polacco emigrato da tempo negli Stati Uniti, Jan Gross ha costruito sopra una lettura di questa foto il libro *Un raccolto d'oro*. Più che una monografia, un saggio sul nesso storico esistente fra la distruzione degli ebrei d'Europa e l'appropriazione della loro roba. I paesani della foto-ricordo valgono da sineddoche, sono la parte per il tutto. Appartengono a un piccolo esercito di zappatori che nella Polonia liberata dall'Armata rossa dissotterravano i resti degli ebrei nella speranza di trovar loro addosso – ancora – qualche bene prezioso. Capsule dentarie d'oro, o gioielli nascosti dai morituri in chissà quali orifizi corporali e sfuggiti alle ispezioni effettuate dalle SS sulla soglia delle camere a gas.

Fin dal marzo 1939 (con anticipo, dunque, sull'inizio della seconda guerra mondiale) il governo del Terzo Reich aveva imposto agli ebrei tedeschi la consegna di tutto il loro oro, argento e platino. Dopodiché, il grosso dei preziosi che gli ebrei d'Europa avevano portato con sé nel viaggio verso i campi di sterminio dell'Est era stato rimesso alla Banca del Reich, dal 1942 al 1944, attraverso svariate decine di spedizioni *ad hoc*. In Germania, il nesso fra la sistematica distruzione degli ebrei e la loro sistematica depredazione aveva assunto plastica evidenza nella duplice attività della Degussa: un'azienda chimica di Essen che deteneva – insieme – la licenza statale di fondere, purificare, commerciare i «metalli ebraici», e il brevetto per la produzione dello Zyklon B, l'acido prussico delle camere a gas di Auschwitz.

«Nel paesaggio dello sterminio degli ebrei», ragionava già nel 1946 Rachel Auerbach, eccezionale figura di partigiana-archivista sopravvissuta all'insurrezione e alla liquidazione del ghetto di Varsavia, «lo sterminio degli oggetti occupa un posto eminente. La tragedia e il maltrattamento delle cose uguagliavano la tragedia e il maltrattamento degli uomini». Difficile darle torto, scoprendo nel libro di Gross – ad esempio – lo zelante lavorìo delle diverse migliaia di funzionari che operarono per settimane tra le rovine fumanti del ghetto a trasportare le masserizie lasciate dagli ebrei, ad accumularle in depositi, chiese, sinagoghe, a organizzarne lo smercio. Cioè la svendita ai polacchi «ariani» di Varsavia.

Nella Polonia occupata dai nazisti ebbe luogo, secondo Jan Gross, una mutazione etico-antropologica: una variazione strutturale delle norme che regolavano i comportamenti accettabili nei confronti degli ebrei. Allo sguardo degli ariani polacchi, gli ebrei non parvero più (per citare un'altra straordinaria figura di partigiano-archivista del ghetto di Varsavia, Emanuel Ringelblum, caduto nel 1944) che «defunti in licenza». Morti solo provvisoriamente viventi, che era perfettamente lecito depredare di ogni cosa, dalle abitazioni ai negozi, dai terreni ai laboratori, dai gioielli ai vestiti. Si calcola che furono mezzo milione, all'indomani della guerra mondiale, i passaggi di proprietà riconosciuti come legali: le successioni di beni dagli ebrei polacchi morti agli ariani polacchi vivi. E si stima a diverse centinaia di migliaia il numero di ebrei polacchi assassinati – durante la guerra, e anche dopo – non dagli occupanti tedeschi, ma dagli occupati polacchi.

Prima di riunirsi davanti all'obiettivo di un fotografo dilettante con un bel raccolto di teschi e di ossa, era capitato ai polacchi di riunirsi per le cosiddette «battute di caccia» contro gli ebrei loro vicini di casa. Così nel villaggio di Jedwabne (non lontano da Treblinka), in un pogrom del luglio 1941 che Jan Gross ha consegnato – in un altro suo libro, *I carnefici della porta accanto* – alla storia della Soluzione finale; così in tanti villaggi della Polonia profonda. Ed era capitato ai polacchi di raccogliersi numerosi intorno alla stazione ferroviaria di Treblinka, per vendere bicchieri d'acqua agli ebrei assetati dentro i vagoni piombati, passeggeri ignari di essere ormai giunti a destinazione. O per alimentare, nei paesi del circondario, tutto un piccolo indotto dello sterminio. «Gli orologi da polso venivano allora venduti a dozzine per due soldi, tanto che i contadini locali li portavano nei cesti per le uova, smerciandoli a ogni acquirente».

Finita la guerra, i cosiddetti «dentisti» al lavoro presso le fosse comuni dei campi di sterminio – a Treblinka, a Bełżec, a Sobibór – non fecero che riprendere questa stessa politica economica, con altri mezzi. Dal rapporto di un pubblico ufficiale in missione a Treblinka, 13 settembre 1945: «Sotto ogni albero c'erano buche scavate dai cercatori d'oro e di brillanti. Il fetore di cadaveri e di gas era così aggressivo da far venire a me e al mio collega il vomito e un'irritazione terribile alla gola. Inoltrandoci nell'area, abbiamo incontrato della gente calata nelle fosse a scavare. Alla nostra domanda "cosa state facendo?" non hanno dato nessuna risposta». Dal verbale di un poliziotto del commissariato di Bełżec, 10 ottobre 1945: «Dopo la fuga dei tedeschi la polizia locale ha cercato d'impedire gli scavi nell'area del campo, ma è difficile porre rimedio al problema, perché appena cacci via un gruppo di persone ne arriva subito un altro».

Chissà se la domanda rivolta agli zappatori dai pubblici ufficiali – cosa state facendo? – fu mai rivolta dai sacerdoti delle chiese di Polonia ai «dentisti» loro parrocchiani: altrettanti buoni cattolici, presumibilmente, che non mancavano di confessarsi prima della messa della domenica. Di sicuro, quando il parroco di un paesello vicino Treblinka volle pronunciarsi sugli scavi compiuti nel cimitero delle ceneri, si guardò dal biasimarli. «Quelle sono tombe ebraiche, e denti d'oro o gioielli non dovrebbero restare sepolti» è quanto si sentirono dire, dal pulpito, i battezzati del villaggio di Jasienica.

(2016)

Il ruggito dell'agnello

«Cari genitori, se il cielo fosse carta e tutti i mari del mondo inchiostro, non potrei descrivervi il mio dolore e tutto quello che vedo intorno a me». Così, in un giorno imprecisato della seconda guerra mondiale, il figlio di una coppia di contadini ebrei della Galizia si rivolgeva ai genitori, dall'interno del Lager polacco di Pustków, infilando la lettera nel recinto di filo spinato del campo. «So che non esco vivo da qui. Dico addio a tutti, cara mamma, caro papà, cari fratelli e piango...».

È questa soltanto una (neppure la più straziante) del centinaio di *Lettere dalla Shoah* pubblicate ora da Laterza, nel mese del Giorno della Memoria. Si tratta dell'edizione italiana di una raccolta uscita anni fa in Israele per cura dell'istituto Yad Vashem: una strana raccolta, meritoria nelle intenzioni, effettivamente memorabile nei contenuti, ma incredibilmente confusa nei criteri di presentazione, cui neppure la scrupolosa versione italiana – dove gli originali sono stati tradotti da tredici lingue, quasi l'intero campionario di idiomi della diaspora – può rimediare con efficacia. Il che non impedisce al libro di valere, lettera per lettera, voce per voce, come il più diretto possibile degli accessi all'inferno della Shoah.

«Cari sorella e cognato, vi scrivo della nostra disgraziata morte». Qualunque sia l'autore di ciascuna di queste missive (non sempre si è riusciti a identificarli), ci troviamo dentro una costellazione letteraria che le molte tragedie del Novecento hanno reso sin troppo familiare: appunto, il genere delle ultime lettere di condannati a morte. Percezione della fine imminente, inquietudine per la sorte dei familiari, fierezza di sé davanti all'infamia del nemico, consegne morali ai figli, rifugio nella fede o investimento sull'idea: nonostante l'incomparabile enormità storica della Soluzione finale, il campionario di temi presenti nelle *Lettere dalla Shoah* riflette la gamma di altre raccolte consimili, siano le ultime lettere dalla Resistenza italiana ed europea, o le ultime lettere dalla Repubblica di Salò, o anche, al limite, le ultime lettere dall'accerchiamento della Wehrmacht a Stalingrado.

Ma proprio l'enormità storica della Soluzione finale – lo sterminio di tutti gli ebrei d'Europa, uomini donne vecchi bambini – conferisce alle ultime lettere dalla Shoah qualcosa di unico. Per l'inaudita sua natura, il programma nazista mosse infatti, *in extremis*, la penna non soltanto di maschi in età di combattere, militari o militanti, ma anche di anziani, di ragazzi, e soprattutto di donne. Sicché per la prima volta, nella storia terribile di questo genere letterario, le voci femminili si sentono qui almeno altrettanto delle voci maschili. Dall'oltretomba della Shoah parlano anche le mogli, parlano le madri e le figlie, parlano le nipoti e le nonne. E senza posa si interrogano sullo spettacolo mai visto che avevano sotto gli occhi, nei ghetti di Polonia come nei villaggi di Lituania, nei boschi d'Ucraina come nelle campagne di Boemia: la condanna a morte non dell'uno o dell'altro combattente di una causa, ma di tutti gli appartenenti a un'etnia;

il massacro paziente e sistematico di un popolo intero. «Oggi vediamo come il mondo appare senza ebrei».

Le ultime lettere dalla Shoah furono scritte in circostanze estreme. Raramente sono documenti prodotti dal residuo di antichi rituali guerreschi, messaggi autorizzati dal nemico alla vigilia dell'esecuzione di un condannato. Il più delle volte, sono frammenti di carta rimessi dai rastrellati alla pietà di passanti sconosciuti, sono iscrizioni sulle pareti di sinagoghe diroccate, sono graffiti sui muri nelle fabbriche del lavoro coatto, sono fogli interrati nelle rovine dei ghetti, sono biglietti lanciati dai treni in movimento verso Auschwitz. Ciò che contribuisce a spiegare, forse, un ulteriore carattere distintivo di queste lettere: l'appello dei morituri – insistito, implacato, biblico – affinché sui tedeschi (e sui loro volenterosi collaboratori polacchi, ucraini, bielorussi, lituani) fosse fatta vendetta.

«Ricordatevi quello che ci ha fatto Amalek. Ricordatelo e [...] trasmettetelo come una volontà divina alle generazioni future»: *in articulo mortis*, vittime della Soluzione finale hanno parlato con le parole della Torah, aggrappandosi al Dio della vendetta. Una madre, Zlatke, al marito Moshe fortunosamente fuggito in America: «L'unica cosa che potete fare per noi è la vendetta sui nostri assassini. Poca cosa la vendetta su di loro». Un giovane, Asher, alla sorella Rivka scappata in Israele: «Tu e i tuoi figli, sappiate vendicare il nostro incolpevole sangue ebraico versato. [Dei tedeschi], uccidete chi vi viene a portata di mano. Nessuna differenza, uomini, donne, bambini, giacché con noi si è fatto lo stesso. [...] Devono dunque i vostri cuori solo bramare vendetta, vendetta, vendetta».

Siano uomini o siano donne, certi condannati a morte della Shoah sembrano non chiedere altro che questo:

vendetta, vendetta, vendetta. Mushiya: «avete l'obbligo di vendicarci». Melech: «esorto tutti gli ebrei che saranno ancora vivi dopo la guerra: vendicateci in tutti i modi e in ogni occasione che avrete!». Fanja: «fratelli di ogni paese, vendicateci». Devorah: «dopo la guerra ricordatevi di vendicare vostra sorella, a cui non è stato concesso di rivedervi ancora una volta». Natke: «ricorda solo di vendicarci, se potrai». Eliezer: «fratelli miei, siamo noi quelli a cui è stato assegnato un dovere sacro, e questo dovere è la vendetta». Esther: «sorelle e fratelli, vendicateci dei nostri assassini». Gina: «vai in guerra e vendica tua moglie e il tuo unico figlio». Feivish: «abbiamo una sola richiesta, ed è la vendetta».

Quasi settant'anni dopo, che fare della spaventosa litania che accompagnò derelitti ebrei d'Europa nel loro cammino verso la fossa (ancora Eliezer, un rabbino polacco: «io stesso ho udito centinaia di volte i martiri che ho visto – ero costretto a farlo – mentre rendevano l'anima a Dio in santità e purezza, e le loro ultime parole erano: "Fratelli nostri, ricordate, vendicateci, vendicate il nostro sangue"»)? Questa litania sulla vendetta basta forse per rimettere in discussione certa qualificata storiografia, che ha sottolineato piuttosto la dimensione intrinsecamente narrativa – documentaria, testamentaria, lapidaria – della letteratura della Shoah (*La vendetta è il racconto*, secondo il titolo di un saggio di Pier Vincenzo Mengaldo)?

Ovviamente, non basta. Ma la litania sulla vendetta ci dice pur sempre una cosa importante riguardo all'impatto storico della Shoah sopra l'anima dell'ebraismo. Agli ebrei sopravvissuti, gli ebrei sterminati chiesero di vivere un futuro diverso da tanto, da troppo passato: non un futuro da agnelli, ma un futuro da leoni. E lo chiesero, in particolare, ai fratelli approdati nella «Terra», in Palestina: «che la vendetta contro i nostri nemici sia molto grande e condotta dal popolo di Israele». Dopo l'orrore della Soluzione finale, nulla poteva, né doveva, essere più come prima.

(2009)

Il fiore di una bambina

Forse per la sua stessa enormità, la Shoah non ha prodotto molti libri indispensabili. Libri di cui non si possa proprio fare a meno, per verbalizzare l'indicibile, per concettualizzare l'impensabile, per tramandare l'imperdonabile. I titoli di questi libri d'eccezione, credevamo di conoscerli già tutti. *Se questo è un uomo* di Primo Levi, *La banalità del male* di Hannah Arendt, *Essere senza destino* di Imre Kertész, *Intellettuale a Auschwitz* di Jean Améry. Ma adesso, alla lista delle letture indispensabili va aggiunto il titolo di un volume stampato per la prima volta in inglese, nella New York del 1947 (l'anno stesso della prima edizione di *Se questo è un uomo*), e da allora mai più pubblicato in alcuna lingua. *La tigre sotto la pelle*, di Zvi Kolitz, è un libro assolutamente straordinario.

Ebreo lituano, Kolitz non aveva ancora trent'anni quando i nazisti intrapresero la Soluzione finale. Tuttavia, si era già messo alle spalle un'esistenza cosmopolita e avventurosa, quale potevano averla certi militanti sionisti degli anni trenta. Studi universitari in Italia, Scienze politiche a Firenze. Fascinazione per la figura di Mussolini, del quale Kolitz scrisse la prima biografia in ebraico. Adesione al Betar, il movimento giovanile nazionalista ispirato da Vladimir Jabotinsky. Emigrazione in Palestina, affiliazione a circoli di estrema destra, carcere sotto gli inglesi. Arruolamento nell'Agenzia sionista mondiale, propaganda per la creazione di uno Stato ebraico, militanza clandestina nelle file dell'Irgun, il gruppo terroristico di Menachem Begin.

Lontano dall'Europa negli anni della Soluzione finale, Kolitz non fu dunque – strettamente parlando – un sopravvissuto della Shoah. Aveva lasciato l'inferno per tempo: dei seimila ebrei di Alytus, la sua città natale, praticamente nessuno restava vivo nel 1945. Della Shoah, Kolitz ebbe esperienza per sentito dire, se mai può avere senso una formulazione del genere. Ma a differenza di tanti altri sionisti che vissero la tragedia dalla Palestina, Kolitz non volle trattare il sentito dire della Shoah come uno strumento di *Realpolitik*, buono magari a propiziare la nascita dello Stato di Israele. Non volle opporre meccanicamente la rivolta dei ghetti alle camere a gas, l'eroismo di una minoranza all'ignavia di una maggioranza, il coraggio dei rari ebrei capaci di ribellarsi all'acquiescenza dei milioni sterminati senza resistere. Nei racconti che aveva preso a scrivere in varie lingue già prima del 1945, e che raccolse nel volume newyorkese del 1947, Kolitz fece di meglio che propaganda politica. Come il Primo Levi di *Se questo è un uomo*, volle elevare a dignità letteraria le nude vite almeno quanto i decorati al valore, i sommersi almeno quanto i salvati.

A onor del vero, era proprio un insorto del ghetto di Varsavia quel Yossel Rakover, cui Kolitz aveva dato vita su una rivista yiddish di Buenos Aires nel settembre del 1946. Il suo testamento fittizio costituisce uno degli undici capitoli della *Tigre sotto la pelle*, e la fama del personaggio avrebbe superato di molto la notorietà del suo autore. A lungo ritenuto un documento autentico, messaggio in bottiglia miracolosamente lanciato da un eroe del ghetto, *Yossel Rakover si rivolge a Dio* è un testo che ha conosciuto nei decenni una fortuna mondiale. In italiano, è stato tradotto per la prima volta da Adelphi nel 1997 e più volte ristampato. Ma appunto, quanto Kolitz aveva da dire della Shoah non si esauriva nello pseudo-testamento varsovita dove giganteggia un ebreo di proporzioni bibliche, che sfida il Dio degli assassini e annuncia il Dio della vendetta. Oltre a Yossel Rakover, nelle *Tigre sotto la pelle* si incontrano personaggi meno titanici, eppure altrettanto memorabili.

Ecco un'internata ebrea a Treblinka, la madre senza nome di una figlia chiamata Hannah. Le due donne sono state deportate insieme, ma poi la ragazza ha cercato di scappare, è stata catturata, è stata arsa viva davanti alla madre e a migliaia di prigionieri. Trasformate in concime, le sue ossa di quattordicenne hanno arricchito la grassa terra di Treblinka, facendo sbocciare intorno ai recinti elettrificati un campo di magnifici papaveri. Questa notte, però, la madre ha approfittato del chiaro di luna per strisciare sotto il filato spinato. Il campo di papaveri è stracolmo, e la madre sta sussurrando il nome della figlia, fiore per fiore, disperatamente. A un tratto, eccola. La riconoscerebbe tra mille, quella coppia di papaveri ha gli occhi inconfondibili di Hannah, e gli steli sembrano due braccia aperte per riceverla. Gli altri papaveri «restarono silenti, immobili, il capino rivolto alla figlia che abbracciava la madre». «Tutti gli esseri viventi quella notte si voltarono pieni di riverenza verso la scena della riunione». Ora la madre ha strappato il fiore, sua figlia, e può tornarsene lenta e risoluta in direzione del Lager. Stringe Hannah fra le mani mentre viene avviata verso il forno.

Ecco il dottor Bernhardt van Meerlo e sua moglie, olandesi, ebrei dell'Aia. Hanno una quarantina d'anni, e due bambini. Gli occupanti nazisti hanno già iscritto nell'elenco dei deportati i nomi di tutta la famiglia, è solo questione di ore prima che bussino alla porta. Allora, il medico e la moglie hanno deciso di uccidere i bambini, e di suicidarsi. Il veleno è già pronto, addolcito con lo zucchero per Felix e Irene. Rimasta nell'ambulatorio annesso alla casa per non presenziare al pietoso omicidio, la moglie ha chiamato il marito, sconvolta, e gli ha raccomandato: «quando vanno a dormire, coprili bene». Il padre è rientrato in casa. Ha fatto bere ai bambini il veleno, tutto quanto, sino in fondo. Li ha svestiti, li ha messi a letto, li ha abbracciati forte. Non gli resta più che raggiungere la moglie per suicidarsi con lei. «Tornai in ambulatorio. Mia moglie mi salutò con lo sguardo apatico successivo alla disperazione: "Li hai coperti?", chiese tremando».

Si vorrebbe avere più spazio, molto più spazio, per dire di un libro prezioso in ogni singola sua pagina. Contentiamoci di rendere omaggio all'editore italiano della *Tigre sotto la pelle*, Bollati Boringhieri, e al curatore, Vincenzo Pinto. E contentiamoci di notare che un volume come questo, pubblicato a Torino, è la risposta migliore che la città potesse offrire a quanti contestano l'invito di Israele alla prossima Fiera del Libro. Se soltanto certi mentecatti parlassero un po' di meno, e leggessero un po' di più.

(2008)

Una villa nei Colli Euganei

«Se l'Italia è caduta nella vergogna e nel disonore, se l'Italia conosce oggi il periodo più oscuro della sua storia, ciò lo deve all'ebraismo, a quell'ebraismo che bisogna sterminare». «Dobbiamo pertanto liberarci una volta per sempre, senza sentimentalismi e senza discriminazioni, di questa genia malvagia di parassiti, che di italiano non ha che la cittadinanza usurpata e del tradimento il marchio inconfondibile».

Così, l'8 ottobre 1943, un giornale collaborazionista di Padova – «Il Veneto» – aveva suonato a raccolta contro la «razza ebraica maledetta da Dio». L'armistizio dell'8 settembre era stato annunciato da un mese esatto, Benito Mussolini era stato liberato dalla prigione del Gran Sasso, la Repubblica di Salò era sorta sulle ceneri dell'odioso tradimento del 25 luglio: che cosa bisognava attendere ancora perché i maggiori responsabili della rovina, i perfidi giudei, venissero colpiti da una «vendetta terribile e annientatrice»? Eppure le stesse autorità germaniche si erano limitate, fino a quel momento, a recepire i dati anagrafici e gli indirizzi dei 544 ebrei di Padova schedati già nel 1938, dopo la promulgazione delle leggi razziali.

Per gli impazienti collaborazionisti patavini della Soluzione finale, la prima buona notizia arrivò il 19 ottobre sotto forma di un treno piombato: erano i carri bestiame che trasportavano gli oltre mille ebrei di Roma razziati nel ghetto tre giorni prima, il 16 ottobre 1943, e che transitarono per la stazione ferroviaria di Padova verso una direzione ufficialmente sconosciuta, ma certamente ingrata ai passeggeri. La seconda buona notizia arrivò il 14 novembre, quando il Congresso di Verona del Partito fascista repubblicano definì gli appartenenti alla «razza ebraica», fossero pure cittadini italiani, «stranieri» di «nazionalità nemica». A quel punto, anche giornali moderati come il veneziano «Gazzettino» poterono scatenarsi contro gli infami «discendenti di Giuda».

Il 1° dicembre, le prefetture della Repubblica di Salò ricevettero dal ministero degli Interni l'ordine di deportare «tutti gli ebrei» in «appositi campi di concentramento». E per allestire tali campi disposero di adattare una varietà di luoghi più o meno conformi alla bisogna: caserme, scuole, colonie estive, ville di campagna. Su una ventina in totale, il campo maggiore fu quello di Fossoli (presso Carpi, in provincia di Modena) che già era servito al concentramento di prigionieri di guerra. Quanto agli ebrei di Padova e del Padovano, vennero concentrati in un'antica villa dal nome aristocraticamente risonante – villa Contarini Venier – situata nel cuore di Vo' Vecchio, un borgo al margine occidentale dei Colli Euganei.

Trascurato per decenni dalla storiografia universitaria e quasi obliterato dalla memoria collettiva, il campo di concentramento di Vo' è stato riscoperto una ventina d'anni fa grazie alle ricerche di uno studioso locale, Francesco Selmin: che ne restituisce ora la vicenda in un piccolo libro intitolato *Nessun «giusto» per Eva*. Una ricostruzione tanto asciutta quanto sensibile del destino occorso a qualche decina fra gli ebrei padovani investiti dalla Soluzione finale; una specie di breve microstoria, ma rivelatrice di una storia grande e terribile.

Il titolo del libro viene all'autore da una giovane ebrea italiana di origini ungheresi, Eva Ducci, che dopo l'8 settembre cercò scampo con la famiglia a Firenze e che, in realtà, nel campo di Vo' non fu internata affatto: ma Eva aveva condiviso con altri ebrei del Padovano gli studi classici al liceo ginnasio Tito Livio, prima di esserne esclusa dalle leggi razziali. Soprattutto, Eva Ducci condivise con la sessantina di ebrei internati a Vo' dal dicembre 1943 al luglio 1944 (padovani in maggioranza, ma non solo: anche torinesi, triestini, sloveni) il destino della deportazione in Polonia. Fra gli ospiti coatti di villa Contarini Venier, soltanto tre – tre donne – ritorneranno salvi da Auschwitz.

Il campo di concentramento di Vo' era così piccolo che Selmin ha potuto scriverne qualcosa come una storia totale: identificando per nome e per cognome non soltanto tutti i detenuti, ma anche la maggior parte dei (pochi) carcerieri. Selmin ha potuto inoltre ritrovare le tracce di alcune fra le suore elisabettine che prima dell'8 settembre avevano preso in affitto la villa, e che servivano i pasti ai futuri deportati. Ha ritrovato il menù (per così dire) di quei magrissimi pasti. Ha ritrovato perfino il fabbro al quale le autorità di Salò chiesero di costruire le griglie che dovevano impedire ai reclusi di scambiare lettere o messaggi con l'esterno. E Selmin ha ritrovato la bella figura del parroco di Vo' Vecchio, don Giuseppe Rasia, che generosamente volle assistere gli ebrei internati nella villa, e i cui appunti costituiscono la fonte principale per questa storia della Shoah in miniatura.

Ci sono scene del libro che si fissano nella memoria. Come quella di Anna Zevi, un'ebrea di Este poco più che trentenne e gravemente malata, che il 30 gennaio 1944 fu autorizzata a uscire da villa Contarini Venier per raggiungere la chiesa parrocchiale e ricevere il battesimo cristiano. Il suo fu un sacramento diverso dal battesimo che tanti ebrei italiani si erano fatti amministrare, dopo le leggi razziali del 1938, per ragioni più o meno opportunistiche, cioè nella speranza di scampare in tal modo alla persecuzione: nel gennaio del 1944 Anna Zevi aveva ormai il destino segnato, l'acqua santa da lei ricevuta sul capo non sarebbe comunque valsa a tenerla lontano dal treno per Auschwitz.

Altra scena indimenticabile, quella di una bambina di sei anni – si chiamava Sara Gesses, ed era figlia di un ebreo di origini russe con negozio di valigie a Padova – che al momento della chiusura del campo di Vo' cercò in tutti i modi di scampare a una sorte della quale, peraltro, doveva sfuggirle la portata. Dapprima, il 17 luglio 1944, Sara riuscì (forse con l'aiuto delle guardie italiane del campo) a non salire sui camion che trasferirono a Padova i reclusi di Vo'. E anche quando, l'indomani, una terrorizzata madre superiora delle suore elisabettine consegnò la bambina alle autorità tedesche del capoluogo, ancora Sara cercò di sfuggire al pullman destinato alla triestina Risiera di San Sabba, tappa intermedia del viaggio verso la Polonia.

Ma Sara, sei anni, non riuscì nell'intento. Finì per salirci anche lei sul convoglio 33T, il suo treno per Auschwitz.

Con tutti gli altri internati di Vo', sbarcò sulla rampa di Birkenau nella notte fra il 3 e il 4 agosto 1944. E come quasi tutti gli altri, fu immediatamente «selezionata» e mandata in gas.

(2012)

La Resistenza della Danimarca

L'8 settembre della Danimarca fu inaugurato da un telegramma. Era il telegramma inviato a Berlino da Werner Best, giovane ufficiale delle SS che Hitler aveva nominato da poco, in quell'estate 1943, plenipotenziario del Reich a Copenaghen. «Una coerente attuazione del nuovo corso in Danimarca comporta adesso, a mio parere, una risoluzione della questione ebraica nel paese»: così Best telegrafava a Berlino, e tutto lasciava intendere che la risoluzione della faccenda coincidesse anche lì con la Soluzione finale. Invece no. La storia prese tutt'altra piega. Per gli ebrei locali – diversamente che in Italia – l'8 settembre 1943 segnò l'inizio di una tragedia a lieto fine.

Ormai da tre anni e mezzo la Danimarca era stata occupata dai tedeschi sotto uno strano regime di compromesso, una specie di occupazione pacifica per cui il Reich non aveva dichiarato lo stato di guerra né si era assunto la responsabilità degli affari interni danesi. A differenza che in Norvegia, dove la monarchia e il governo costituzionale erano stati deposti con l'avvento del collaborazionista Quisling, in Danimarca il re Cristiano X era rimasto sul trono e le istituzioni democratiche avevano continuato a funzionare. I tedeschi avevano tenuto quasi soltanto a garantirsi, attraverso il controllo dello Stretto di Øresund, la regolarità delle comunicazioni dal Mar Baltico al Mare del Nord, e inoltre un accesso diretto alla produzione agricola danese.

Ma nell'agosto 1943 il precario equilibrio dell'occupazione pacifica si era infranto contro un'ondata di sabotaggi, scioperi, sommosse, cui i tedeschi avevano risposto instaurando la legge marziale. E scatenando infine la caccia – anche in Danimarca – contro il nemico per eccellenza, l'orrido giudeo: contro i sette-ottomila ebrei presenti allora sul territorio danese. Tremila circa di questi discendevano da famiglie insediate fin dal Seicento e appartenevano a un'élite assimilata. Circa altrettanti, i cosiddetti «ebrei russi», erano arrivati all'inizio del Novecento fuggendo la povertà e i pogrom dell'Europa orientale. Mille e passa erano giunti di recente: profughi tedeschi, austriaci, boemi, in fuga dalla persecuzione nazista.

Uomo di fiducia di Himmler, il «dottor Best» – come rispettosamente veniva qualificato a Copenaghen – sapeva quel che il capo delle SS si aspettava da lui: un personale contributo all'opera di disinfestazione razziale, la liquidazione degli ebrei dalla Danimarca verso le terre di sangue dello sterminio. Senonché Werner Best era un ufficiale nazista particolarmente colto, sensibile, e scaltro. A fine settembre 1943, quando ricevette da Berlino l'ordine esplicito di procedere all'arresto e alla deportazione di tutti gli ebrei «purosangue», Best ebbe l'intelligenza di capire che la Danimarca non era, agli effetti della Soluzione finale, un paese d'Europa come un altro. Decise allora di intraprendere un temerario doppiogioco. In apparenza, promosse l'operazione di pulizia etnica. In sostanza, procurò di limitarne la riuscita.

Ciò che rendeva la Danimarca un paese diverso era una diversa concezione del «noi» e del «loro». Agli occhi dell'opinione pubblica, l'altro da sé non era l'ebreo, cittadino danese o profugo straniero, che partecipava di una diaspora millenaria: l'alieno era il nazista, tedesco o indigeno, che designava l'ebreo come un «sottouomo». Così, proprio l'avvio dell'operazione antiebraica suscitò in Danimarca – dopo tre anni e mezzo di attendismo, o di larvato collaborazionismo – un movimento spontaneo di resistenza civile. E generò, rispetto ad altri contesti di persecuzione degli ebrei d'Europa durante la seconda guerra mondiale, una configurazione originale del rapporto tra carnefici, vittime e spettatori.

Sapientemente ricostruita ed efficacemente raccontata, è questa la storia che si legge nel libro di Bo Lidegaard, *Il popolo che disse no*: è l'avventurosa storia del salvataggio di massa di quei sette o ottomila ebrei di Danimarca. Entro le prime due settimane dell'ottobre 1943 la stragrande maggioranza di loro poté traversare lo Stretto di Øresund e raggiungere la Svezia, la cui neutralità nella guerra equivaleva alla salvezza. Gli ebrei furono indirettamente aiutati dagli uomini delle istituzioni, che rifiutarono di prestare ai tedeschi qualunque tipo di assistenza politica, militare, culturale. Furono indirettamente aiutati da uomini di chiesa come il vescovo di Copenaghen, che contro la violazione nazista del diritto fece appello alla libertà di coscienza del suo gregge. Soprattutto, gli ebrei furono aiutati dal soccorso diretto della gente comune. Inseguite dai carnefici, le vittime vennero assistite dagli spettatori, che in Danimarca non rimasero tali.

Si prenda un posto come Gilleleje, villaggio di pescatori all'estremo nord dello Stretto di Øresund. Millesettecento anime che da un giorno all'altro si trovano ad accogliere – a nascondere, a scaldare, a nutrire, infine a imbarcare – diverse centinaia di ebrei sconosciuti, danesi o stranieri, uomini donne vecchi bambini. Certo, per i pescatori di Gilleleje la rotta degli ebrei braccati dalla Gestapo corrisponde a una benvenuta opportunità economica: pur di salire su una barca e arrivare in Svezia, i profughi sono pronti a sborsare fino all'ultima corona che resti loro in tasca. Ma i soldi versati ai pescatori non bastano per spiegare la nascita, a Gilleleje, di un Comitato ebraico animato dal meccanico Petersen e dal droghiere Lassen insieme al falegname del villaggio, al maestro di scuola, al medico condotto e al presidente del consiglio parrocchiale. I soldi non spiegano la mobilitazione di una comunità locale che, salvando la vita agli ebrei fuggiaschi, intende salvarsi come comunità umana.

La notte del 6 ottobre soldati della Gestapo avevano fatto irruzione nella chiesa di Gilleleje, avevano arrestato ottantacinque ebrei precariamente nascosti in quel luogo sacro, ne avevano disposto la deportazione verso il ghetto boemo di Terezin, anticamera dei Lager. La nascita del Comitato ebraico di Gilleleje costituiva una risposta a questo schiaffo. Non rappresentava soltanto un gesto di solidarietà verso sconosciuti ebrei in fuga: era anche un gesto di rivendicazione dell'identità comunitaria. Era una mobilitazione in difesa dei valori non negoziabili su cui tale identità si fondava.

Lungo le coste danesi dell'Øresund si moltiplicarono esperienze collettive di salvataggio come quella di Gilleleje. In totale, nei primi quindici giorni dell'ottobre 1943, le traversate in barca organizzate clandestinamente furono circa settecento: e circa settemila furono gli ebrei che così scamparono in Svezia ai colpi della Soluzione finale. Mentre nessuno dei settecento trasporti illegali (neanche uno!) fu intercettato dalle pattuglie della Marina tedesca.

L'inefficacia dei pattugliamenti navali si spiega, prima di tutto, con il sottile doppiogioco del dottor Best. Il plenipotenziario germanico riuscì allora a convincere perfino Adolf Eichmann, giunto in missione a Copenaghen, che gli ebrei di Danimarca stavano meglio dispersi per le città della Svezia che ammassati nei ghetti di Boemia o nelle camere a gas di Polonia. Ma a un livello più profondo, l'improbabile inefficacia dei pattugliamenti lungo l'Øresund – e l'inusuale arrendevolezza di un uomo come Eichmann – si spiegano attraverso una dinamica propriamente politica. In Danimarca, il Terzo Reich rinunciò a realizzare la Soluzione finale per una ragione molto semplice, insopportabilmente semplice: perché fu posto di fronte all'opposizione di un popolo intero.

(2014)

Ebrei ante litteram

La prima fotografia (scelta per la copertina dell'originale americano) risale all'aprile del 1944. È un ritratto di gruppo. Mostra una dozzina di persone – uomini, donne, bambini – su uno sfondo di aride colline che potrebbero ben essere di Palestina, mentre sono del Gargano. I maschi portano in testa chi un basco, chi una coppola, chi un cappello di feltro a bombetta, chi un cappello militare a visiera. Le femmine hanno il capo scoperto, come pure è scoperta la testa dell'unico uomo in giacca e cravatta, un piccoletto con occhialini da intellettuale. Ma non è intorno a occhiali, teste o cappelli che ruota l'intera fotografia. Ruota intorno al vessillo bianco e blu con la Stella di Davide – il simbolo del movimento sionista, e la futura bandiera di Israele – orgogliosamente impugnato dal bambino al centro del gruppo.

La seconda fotografia (scelta per la copertina della traduzione italiana) risale all'inizio degli anni cinquanta. Mostra due ragazzini seduti su un muro di pietra, e ancora con il capo coperto, per proteggersi da un sole che si intuisce cocente. Sullo sfondo è un paesaggio brullo, quasi desertico, appena interrotto da un'oasi di vegetazione e da una manciata di edifici lunghi e bassi, visibilmente costruiti di recente: le case di un kibbutz. In secondo piano, due operai lavorano alle fondamenta in legno di un minuscolo edificio nuovo, mentre lungo la strada sterrata una contadina conduce un asino al passo. I due ragazzini ritratti in primo piano stanno leggendo, assorti, ciascuno il suo libro. È il Libro, la Bibbia.

Queste due fotografie contengono l'alfa e l'omega di una vicenda curiosa quanto appassionante: la vicenda de *Gli ebrei di San Nicandro*, come recita il titolo di un volume scritto dallo storico britannico John A. Davis, uscito da Yale nel 2010 e finalmente disponibile in italiano per i tipi di Giuntina. Piccola vicenda, si dirà. La conversione collettiva alla religione mosaica, fra anni venti e anni trenta del Novecento, di qualche decina di contadini e artigiani originari del paesone garganico di San Nicandro, in provincia di Foggia, e poi l'emigrazione di quasi tutti loro, dopo il 1948, nel neonato Stato di Israele. Eppure, si tratta di una vicenda che Davis dimostra carica di implicazioni non soltanto religiose, ma anche culturali, politiche, e perfino militari.

La microcomunità ebraica di San Nicandro si era formata intorno alla direzione spirituale della più improbabile fra le autorità pseudo-rabbiniche. Invalido di guerra, Donato Manduzio era un quarantenne semianalfabeta e disoccupato durante la seconda metà degli anni venti, quando un conoscente di fede pentecostale gli aveva regalato una copia della Bibbia, cambiandogli la vita. A forza di compitare sul Pentateuco, Manduzio si era convinto della scarsa verosimiglianza del racconto evangelico sopra l'avvento del Messia, e aveva finito per riconoscersi nell'interpretazione ebraica dell'Antico Testamento. Ma Manduzio aveva fatto di più. Approfittando della sua propria fama, diffusa a San Nicandro, di guaritore miracoloso e di profeta visionario, aveva sospinto dapprima la moglie, Emanuela Vocino, poi una serie di amici e di amiche, verso la conversione all'ebraismo.

Per un tempo lungo, quasi interminabile nel vissuto dei neofiti, tale conversione era rimasta puramente teorica. A San Nicandro, nel Gargano, nell'intera Puglia, mancava qualunque opportunità liturgica per gli uomini di essere circoncisi, per le donne di compiere il bagno di purificazione (del resto, Manduzio era inizialmente convinto che tutti gli ebrei fossero morti al tempo del Diluvio universale). Ma la storia degli israeliti di San Nicandro è quella di un investimento pertinace, tetragono, sulla suprema verità della religione di Mosè. Corrisponde a un'eccezionale scommessa di fede e di cultura. Senza rabbini, senza libri, senza kippah, senza candelabri, senza filatteri, senza tallèt, Manduzio e i suoi seguaci si sforzano – nell'indifferenza più che nella diffidenza dell'ambiente circostante – di onorare il riposo del sabato e di seguire il calendario ebraico, se non proprio di rispettare le prescrizioni alimentari e di corrispondere agli altri obblighi rituali. Fino a quando, tra 1931 e 1932, riescono a stabilire un contatto con il rabbino capo di Roma, Angelo Sacerdoti.

Da quel momento in poi, la loro avventura spirituale e materiale entra a far parte di storie ben più larghe: la storia degli ebrei italiani sotto il fascismo, la storia degli ebrei italiani emigrati in Israele dopo la nascita di uno Stato indipendente. Quantunque, in una lettera indirizzata a Roma, Manduzio rendesse omaggio al duce (l'«Eccellentissimo Signor Governatore nostro Condottiero Mussechini»), nulla vi era di filofascista nel movimento degli ebrei di San Nicandro. Al contrario, questi trovano il loro principale sostegno nella figura di Raffaele Cantoni: il contabile veneziano d'origine, fiorentino d'adozione, che rappresentava un po' l'anima dell'ebraismo italiano civilmente più impegnato, e le cui idee antifasciste risultavano fin troppo note alla polizia di regime.

Una prima svolta interviene dopo l'armistizio dell'8 settembre 1943, in quel Regno del Sud che gli Alleati vanno liberando dall'occupazione tedesca. Al seguito dell'VIII Armata, giungono infatti a San Nicandro alcuni ufficiali e soldati ebrei provenienti dalla Palestina del mandato britannico. Fra questi è Enzo Sereni, sionista italiano della prima ora, stretto collaboratore di David Ben-Gurion, futuro martire della Resistenza ebraica fra Italia e Germania: è lui il piccoletto con gli occhialini da intellettuale fotografato, nell'aprile 1944, fra i paesani ebrei di San Nicandro.

Ebrei fra virgolette, liturgicamente non convertiti, per un paio d'anni ancora: sino a quando l'infaticabile mediazione di Cantoni ha ragione delle resistenze che l'ebraismo italiano istituzionale opponeva, comprensibilmente, a quella strana (e litigiosissima) combriccola di paesani che si erano messi in testa di vivere secondo le regole della Torah. Nell'agosto 1946 un rabbino inviato dalla comunità israelitica di Roma, Aldo Ravenna, si reca infine a San Nicandro e sovrintende sia alla circoncisione degli uomini, sia al bagno di purificazione delle donne (rifiuta di farsi circoncidere il solo Donato Manuzio, proprio il fondatore del movimento, che secondo l'opinione dei più critici fra i seguaci aveva ormai bisogno di qualcuno che «potesse esaminargli il cervello»).

La svolta ulteriore nella vicenda degli ebrei di San Nicandro interviene dopo il 14 maggio 1948, cioè dopo la nascita ufficiale dello Stato di Israele. Allora si creano le condizioni perché qualche decina di convertiti di nome Cerrone, Marrochella, Tritto, Di Leo, Bonfitto, compiano la loro *aliyah* e raggiungano la patria d'adozione. Perché rinascano a nuova vita come pastori, contadini, manovali, scolari, in un angolo del Mediterraneo lontano dal Gargano, nell'Eretz Israel delle scuole agricole e dei kibbutzim.

(2013)

Stille in fuga da Kamenetzki

Scritta da Napoli il 28 novembre 1943, tre giorni prima che il mittente saltasse ventiquattrenne su una mina tedesca nei pressi di Castelnuovo al Volturno, l'ultima lettera di Giaime Pintor al fratello Luigi costituisce una pietra miliare così per la storia come per il mito della Resistenza italiana. All'indomani della Liberazione, quella lettera divenne il simbolo del consapevole sacrificio di una generazione cresciuta sotto il fascismo e immolatasi dopo l'8 settembre per offrire un esempio di antifascismo vissuto: per dimostrare di «non avere trascorso inutilmente questi anni di giovinezza».

Nelle ultime righe della lettera, rassicurando il fratello, Giaime rassicurava sé stesso: gli amici più intimi condividevano i suoi «sereni pensieri». Li condivideva «qualcuna delle ragazze» che aveva amato. Li condivideva «Kamenetzki». Misha Kamenetzki, l'ebreo russo suo coetaneo che le vicissitudini di un tempo di ferro avevano dapprima sospinto in Italia, bambino, con la famiglia in fuga dalla rivoluzione bolscevica, poi avevano spinto in America, nel 1941, con la famiglia in fuga dalla persecuzione razziale. Il Misha che alla fine degli anni trenta aveva stretto con Giaime un sodalizio talmente stretto da indurre i due *enfants prodiges* delle lettere italiane a firmare i loro articoli con un unico pseudonimo, Ugo Stille: le medesime generalità iscritte sulla tessera falsa da ufficiale della Milizia ritrovata addosso al cadavere di Giaime dilaniato.

Alla vigilia della missione partigiana che gli sarebbe costata la vita, proprio a Misha Kamenetzki, l'*alter ego* della sua non inutile giovinezza, Giaime Pintor spedì da Napoli a Palermo qualcosa come una penultima lettera: missiva che raggiunse bensì il destinatario, rientrato in Italia da soldato americano grazie allo sbarco degli Alleati in Sicilia, ma di cui andarono poi smarrite le tracce. «Che fine ha fatto quella lettera?» chiederà al padre – decenni più tardi – il figlio di Misha, cosciente dell'importanza storica di un tale documento. «Non lo so, l'avrò persa» sarà la disperante risposta. Ma «com'era possibile?». «"Sono un idiota", si limitò a rispondere con un'alzata di spalle».

L'ultima lettera di Ugo Stille a Ugo Stille: volendo, si potrebbe riconoscere in questo documento paradossale e perduto il fuoco del libro (bellissimo) scritto oggi da Alexander Stille, cioè dal figlio di Misha Kamenetzki, che dopo la seconda guerra mondiale scelse quella di Ugo Stille come la sua nuova identità di cittadino americano, e che così avrebbe firmato migliaia di articoli quale corrispondente da New York del «Corriere della Sera». Perché se pure il libro di Stille riguarda, propriamente, la storia del matrimonio fra i suoi genitori, nella perdita dell'ultima lettera di Giaime a Misha l'autore de *La forza delle cose* riconosce ben altro che un'imperdonabile distrazione.

Secondo Alexander Stille, «tutti i passaggi più importanti» della vita di suo padre furono «fatti di assenze e di silenzi»: freudianamente, di atti mancati. «Il fatto che abbia perso tutte le lettere di Giaime, la sua decisione di non rientrare in Italia dopo la guerra, e di cambiare nome, la reticenza o il netto rifiuto che ha sempre opposto alle nostre richieste di saperne di più sulla sua vita, il fatto stesso che non ci abbia mai portato in Italia e che si sia rifiutato di insegnarci l'italiano, sembrano far parte di uno sforzo concertato, per quanto assolutamente inconscio, di seppellire il passato e lasciarselo definitivamente alle spalle».

Pesante, molto pesante, era il passato che Misha Kamenetzki voleva inconsciamente seppellire: con il doppio esilio della famiglia d'origine, conteneva la minaccia a malapena sfuggita dapprima dei pogrom o del Gulag, poi della Soluzione finale del problema ebraico. Il padre Ilya, avventuroso odontotecnico lituano, e la madre Sara, colta ereditiera russa, erano naufragati da sessantenni sull'Upper West Side di Manhattan, anonimi relitti di un mondo che comprendeva nel vicinato personaggi quali Aleksandr Kerenskij e Isaac Bashevis Singer. Il passato di Misha era vecchio, ingombrante e inutile come la pendola di legno impossibile da riparare che Ilya Kamenetzki si era trascinato dietro dal suo *shtetl* bielorusso al condominio di New York.

Diverso il bagaglio familiare della madre di Alexander Stille, Elisabeth Bogert: decisamente meno gravoso, anche se non esattamente leggero. Discendeva da una famiglia protestante del Midwest la donna seducente e seduttiva di cui Misha Kamenetzki – ormai Michael U. Stille – si innamorò a una festa nella New York del 1948 e che sposò l'anno dopo alle Isole Vergini. Il padre di Elisabeth, George Bogert, era un sussiegoso giurista dell'Università di Chicago che alla figlia adolescente aveva riservato attenzioni ai limiti del morboso. La madre, Lolita, era una curiosa, originale, complicata miscela di mentalità vittoriana, intraprendenza calvinista, femminismo da suffragette.

Un matrimonio di guerra e pace tra Europa e America: nel sottotitolo del libro di Stille, la guerra e la pace non vanno intese unicamente come quelle della grande storia, dal disastro delle guerre mondiali al sollievo della *pax americana*. Guerra e pace sono anche quelle dell'unione difficile, troppo difficile, fra Misha Kamenetzki e Elisabeth Bogert. L'incontro-scontro fra due mondi, due culture, due vissuti del Novecento. L'«infelicità condivisa» (come Elisabeth, presaga, poté definirla prima ancora di sposarsi) di un emergente maschio ebreo italo-russo che viveva soltanto attraverso le sue letture e di un'effervescente femmina americana che viveva soltanto attraverso i suoi uomini. Il brusco passaggio dagli amplessi dei promessi sposi su una spiaggia caraibica alle botte maritali del primo viaggio compiuto assieme in Europa. La violenza psicologica latente del rapporto fra un uomo alla ricerca del successo e una donna alla ricerca della felicità.

Ma ciò che irreparabilmente separò i genitori di Alexander Stille – almeno secondo la ricostruzione del figlio – fu il modo scelto da Misha Kamenetzki per rielaborare il trauma infantile e giovanile del suo duplice esilio. «Tutti i cambiamenti e gli spostamenti forzati conosciuti nei primi venticinque anni della sua vita gli avevano lasciato un profondo desiderio di cambiare e di spostarsi il meno possibile per tutto il resto della sua esistenza. Concretamente, ciò significava che nei successivi cinquant'anni avrebbe trascorso gran parte del suo tempo in pigiama, sdraiato sul divano del salotto, a leggere libri e giornali, a fumare e a bere caffè espresso. Mio padre ha portato l'immobilità a un livello metafisico».

Il mitico corrispondente da New York del «Corriere della Sera», l'uomo-chiave del dialogo postbellico fra l'Italia e l'America, il giornalista di razza che negli anni ottanta sarebbe stato richiamato d'urgenza in Italia per insediarsi da direttore in via Solferino e salvare un «Corriere» sull'orlo del baratro, somigliava pericolosamente – in realtà – all'anti-eroe ultra-russo di uno dei suoi romanzi preferiti: somigliava all'*Oblomov* di Gončarov, che «non si alza dal letto per le prime centocinquanta pagine del libro e, quando lo fa, è solo per spostarsi sul divano». Secondo Alexander, Ugo Stille era un Oblomov ebreo che faceva di tutto per tenere fuori dalla porta di casa non il gelo della Russia, ma il gelo della storia.

La forza delle cose è libro coraggioso e crudele. Muove dal coraggio di un figlio deciso a interrogarsi senza sconti sul matrimonio dei genitori, approda alla crudeltà di uno scrittore deciso a trasformare i familiari in altrettanti personaggi da romanzo. In questo senso, il libro di Alexander Stille regge il confronto con un altro grande libro recente, *Scintille* di Gad Lerner. Ed entrambi i libri finiscono per assumere il significato di personalissime riflessioni sulla Shoah. Sul potere rapinoso e maligno di una storia capace di stingere anche da lontano: dentro l'anima, e fin dentro l'alcova dei salvati.

(2013)

L'anabasi del figlio Gad

Voltata anche per quest'anno la pagina rituale del Giorno della Memoria, occorre parlare di un libro uscito prima di Natale, che ha immediatamente scalato la classifica italiana dei best seller e ha raccolto i favori diffusi della critica, ma che non sembra essere stato letto – in fondo – per quello che davvero è: una riflessione meravigliosamente franca e coraggiosa sulla «lunga durata» della Shoah. Si tratta del libro di Gad Lerner, *Scintille. Una storia di anime vagabonde*.

Nato a Beirut nel 1954, Lerner è figlio di ebrei che appartengono alla generazione di chi era bambino o ragazzo durante la Soluzione finale. Suo padre, Moshe, è del 1926; sua madre, Tali, è del 1932. Per loro fortuna, sia Moshe che Tali si trovarono a vivere l'epoca della Shoah lontano dall'Europa occupata dai tedeschi: appunto in Medio Oriente, dove la famiglia Lerner era approdata dalla Galizia negli anni venti, mentre la famiglia di Tali era giunta in Palestina dalla Lituania già all'inizio del Novecento. *Scintille* racconta dunque una storia di ebrei partiti per tempo, con felice anticipo sulla tragedia.

Eppure, *Scintille* racconta una storia in gran parte infelice. E non soltanto perché i parenti di Moshe rimasti in Galizia vennero tutti sterminati, ma perché – ammoniva

Balzac – le epoche stingono sugli uomini e sulle donne che le traversano. Che le traversano anche da lontano, e quasi senza saperlo. Stingono su uomini come Moshe, fascinoso e levantino, venuto su nella Aleppo degli anni trenta e da allora ebreo di tutti i paesi e di nessun paese, di tutte le lingue e di nessuna lingua, di tutti i mestieri e di nessun mestiere. Stingono su donne come Tali, splendida ragazza cresciuta al riparo di ogni male nel Libano *felix* degli anni quaranta, immigrata in Italia da oltre mezzo secolo, ma con la mente e il cuore legati per sempre all'incanto di Beirut, il lungomare della Corniche, le ciotole di foul, il profumo di hummus... Quella di Gad Lerner è una storia familiare infelice perché l'ombra della Shoah si allunga pure su quanti non vogliono averne memoria.

Il matrimonio fra Moshe e Tali andò presto a rotoli: poco tempo dopo l'arrivo della coppia in Italia, nel 1956, con falsi passaporti panamensi rimediati chissà come, due figli piccoli al seguito, un terzo in arrivo, e davanti a sé un destino da apolidi (lo stesso Gad non avrebbe ottenuto la cittadinanza italiana prima del 1986). Non erano fatti per capirsi, la colta ragazza da marito della borghesia ebraica libanese e il volatile rampollo di un ingegnere polacco, troppo impaziente per completare gli studi universitari, troppo inaffidabile per ereditare la florida attività commerciale del suocero. Ma nella diagnosi retrospettiva del figlio Gad, il matrimonio di Moshe e Tali andò a rotoli soprattutto per i postumi della Shoah: per la ferita non medicabile che separava l'identità del padre dall'identità della madre. Quella di Moshe era una famiglia di sommersi, quella di Tali era una famiglia di salvati.

Scintille nasce dalla volontà del figlio di caricarsi sulle spalle il dolore non detto dei genitori. «Frugando nel mosaico di felicità perdute, rintracciabili nei loro accenni, volevo capire che cosa ci fosse d'inenarrabile nella vicenda che li ha schiacciati entrambi. Ho deciso di far da me, essendo la trasmissione naturale del racconto ostruita da grumi d'imbarazzo e avversione. I miei genitori non erano stati capaci di fare i conti con i conflitti dolorosi della storia che ne avevano pervaso la vita. Sicché l'inconsapevolezza è caduta come un peso insopportabile su di noi, la generazione successiva». Ma il gesto del figlio – rendere finalmente consapevole il dolore dei vecchi genitori – non garantisce un sollievo da quel dolore. Come una cura psicanalitica iniziata troppo tardi, rischia anzi di aumentarlo.

Secondo la Qabbalah ebraica, le anime dei defunti ruotano vorticosamente intorno agli spiriti dei posteri quando la separazione dal corpo è dovuta a circostanze tragiche. Non fosse che per corrispondere a questo frenetico vagabondaggio, Gad Lerner ha scelto lui stesso la modalità del viaggio. Ha visitato i luoghi perduti di Moshe e di Tali, poi i luoghi dei loro genitori, poi i luoghi dei genitori dei loro genitori: dapprima Israele e il Libano, quindi l'Ucraina, la Polonia, la Lituania. Viaggi compiuti più volte dal 2000 a oggi, generalmente in compagnia della moglie Umberta («una *goyà* che accetta di sobbarcarsi un intero psicodramma ebraico») e dei loro propri figli. *Scintille* partecipa dunque del genere letterario cui ha dato alimento, negli ultimi anni, una sorta di turismo della memoria: il turismo di chi, discendente di ebrei sopravvissuti alla Shoah, si inoltra a posteriori verso il cuore di tenebra dello sterminio.

L'anabasi di Lerner muove dalla Beirut dove è nato, salvo tornarci per la prima volta alla soglia dei cinquant'anni. Una Beirut sfregiata dalle tracce della guerra civile e del conflitto con Israele, ma dove il giornalista italiano ancora ritrova la spensieratezza – se non proprio la gioia di vivere – che aveva incantato sua madre Tali al tempo di una troppo rapida giovinezza. Dopodiché, l'anabasi si compie ben lontano dalle sponde del Mediterraneo, là dove il Terzo Reich cercò di realizzare la Soluzione finale del problema ebraico. Il cuore di tenebra del libro coincide con quanto rimane dello *shtetl* di Boryslaw, sobborgo minerario di Drohobycz, nei Carpazi: all'epoca della Shoah in Polonia, oggi in Ucraina. Laggiù, davanti alle fosse comuni dove furono massacrati i tredicimila ebrei del paese, Gad Lerner può toccare con mano quanto più aveva alienato Moshe da Tali, implicitamente ma irreparabilmente: la scomparsa, brutale e totale, del suo «mondo di ieri».

Fejga, Fani, Syzyja, Yaachov, Wolf, Masya, Chewka, Perl, Leib, Israel, Chaja, Sara, Yaachov, Icek, Aharon, Masza, Elka, Benzyjon, Leib, Moshe, Chana, Fawel: è lungo almeno ventidue nomi l'elenco dei Lerner uccisi in Galizia fra il 1941 e il 1944. Appena tre anni, sufficienti per annientare una comunità yiddish radicata da cinque secoli. A Boryslaw, radicata in un mondo di annerite miniere. Nella vicina Leopoli, radicata in un mondo variopinto di commerci e frizzante di intelligenze, quello stesso che aveva ispirato le trame narrative di Joseph Roth, gli studi rabbinici di Martin Buber, gli abbozzi pittorici di Bruno Schulz.

Ma la forza di *Scintille* – e la differenza rispetto a racconti apparentemente simili – sta nel rifiuto di plasmare un oggi sopra il dolore dello ieri. Il libro di Gad Lerner contiene giudizi severissimi sulla retorica delle «identità da recuperare» in nome di «chissà quali radici ormai da secoli geneticamente modificate»; sull'«araldica da strapazzo» che spinge verso Auschwitz o Treblinka tanti fanatici «cultori della consanguineità»; sui «nazionalismi decrepiti» («sionismo compreso») del terzo millennio, «inadeguati alla pluralità naturale dell'umana convivenza»; sul vizio dello Stato di Israele di brandire la Shoah quale arma politica, mentre «la condizione della vittima non è ereditaria». Così, un libro pietoso come *Scintille* diventa un libro pensoso, quasi scettico intorno alle virtù terapeutiche del ricordo: «la memoria va onorata con la dovuta cautela».

(2010)

III. Primo

La lingua salvata

Si può ancora scrivere poesia dopo Auschwitz? Oppure, al contrario, dopo Auschwitz non si può scrivere che di Auschwitz, perché ogni scrittura responsabile (in poesia o in prosa) non parla che di quello? Ma quali sono, se ci sono, le parole umane per dire l'ineffabile, raccontare l'inaudito, testimoniare l'inumano? E a cosa servono, se servono, le parole, la memoria, il racconto? A convincere gli increduli, quanto meno, che Auschwitz è esistito veramente? A scongiurare il rischio che Auschwitz si ripeta? O addirittura, in qualche modo, a vendicare Auschwitz?

Insigne storico della lingua italiana, Pier Vincenzo Mengaldo ha scelto di prendere su di sé gli interrogativi formulati a suo tempo da alcuni spiriti magni, italiani o stranieri, per ragionare con gli strumenti del suo mestiere intorno alla massa di testimonianze e di riflessioni sulla Shoah. È ripartito dagli autori fondamentali, Primo Levi, Theodor Adorno, Hannah Arendt, per misurarsi con le questioni essenziali del ricordo o del ripensamento della distruzione degli ebrei d'Europa. E ha scritto un libro, *La vendetta è il racconto*, che l'editore Bollati Boringhieri manda in libreria nell'imminenza del 27 gennaio, Giorno della Memoria. Ma il libro – diciamolo subito – mantiene assai meno di quanto prometta.

In passato, Mengaldo è stato uno studioso acutissimo delle opere capitali di Levi, *Se questo è un uomo*, *La tregua*, *I sommersi e i salvati*. Forse nessuno più di Mengaldo, attraverso un lavoro di analisi sulla lingua del chimico torinese, ha contributo a interpretarne non solamente lo stile ma la scrittura tutta, quale modo specifico di percezione e di restituzione della realtà. Nessuno meglio di Mengaldo ha contribuito a illustrare, dietro le scelte stilistiche di Levi, la sostanza del suo discorso sulla Shoah: quell'ideale realizzato di una lingua tanto più alta e classica quanto più deve confrontarsi con il basso e l'ignobile, tanto più tersa e distinta quanto più è chiamata a rappresentare il torbido e l'immondo. Quel metodo descrittivo, da naturalista settecentesco, di far luce con le parole sulla notte dell'umanità.

Viceversa, non è chiaro che cosa Mengaldo abbia voluto fare nel suo nuovo libro. Il quale, per giunta, soffre di una confusione congenita tra l'oggetto principale – l'esperienza storica della Shoah – e gli oggetti secondari: le esperienze del Gulag, dei campi d'internamento per rifugiati politici, delle prigioni per resistenti, delle carceri fasciste, cioè delle altre situazioni novecentesche in cui gli esseri umani sarebbero stati trattati, analogamente che ad Auschwitz, come nient'altro che corpi da imprigionare, da torturare, da annientare. Nonostante lo sforzo insistito dell'autore di definire la propria materia, il lettore fatica a orientarsi nel volume. Fatica dapprima a identificare un centro problematico, poi a riconoscere una linea interpretativa.

Forse, dopo avere argomentato l'eccezionalità della posizione di Primo Levi nella letteratura italiana del Novecento (lo scrittore dilettante che trascende qualunque scrittore laureato perché ha da dire le cose ultime, e sa come dirle), Mengaldo ha cercato di rimettere Levi con i piedi per terra. Forse ha sentito, quasi, la necessità di ridimensionarlo, per restituire il testimone d'eccezione alla condizione che storicamente fu la sua: quella di un sopravvissuto qualunque di Auschwitz. Insomma, forse Mengaldo – con un coraggio intellettuale che gli fa onore – ha voluto adesso misurare la «banalità» di Levi. E forse, paradossalmente, proprio questo era (è) il modo migliore di raccoglierne la lezione. Perché cosa ci ha insegnato l'autore di *Se questo è un uomo*, se non l'ineludibile storicità di Auschwitz? La banalità del bene, oltre alla banalità del male o della zona grigia? L'ordinarietà delle vittime, oltre all'ordinarietà dei carnefici o degli spettatori?

Da qui, sembra di capire, la decisione di Mengaldo di articolare il suo libro come una tavola delle concordanze tematiche fra gli scritti di Primo Levi e quelli di altri salvati dal Lager. L'attenzione del critico si concentra sulle zone di sovrapposizionc fra i temi di Levi e quelli di uno Jean Améry, di un Bruno Bettelheim, di una Liana Millu, di un Elie Wiesel, di un Imre Kertész, oltreché di testimoni della Shoah meno frequentati, Tadeusz Borowski, Elvia Bergamasco, Kitty Hart, Nedo Fiano e molti altri ancora. L'arrivo dei convogli nei campi, la vita-morte dei «musulmani», il senso di colpa dei sopravvissuti: altrettanti luoghi comuni della memoria di Auschwitz che Mengaldo ha cura di identificare e di inventariare.

Ma i territori della testimonianza condivisa sarebbero mai potuti risultare diversi da questi? Si ha ragione di dubitarne. E anche quando Mengaldo stringe la presa intorno a temi all'apparenza peculiari di Levi – la curiosità da naturalista nel laboratorio del Lager, lo scrupolo del lavoro ben fatto ancorché a vantaggio dei tedeschi, il soccorso in cattività dei libri amati in libertà, il rispecchiamento terrificante di sé nell'immagine degli altri – e li ritrova tali e quali nella restante letteratura della Shoah, il lettore non riesce a stupirsene davvero. Difficilmente l'identità di condizione dietro il filo spinato avrebbe potuto produrre altro che un'identità di emozioni entro lo spazio del Lager, e un'identità di ossessioni entro l'orizzonte della memoria.

Nei suoi saggi sullo stile di Levi, proprio Mengaldo ha dimostrato come il valore aggiunto di ogni racconto di Auschwitz risieda meno nell'originalità dei temi che nello specifico della lingua e della scrittura. Non sarà una lettura corsiva di testi redatti nelle lingue più disparate o nelle loro traduzioni, in italiano o in polacco, in olandese o in tedesco, in inglese o in francese o in ungherese, come appunto finisce per essere la lettura di Mengaldo in *La vendetta è il racconto*, che avrà la forza di smentire quella brillante dimostrazione.

L'analisi di un tema – qui, la riduzione a corpo delle vittime del Lager (e del Gulag) – non basta a fare della critica letteraria un contributo utile alla storia. Scienza dei testi, la critica letteraria può sposare la storia unicamente a patto di farsi scienza dei contesti. Neppure un oggetto riconoscibile e decisivo com'è la Shoah affranca la critica tematica dal rischio di trasformarsi in dotta disquisizione sul generico e sull'indifferenziato. Mengaldo è il primo a saperlo quando, all'inizio del libro, si impegna a studiare i dettagli molto più che l'insieme della letteratura sullo sterminio, facendo proprio il monito di Arthur Koestler: «i particolari, soltanto i particolari contano...». Ma poi, per l'obiettivo stesso che si è proposto, lo storico della lingua è tentato di generalizzare, scoprendo ben poco oltre a quanto sapevamo già.

Alla fine, l'autore medesimo sembra non riconoscere più il significato dell'intera operazione, salvo tenere ferma la (nobile) intenzione che lo ha spinto a scrivere: «Forse in tutto questo non importa tanto sottolineare le concordanze nei fatti e nei comportamenti, quanto tendere l'orecchio e sforzarsi di sentire ancora, nelle voci lontane che si rispondono e si uniscono, l'alzarsi di un coro sommesso, ma solenne e ammonitore».

(2007)

Saloniki

Indimenticabili gli ebrei di Salonicco, nel ritratto che Primo Levi ne ha fatto in *Se questo è un uomo*. Secondo la «funerea scienza dei numeri» di Auschwitz, la cifra tatuata sul loro braccio sinistro attestava una lunga storia nel Lager. Tra il marzo e il giugno del 1943, dai vagoni piombati ne erano scesi cinquantamila, due terzi dei quali – donne vecchi bambini – subito annientati nelle camere a gas. Quando Levi era giunto ad Auschwitz, nel 1944, ne rimanevano vivi appena una quarantina: «questi ammirevoli e terribili ebrei Saloniki tenaci, ladri, saggi, feroci e solidali, così determinati a vivere e così spietati avversari nella lotta per la vita». Rubavano nelle baracche, dominavano nelle cucine, si imponevano alla borsa dei baratti, eppure riuscivano meravigliosi per la loro «concreta, terrena, consapevole saggezza», «la loro stupefacente coscienza del sussistere di una almeno potenziale dignità umana».

Nel racconto del ritorno a casa, Primo Levi ha elevato uno di questi ebrei di Salonicco al rango di personaggio da romanzo. È Mordo Nahum, «il greco» che dà il titolo al terzo capitolo de *La tregua*: un faccendiere poliglotta «esperto di ragazze e di tagliatelle, di Juventus e di musica lirica, di guerra e di blenorragia, di vino e di borsa nera, di motociclette e di espedienti», che trafficando in uova e in camicie guida il chimico di Torino nel brulicante mercato della Cracovia postbellica. Mai il greco gli parla dei suoi due anni ad Auschwitz. In compenso, indugia sulla propria vita di commerciante e di contrabbandiere nella Salonicco d'anteguerra. E rievoca con Levi i discorsi che gli capitava di intavolare tra colleghi alla fine di una giornata d'affari, «in certi caffè su palafitte che mi descrisse con inconsueto abbandono». Che cosa siano la conoscenza e la giustizia. Quale legame tenga unita l'anima al corpo. Che cosa faccia seguito alla morte, «ed altre grandi cose greche».

Prima di incorrere in catastrofi del Novecento come la dissoluzione dell'Impero ottomano e l'occupazione militare nazista, la città di Salonicco era stata per secoli uno straordinario crogiuolo di etnie e di culture. Annessa alla Grecia nel 1912, la città aveva conservato la propria impronta cosmopolita, con una cospicua minoranza di residenti musulmani e una persistente maggioranza di ebrei. Sulle banchine del porto, ancora si erano sentite parlare un po' tutte le lingue: oltre al greco dei nuovi padroni e allo spagnolo degli ebrei sefarditi, il turco, il francese, il bulgaro, l'italiano. Allo scoppio della seconda guerra mondiale, gli ebrei di nazionalità italiana risultavano peraltro poche centinaia, quasi tutti impegnati nel settore assicurativo.

Il 23 aprile 1941, a Salonicco era stata firmata la resa dell'esercito greco alle forze nazifasciste: la straripante Wehrmacht di Hitler, lo scalcinato Regio Esercito di Mussolini. E dall'Italia, i retori dei nuovi fasti imperiali di Roma non avevano mancato di spruzzare sull'impresa umori antiebraici. Nella rivista «La Vita italiana», diretta da un professionista dell'antisemitismo com'era il prete spretato Giovanni Preziosi, si era potuto leggere un anatema contro la «città cosmopolita, cioè invasa dagli Ebrei e governata da essi»: un autentico verminaio, Salonicco, dove proprio i giudei italiani rappresentavano «la parte più eletta della razza ebraica, cioè gli Ebrei più pericolosi per la civiltà europea». Dopodiché, sotto l'occupazione della Wehrmacht, dalle parole si era passati ai fatti. Dapprima gli ebrei di Salonicco erano stati costretti a portare la stella gialla e a prestare lavoro forzato. Poi, a partire dal 20 marzo 1943, erano stati pigiati dentro i carri bestiame e deportati verso le camere a gas.

I circa trecento ebrei italiani della città sfuggirono a questo atroce destino; fra i «Saloniki» incontrati da Primo Levi ad Auschwitz, nessuno ne condivideva l'origine nazionale. In teoria, gli ebrei italiani di Salonicco dovettero la propria salvezza al fatto di essere cittadini di un paese alleato con la Germania: sbrigando le pratiche della Soluzione finale con uno zelo da burocrati, i tedeschi inciamparono in una banale faccenda di passaporti. In pratica, difficilmente i trecento si sarebbero salvati (tanto meno dopo l'8 settembre 1943) se non avessero trovato il modo di lasciare Salonicco e di raggiungere Atene, nella zona d'occupazione controllata dal Regio Esercito. E difficilmente sarebbero arrivati ad Atene se non fossero stati soccorsi da altri burocrati, altrettanto zelanti dei tedeschi, ma di uno zelo ben diverso. Il console italiano a Salonicco, alcuni impiegati del consolato, un ufficiale dell'esercito in grigioverde, furono generosi funzionari dell'umanità anziché volenterosi funzionari dello sterminio.

È una piccola grande storia, quella del salvataggio degli ebrei italiani di Salonicco, che un libro pubblicato dall'ambasciata d'Italia in Atene permette finalmente di ritrovare: con la riproduzione dei principali documenti diplomatici, di alcune notevoli fotografie d'epoca, e un corredo di saggi firmati da Jannis Chrisafis, Alessandra Coppola e Antonio Ferrari. L'eroe della storia è Guelfo Zamboni, che nel 1943 reggeva il nostro consolato in città e che oggi risulta iscritto, a Gerusalemme, nell'elenco dei Giusti tra le nazioni. Fu lui a organizzare la tradotta che mosse da Salonicco nella notte del 15 luglio, consentendo la fuga degli ebrei italiani verso Atene. E fu lui a fare carte false – letteralmente – affinché sul treno della salvezza salissero anche varie decine di ebrei di Salonicco che italiani non erano affatto, ma a cui il console aveva riconosciuto la cittadinanza con il pretesto di chissà quali legami familiari.

Intanto, sulla pensilina della stazione ferroviaria, il capitano Lucillo Merci, ufficiale di collegamento del Regio Esercito con le forze germaniche, si sentiva accusare dai colleghi della Wehrmacht di averla «data vinta agli ebrei»: con il risultato di vedere la locomotiva staccata dalla tradotta e depositata in rimessa. Quella notte del 15 luglio, il braccio di ferro tra alleati si prolungò per molte ore, finché la minaccia di interessare l'ambasciata italiana a Berlino non indusse i tedeschi a far rimettere la locomotiva e a lasciar partire il convoglio: rinunciando così a eliminare trecento «pezzi» (come li chiamavano) di ebrei d'Europa.

Il console Zamboni e il capitano Merci poterono osare tutto questo perché si sentivano coperti dalle autorità politiche di Roma. Responsabile del dicastero degli Esteri era allora Giuseppe Bastianini: un fascista della prima ora – già capo dello squadrismo in Umbria, primo segretario dei Fasci all'estero, ambasciatore d'Italia ad Atene e a Londra, governatore della Dalmazia occupata – che è l'altro, più sorprendente, eroe borghese di questa storia. Nella sua corrispondenza diplomatica, Bastianini aveva sollecitato l'ufficio consolare ad applicare un'interpretazione la più estensiva possibile del concetto di cittadinanza italiana. Contribuendo alla salvezza dei trecento israeliti di Salonicco, il fascista Bastianini mostrò dunque di meritare la qualifica che il ministro degli Esteri del Terzo Reich, Joachim von Ribbentrop, gli aveva spregiativamente affibbiato pochi mesi prima: «ebreo *ad honorem*».

(2007)

Lettere a Pikolo

Ci sembrava di conoscerlo già, Pikolo. Ci sembrava di conoscere il giovane ebreo francese internato ad Auschwitz, il fattorino-scritturale del Kommando 98, perché Primo Levi ne aveva fatto l'eroe di un capitolo fra i più intensi di *Se questo è un uomo*. Quello dove il prigioniero piemontese recita e traduce per l'alsaziano il dantesco canto di Ulisse. Dove scava in quanto gli rimane della sua memoria di non-più-uomo per trasmettere al compagno il messaggio più urgente, decisivo: «Fatti non foste a viver come bruti,/ ma per seguir virtute e conoscenza». Dove si interroga con lui sul significato del disastro finale, «come altrui piacque». E dove, attraverso Dante, crede di intuire «qualcosa di gigantesco», addirittura il perché del loro essere nel Lager.

Oltre sessant'anni dopo la pubblicazione di *Se questo è un uomo*, ci è dato adesso di meglio scoprire Pikolo: di ritrovare tutta intera la storia di Jean Samuel, scampato alla Shoah per vivere nell'Alsazia natale una lunga vita da farmacista di paese dopo avere perduto ad Auschwitz il padre, il fratello, gli zii. *Il m'appelait Pikolo* si intitolano le sue memorie, recentemente pubblicate in Francia. «Mi chiamava Pikolo»: un titolo che basta da solo ad attestare la fedeltà di Samuel (oggi ottantacinquenne) verso colui che nel Lager osò parlargli di Ulisse.

Combinando il suo bilinguismo di alsaziano con le sue nozioni di farmacista e con un'intraprendenza da tuttofare, Pikolo aveva potuto entrare nel Kommando di chimica di Auschwitz-Monowitz: la strana oasi nell'inferno che avrebbe finito per sottrarre lui, Levi, qualche decina di altri ebrei al destino comune delle «selezioni» e delle camere a gas. Tuttavia, diversamente dalla maggioranza dei «Prominenten» – i prigionieri-funzionari del campo: capibaracca, interpreti, medici, infermieri, scritturali –, Pikolo non aveva smesso di aiutare i compagni più sfortunati. Lui che era rimasto talmente vitale nel Lager da intestardirsi a studiare in baracca, nottetempo, l'analisi matematica.

Ma più ancora che per quanto dicono di Pikolo, le memorie di Jean Samuel interessano per quanto dicono di Primo Levi. Contengono infatti la prima trascrizione integrale delle lettere che Levi e Samuel si scambiarono per molti anni dopo il 1945. Lettere che capitava a Levi di firmare con il numero di matricola tatuato sul suo braccio, preceduto dalla menzione «ex». «Primo, ex 174 517»: una firma dove il sollievo dell'affrancamento dalla condizione di non-più-uomo faceva tutt'uno, evidentemente, con la prescienza che tale condizione lo avrebbe definito a lungo, o per sempre.

Lo scambio epistolare risultò fitto soprattutto fra la primavera del 1946 e l'estate del 1947, quando i due sopravvissuti di Auschwitz poterono reincontrarsi per la prima volta. Proseguì poi nei decenni, inframmezzato da nuovi incontri privati e pubblici, fino alla vigilia della morte di Levi nel 1987. E Levi stesso dovette misurare l'importanza delle cose da lui depositate nella corrispondenza con Samuel, se è vero che verso la metà degli anni settanta richiese all'amico una copia dell'intero epistolario, non avendo conservato nel proprio archivio che la trascrizione di un paio di missive.

Le lettere a Pikolo illuminano l'opera di Primo Levi di una luce tanto più utilmente laterale in quanto sono scritte in francese. Si tratta dunque di testi franchi, liberi da quella formidabile esattezza, dalla mendeleviana precisione con cui il chimico si esprimeva nella propria lingua madre. Non che il francese di Levi fosse povero: al contrario, era meravigliosamente ricco per essere stato imparato sui banchi di scuola, prima che il prigioniero se ne impratichisse suo malgrado nella babele linguistica del Lager. Resta il fatto che Levi, esprimendosi in una lingua non sua, è condannato in queste lettere a una sorta di felice imprecisione. A un'arte del vago, quando non all'inciampo del lapsus rivelatore.

Com'è seducente scoprire, in una lettera del 6 aprile 1946, che Levi definiva *machins* le scritture (poesie, saggi, racconti) ch'egli andava producendo su Auschwitz, e che sarebbero presto confluite in *Se questo è un uomo*! «Machins», cioè aggeggi, cosi... Certamente, Levi lo diceva per modestia. Ma forse lo diceva anche per un'altra ragione. Forse lo scrittore intuiva, lucidamente, che i suoi diversi modi di declinare l'esperienza del Lager, coevi e contestuali, sfuggivano alla tipologia dei generi letterari tradizionali: sommandosi, avevano la qualità anfibia e ineffabile delle opere che fanno genere a sé.

Una lettera di quindici anni più tarda, datata 31 luglio 1961, colpisce per qualcosa di più importante ancora. È la lettera in cui Levi, sulla base di appunti presi subito dopo il ritorno da Auschwitz, partecipa a Pikolo i nomi di ben quarantacinque internati ebrei del Kommando 98, accompagnando l'elenco con rapide (e sapide) annotazioni sulla loro rispettiva personalità. Di oltre la metà dei quarantacinque prigionieri, Levi sostiene di ricordarsi distintamente il volto e la voce. Quel che più conta, Levi si dice in grado di classificarli tutti, a colpo sicuro («sans hésitation»), in una delle tre categorie: «les bons, les mauvais et les musulmans».

I buoni, i cattivi e i musulmani? Ecco una formulazione sorprendente per chiunque abbia familiarità con l'antropologia concentrazionaria di Levi, fondata sull'assunto che nel Lager esistevano soltanto due categorie di ebrei prigionieri: i sommersi (appunto, i cosiddetti musulmani: deboli, inetti, votati alla selezione) e i salvati (i Prominenten, ma in generale tutti quelli disposti, per sopravvivere, a farsi bruti fra i bruti). Antropologia rigorosamente binaria: «una terza via esiste nella vita, dov'è anzi la norma; non esiste in campo di concentramento», si era letto in *Se questo è un uomo*. Antropologia indifferente ad altre coppie di contrari, a cominciare da quella buoni/cattivi: «lo spazio per le scelte (in specie, per le scelte morali) era ridotto a nulla», si leggerà ne *I sommersi e i salvati*.

Giunge dunque inattesa la classificazione tripartita del 1961, nella confidenza epistolare di Levi a Pikolo. Inattesa, e benvenuta. Perché ci parla di un altro Primo Levi, meno severamente ristretto dentro il terribile aut-aut dei salvati (fra cui, si badi, lui stesso) come i peggiori e dei sommersi come i migliori. Se ha senso dirlo, un Primo Levi più umano. Un uomo come noi, questo, pronto ad ammettere che fra i salvati del Kommando 98 c'erano stati – banalmente – sia i buoni che i cattivi.

(2008)

La preghiera di Kuhn

Tutti i lettori dell'opera di Primo Levi sanno quanto lo scrittore torinese fosse capace di cogliere la potenza del dettaglio. Quanto fosse abile nel riconoscere e nel soppesare anche la più piccola dose di umana o disumana materia dissolta nella massa molare del mondo. Era questa un'arte che il giovane chimico aveva applicato già negli inferi di Auschwitz, e di cui aveva fatto immediato tesoro di ritorno fra i vivi. L'esperienza restituita in *Se questo è un uomo* va considerata anche un «esperimento mentale» (come lo ha definito Massimo Bucciantini) volto all'identificazione e alla pesatura degli ingredienti costitutivi del campo di sterminio. La narrazione di *Se questo è un uomo* potrebbe essere letta, al limite, come niente più che un'implacata e implacabile collezione di dettagli antropologici.

Così, giunge opportuna l'inclusione di Levi nel libro che un linguista e filosofo francese, Jean-Claude Milner, ha titolato *La puissance du détail.* Un intero capitolo del volume è dedicato a un singolo passo di *Se questo è un uomo*: la mezza pagina di chiusura del capitolo dove si racconta di una «selezione» ad Auschwitz-Monowitz. Le tredici righe di «Ottobre 1944» in cui Levi introduce e congeda – fra gli scampati della sua baracca alla selezione per le camere a gas – la figura di Kuhn.

«A poco a poco prevale il silenzio, e allora, dalla mia cuccetta che è al terzo piano, si vede e si sente che il vecchio Kuhn prega, ad alta voce, col berretto in testa e dondolando il busto con violenza. Kuhn ringrazia Dio perché non è stato scelto./ Kuhn è un insensato. Non vede, nella cuccetta accanto, Beppo il greco che ha vent'anni, e dopodomani andrà in gas, e lo sa, e se ne sta sdraiato e guarda fisso la lampadina senza dire niente e senza pensare più niente? Non sa Kuhn che la prossima volta sarà la sua volta? Non capisce Kuhn che è accaduto oggi un abominio che nessuna preghiera propiziatoria, nessun perdono, nessuna espiazione dei colpevoli, nulla insomma che sia in potere dell'uomo di fare, potrà risanare mai più?/ Se io fossi Dio, sputerei a terra la preghiera di Kuhn».

Secondo Milner queste tredici righe contengono, nella forma breve tipica di *Se questo è un uomo*, l'alfa e l'omega del giudizio di Primo Levi sulla metafisica dopo Auschwitz. E li contengono a partire da una riflessione che risulta modellata sulle *Meditazioni* di Cartesio: una meditazione di fine giornata, nel silenzio propizio alla contemplazione di Dio, con il carattere di un ragionamento sillogistico, e con l'assunzione di responsabilità consistente nel ragionare di cose ultime dicendo «io». Senonché l'esito della meditazione di Levi è un *Cogito* rovesciato. Ha la forza (forza folle, tiene a precisare Milner) di uno sputo metafisico.

Occorrerà – prima o poi – rileggere tutto Primo Levi alla luce dei suoi pronomi personali: cercare un qualche sistema periodico nell'uso leviano dell'«io», del «tu», del «noi», del «voi». E chi si metterà all'opera dovrà fare i conti, giocoforza, con la mezza pagina sul vecchio Kuhn e con quel periodo ipotetico, «Se io fossi Dio»: con l'impressionante occorrenza di un io che, da Dio consapevole della Soluzione finale, sputa a terra la preghiera dell'ebreo salvato. Per il momento, bisogna contentarsi di seguire Jean-Claude Milner, la sua lettura di tredici righe fra le più impegnative che Levi abbia mai scritto.

Il Dio verso il quale Kuhn eleva dondolante la sua preghiera, per averlo salvato dalla selezione e magari perché torni a salvarlo una prossima volta, corrisponde al prototipo stesso del genio maligno di Cartesio. Il campo di sterminio esclude infatti, *ipso facto*, un cartesiano «dubbio radicale». Al di qua di ogni possibile dubbio filosofico, Auschwitz esiste. E siccome Auschwitz esiste, il Dio d'Israele non può esistere altro che come grande ingannatore. Kuhn è pazzo a pregare un Dio simile. E Kuhn è cieco a non vedere Beppo il greco. Il quale, nell'interpretazione di Milner, non corrisponde soltanto al prototipo del «sommerso»: l'uomo in dissolvimento, il «musulmano» che attende inerte di andare in gas. Beppo il greco vale almeno altrettanto da incarnazione stoica, ventenne figura della saggezza.

Nessuno più lontano di Beppo dagli altri greci deportati ad Auschwitz che l'autore di *Se questo è un uomo* ha evocato, in un capitolo precedente, con toni da epopea: «ammirevoli e terribili ebrei Saloniki tenaci, ladri, saggi, feroci e solidali, così determinati a vivere e così spietati avversari nella lotta per la vita». Nella sua immobilità di morituro, Beppo ha la capacità di sopportazione e di astensione di Epitteto. E oltreché una figura stoica, Milner riconosce in lui una figura platonica. Coricato, muto, lo sguardo fisso, Beppo è il Socrate del *Fedone*. Ma con una differenza decisiva. Ad Atene, la morte di Socrate realizza il compimento della filosofia. Ad

Auschwitz, la morte di Beppo nulla garantisce in materia di immortalità dell'anima. «Beppo figura la saggezza amputata del *logos*».

L'animata preghiera di Kuhn rimanda a una fede ormai possibile unicamente come fede cieca e ipocrita, farisaica: mentre la rassegnata inerzia di Beppo, la sua saggezza ormai priva di pensiero e di linguaggio, conserva almeno la dignità della ragione classica. E anche perciò Levi scrive *Se questo è un uomo*, non *Se questo è un ebreo*: perché «lo sterminio colpisce l'umanità attraverso gli ebrei; ma il punto d'umanità che lo sterminio raggiunge attraverso gli ebrei e negli ebrei prende immediatamente il nome di un greco». Insomma: il poco o nulla che resta della ragione di Atene rivela a Levi, nella baracca di Monowitz, tutta la follia di Gerusalemme. Kuhn è pazzo non perché prega, ma perché prega da ebreo. Beppo è saggio non perché attende la morte, ma perché la attende da greco.

Altrettante impressioni e conclusioni – queste di Jean-Claude Milner – che meriteranno di essere attentamente valutate, ed eventualmente criticate da lettori e cultori di Primo Levi. Qui resta da sottolineare l'interesse di una lettura cartesiana dell'episodio di Kuhn alla luce di un passo che Milner curiosamente rinuncia a citare, mentre dall'edizione del 1958 se ne sta lì, bene in vista se non ben chiaro, nella primissima pagina di testo di *Se questo è un uomo*: la descrizione che Levi ha proposto del suo mondo mentale di prima della deportazione, un mondo «popolato da civili fantasmi cartesiani».

Nel 1976, Levi avrebbe spiegato come i suoi fantasmi cartesiani d'ante-Auschwitz andassero intesi quali «sogni e propositi forse mal realizzabili, ma non confusi, bensì razionali e logici». È una definizione che perfettamente si attaglia – in fondo – anche al suo *Cogito* rovesciato di Monowitz. Al vertiginoso suo periodo ipotetico, «Se io fossi Dio», e al salivare suo rigetto della preghiera di Kuhn.

(2015)

Su un oceano dipinto

Primo Levi ha parlato molto di sé, nei quarant'anni compresi fra la pubblicazione di *Se questo è un uomo* e l'abbreviata fine della sua vita. Dal 1947 al 1987 il chimico-scrittore torinese non ha smesso di svelarsi ai lettori, seppure nella maniera ultradiscreta che gli era propria: dapprima attraverso i libri di memoria, poi – sempre più dopo il conseguimento della fama – attraverso conversazioni e interviste. Tuttavia, c'è una dimensione del suo racconto di sé che noi continuiamo a ignorare per la maggior parte: è la dimensione duale (e intima, o comunque più privata che pubblica) del Levi scrittore di lettere. Fino ad oggi l'epistolario è rimasto disperso, e quasi interamente inedito.

Da qui l'importanza delle *trouvailles*, fortunosi rinvenimenti dell'uno o dell'altro pezzo di un corpus epistolare che noi dobbiamo immaginare, per la cura con cui Levi soleva trascegliere ogni singola parola, rivelatore della sua evoluzione morale e intellettuale. Come la lettera pubblicata in questa pagina, risalente al maggio 1965 e collegata a una precisa circostanza editoriale: la pubblicazione in Gran Bretagna e negli Stati Uniti della traduzione inglese de *La tregua*.

Due anni prima, nel 1963 (cioè sedici anni dopo l'esordio ben poco fragoroso di *Se questo è un uomo*, e cinque anni dopo la più fortunata riedizione Einaudi), l'uscita della *Tregua* aveva dischiuso a Levi le porte del riconoscimento letterario: terzo classificato al premio Strega, vincitore del premio Campiello. Il racconto dell'avventuroso ritorno da Auschwitz – oltre sei mesi nel 1945 per ritrovare l'Italia, dopo tutto un periplo attraverso la Polonia, la Russia, l'Ucraina, la Romania e l'Ungheria – aveva conferito a Levi, chimico di professione, lo status non più soltanto di un memorialista del Lager ma di un narratore a pieno titolo. E non soltanto in Italia, anche all'estero. Mentre le edizioni britannica e americana di *Se questo è un uomo* erano uscite, fra 1959 e 1961, per due editori di nicchia, a tradurre *La tregua* nel 1965 erano ormai due case di prima grandezza, Bodley Head e Little Brown.

Nonostante questo, entrambe le edizioni conobbero un fiasco: per sfondare presso il pubblico anglosassone Levi avrebbe dovuto attendere gli anni ottanta, con la traduzione del *Sistema periodico*. Invece, fin dal 1961 aveva sfondato in Germania con la traduzione tedesca di *Se questo è un uomo*: cinquantamila copie vendute in pochi mesi. Nel paese di Hitler e della Soluzione finale, «una classica equanimità di fronte alla materia atroce del racconto» – secondo il giudizio di Italo Calvino nel risvolto di copertina della *Tregua* – aveva meritato a Levi «un'edizione a larga tiratura». E gli aveva procurato un dialogo diretto con decine di lettori tedeschi, che avevano voluto scrivere all'autore e ai quali l'autore aveva risposto, inaugurando scambi epistolari anche distesi nel tempo.

Tale essendo il contesto d'origine della lettera ritrovata, resta da chiedersi in che cosa la missiva partita da Torino il 23 maggio 1965 verso un indirizzo postale del Massachusetts possa contribuire alla nostra conoscenza di Primo

Levi. E va detto che, da questo punto di vista, la *trouvaille* è di quelle particolarmente felici. L'inedito si rivela prezioso sia per documentare il rapporto di Levi con uno scrittore chiave del suo pantheon letterario, il poeta romantico inglese Samuel T. Coleridge, sia per illuminare la genesi di un progetto editoriale che Levi coltivò nei primi anni sessanta e che – dopo essere fallito in quanto progetto a sé stante – sarebbe sfociato nell'ultimo capitolo dell'ultimo suo libro.

Che Coleridge sia stato, con la tardosettecentesca *Ballata del vecchio marinaio*, un autore feticcio di Primo Levi, è cosa nota. Più volte Levi ha descritto il sé stesso del 1946, straziato reduce di Auschwitz, come «simile al Vecchio Marinaio di Coleridge, che abbranca in strada i convitati che vanno alla festa per infliggere loro la sua storia di malefizi». Quando Levi avesse letto la *Ballata* per la prima volta non è dato di sapere con esattezza. Di sicuro, nel 1984, il sentimento di identificazione con il personaggio di Coleridge lo avrebbe spinto a intitolare con un verso del poemetto la principale sua raccolta di poesie, *Ad ora incerta*. E nel 1986, lo avrebbe spinto a riprendere (nell'originale inglese) l'intera strofa di quel verso come esergo del suo libro fondamentale e testamentario, *I sommersi e i salvati*.

La lettera del 1965 pubblicata qui per la prima volta offre un complemento d'informazione tanto suggestivo quanto istruttivo alla storia del rapporto di Levi con Coleridge. Attesta infatti come già all'epoca della traduzione inglese della *Tregua* lo scrittore torinese avesse immaginato di intitolare un suo libro con parole tratte dalla *Ballata del vecchio marinaio*. A fronte dei due titoli scelti rispettivamente dall'editore britannico e dall'editore statunitense – il letterale, ma «sofisticato» *The Truce* e il «molto insipido» *The Reawakening*, il risveglio – l'autore ne avrebbe preferito un terzo che trovava «molto bello», *Upon a painted Ocean*: «su un oceano dipinto», il verso 118 del poemetto di Coleridge. Così, già nel 1965 l'odissea del ritorno da Auschwitz si presentava a Primo Levi nella forma di una navigazione (il titolo italiano da lui inizialmente pensato per la *Tregua* era *Vento alto*) che attribuiva al marinaio il ruolo insieme fatidico e fatale dell'unico superstite.

Non meno notevole la seconda parte dell'inedito, quella relativa al «progetto tedesco» (come Levi lo chiama, usando lui le virgolette). In pratica, si trattava dell'idea di raccogliere in volume le lettere che l'autore aveva ricevuto dai lettori tedeschi di *Se questo è un uomo*, unitamente alle sue proprie lettere di risposta. Era questo un progetto che Levi aveva presentato all'Einaudi nel gennaio 1963 e che la casa editrice aveva sottoposto all'attenzione del suo germanista di riferimento, Cesare Cases. Il quale Cases, benché fosse da sempre un estimatore di Levi, aveva poi dimostrato (apprendiamo dall'inedito) ben poco interesse. Da qui – «il campo è libero, e le lettere sempre a Sua disposizione» – la scelta di Levi di rimettere il «progetto tedesco» nelle mani di un suo interlocutore d'oltreoceano: il destinatario della missiva ritrovata, Kurt H. Wolff.

Ecco un nome che fa capolino per la prima volta, o quasi, nella ricostruzione del paesaggio biografico di Primo Levi. Nome peraltro assai noto agli studiosi di sociologia, se è vero che Wolff, nato in Germania nel 1912 ed emigrato in America nel 1939, fu esponente fra i maggiori della scuola sociologica tedesca in esilio, e sarebbe giunto negli anni settanta a occupare la carica di presidente dell'American Sociological Association. Levi lo aveva probabilmente conosciuto fra il 1963 e il 1964, quando il professore della Brandeis University aveva trascorso un anno sabbatico in Italia: quell'Italia dove era emigrato ventunenne nel 1933, dopo la presa al potere di Hitler, e dove si era laureato a Firenze con una pioneristica tesi di sociologia della cultura.

Noi possiamo immaginare che il chimico di Torino e il sociologo del Massachusetts si fossero incontrati, fra 1963 e 1964, intorno alla loro comune passione per la letteratura: Wolff stesso era poeta e narratore a tempo perso. Inoltre, possiamo immaginare che si fossero incontrati intorno alla loro comune condizione di salvati della Shoah: Wolff non aveva conosciuto l'esperienza del campo di sterminio, ma la Soluzione finale aveva investito suo fratello, uno di un milione fra i sommersi di Auschwitz.

La lettera ritrovata attesta come Levi, dopo il disimpegno di Cases e dell'Einaudi, avesse pensato di affidare a Kurt H. Wolff uno sbocco internazionale del «progetto tedesco». Restano da indagare le ragioni che provocarono il fallimento anche di questa soluzione editoriale. Infine – vent'anni più tardi – il progetto di Levi prenderà una forma altrettanto stringata che perentoria: quella del capitolo «Lettere di tedeschi», ne *I sommersi e i salvati*.

(2011)

Un foglio sulla scrivania

Scattata nel 1986, una foto di Gianni Giansanti mostra Primo Levi al suo tavolo di lavoro. Con la macchina da scrivere elettrica solidamente posizionata davanti a lui, e poco distante il computer Macintosh – intrigante compagno di gioco, oltreché di «videoscrittura» – che ebbe una parte non piccola nell'ultimo scorcio della sua vita. Il tavolo è ordinato. Quasi libero di carte, occupato quasi soltanto dalla Olivetti e dal Mac. È una scrivania ingombra soltanto dell'essenziale.

Per ovvi motivi, dal 2013 in qua non è stato possibile all'interprete più profondo dell'opera leviana, Marco Belpoliti, presentarsi a casa del chimico-scrittore insieme con la fotografa Giovanna Silva: per cogliere anche della scrivania di Levi una di quelle immagini, così parlanti, che sono andate componendo la serie *Tavoli* sul sito di «Doppiozero». Una foto «aerea» del tavolo di Primo Levi, quella ci mancherà per sempre. Tuttavia, è dato di cogliere con altri mezzi un'istantanea della scrivania nell'appartamento al terzo piano di corso Re Umberto 75, Torino. Un'istantanea metaforicamente scattata in un momento preciso quanto rilevante della vita intellettuale di Levi: in un giorno di fine ottobre o di inizio novembre 1976.

Sulla scrivania di Levi, quel giorno, c'è un foglio di carta. Un singolo foglio, del formato US Letter allora tanto comune anche da noi. È un foglio di carta leggera (Levi ne ha forse voluto trarre una copia carbone), ed è stato infilato frettolosamente nella macchina da scrivere: al punto da riceverne una piega che provocherà – nel dattiloscritto finito – un sottile spazio centrale verticale e bianco. Una specie di taglio pieno, come sul negativo di una tela di Lucio Fontana. Ma una volta infilato il foglio nel rullo della Olivetti, non si direbbe che Levi abbia avuto fretta di toglierlo. Al contrario, si direbbe che il chimico-scrittore abbia voluto compiervi una delicata operazione di laboratorio mentale. Insieme, una concentrazione e una distillazione di elementi.

Il foglio – rimasto inedito sino a oggi – porta il titolo *Primo Levi – Lo scrittore non scrittore*. Si tratta dunque, secondo ogni evidenza, della scaletta della conferenza che Levi si apprestava a tenere, il venerdì 19 novembre 1976, al Teatro Carignano di Torino. Il contesto era quello dei Venerdì letterari organizzati dall'Associazione culturale italiana di Irma Antonetto: un autentico *must*, entro l'ultravivace paesaggio culturale torinese dell'epoca. E nell'archivio Antonetto il foglio dattiloscritto da Levi ha lungamente riposato, salvo riemergere oggi attraverso il catalogo di un antiquario specializzato in autografi e manoscritti.

Nel 1976, il cinquantasettenne Primo Levi sta vivendo una svolta esistenziale. Da un anno ha lasciato il mestiere di chimico per dedicarsi a tempo pieno al mestiere di scrittore. L'anno stesso del pensionamento è divenuto un collaboratore fisso de «La Stampa», e ha pubblicato *Il sistema periodico*: qualcosa come la sua autobiografia, nell'originalissima forma di un «ex voto» letterario alla chimica (così Levi scrive sul foglio inedito, e così dirà nella conferenza del Venerdì letterario), la scienza che ad Auschwitz gli aveva salvato la vita. Al contempo, il pensionamento facilita l'esercizio di quanto Levi definisce – in un testo datato proprio novembre 1976, l'appendice all'edizione scolastica di *Se questo è un uomo* – il suo terzo mestiere: «quello di presentatore e di commentatore di me stesso».

Pubblicato postumo nel 1992 e ripreso nelle opere complete, il testo della conferenza di Levi al Teatro Carignano è meno noto di un'altra sua dichiarazione di poetica quasi esattamente coeva: *Dello scrivere oscuro*, elzeviro uscito su «La Stampa» l'11 dicembre di quel 1976 e poi nella raccolta *L'altrui mestiere*. I temi sono i medesimi. Si tratta delle qualità che a Levi paiono necessarie per tenere insieme i tre mestieri della sua vita. La consuetudine del chimico industriale, in fabbrica, di fare asciuttamente rapporto ogni fine settimana. La responsabilità dello scrittore di scrivere in modo chiaro e accessibile a tutti. La capacità del presentatore di sé stesso di riuscire – in ultima istanza – un testimone credibile della sua esperienza e del suo tempo.

Altrettanti temi familiari agli odierni lettori e critici di Levi. Ma temi che la scaletta dell'autunno 1976 declina (giocoforza, trattandosi di una scaletta) in modo particolarmente icastico: con un'economia di parola e un'essenzialità di stile ancora più spinte di quelle cui Levi ci ha normalmente abituati. Ad esempio, riguardo alle premesse biografiche di *Se questo è un uomo*, Levi appunta: «Via anomala che mi ha condotto allo scrivere; scrittura come testimonianza e come liberazione personale, quindi legata all'argomento e lontana dalla sperimentazione». Riguardo alla cifra narrativa de *La tregua*: «“Cortesia” dello scrittore verso il lettore: deve rispettarlo, non deluderlo».

La scaletta comprende anche un elenco delle otto «domande tipiche» che Levi era andato raccogliendo fra i suoi lettori più giovani: tra le scolaresche di tutta Italia con le quali – dagli anni sessanta in poi – aveva evocato e commentato, infaticabilmente, la sua esperienza del campo di sterminio. Sono le medesime domande per cui Levi ha preparato, nel corso stesso del 1976, le risposte di quella specie di autointervista che uscirà presto come appendice per l'edizione scolastica di *Se questo è un uomo*. Nella scaletta, Levi riprende le otto domande in una forma contratta, ma non perciò meno suggestiva: «– Li ha perdonati? – I ted. sapevano? – Perché non è fuggito? – Perché non parla dei Lager russi? – Quali personaggi ha rivisto? – Perché l'odio nazista? – Chi sarebbe Lei oggi se…?».

Ai fini di una lettura filologica dell'inedito, la terza delle otto domande («Perché non è fuggito?») è quella che solleva le curiosità maggiori. In effetti, in una prima versione dell'autointervista, che Levi aveva pubblicato su «La Stampa» del 28 febbraio 1976, la domanda risultava formulata così: «C'erano prigionieri che fuggivano dai Lager? Lei perché non è fuggito?». Mentre nell'appendice dell'edizione scolastica di *Se questo è un uomo*, Levi riformula totalmente il secondo elemento dell'interrogazione: «C'erano prigionieri che fuggivano dai Lager? Come mai non sono avvenute ribellioni di massa?». Da una versione all'altra dell'autointervista si perde quindi per strada ciò che più direttamente, nella domanda, interpellava di persona Primo Levi: perché lui non era fuggito da Auschwitz?

Sarebbe improprio sopravvalutare – in questo piccolo esercizio di variantistica – il venir meno di tale frammento, che facilmente può spiegarsi con mere ragioni di opportunità redazionale o didattica. Eppure, siamo forse in presenza di un sintomo di quella che maturerà, nel tempo, come la saturazione di Levi a fronte di una domanda (scriverà nel 1986) «formulata con sempre maggiore insistenza, e con un sempre meno celato accento di accusa». «Perché non siete fuggiti? Perché non vi siete ribellati?», suonerà il ritorno della domanda ne *I sommersi e i salvati*. Con un passaggio di persona verbale – qui, dal singolare al plurale – che rappresenta, in Levi, una spia immancabilmente significativa. E con uno stato d'animo dell'interrogato sempre più simile al disagio di chi proprio non riesce a spiegarsi, o allo sconforto di chi si sente profondamente incompreso.

(2015)

Condannato, ma non giudicato

Dove collocarlo, verso l'alto o verso il basso, nella «vasta fascia di coscienze grigie che sta fra i grandi del male e le vittime pure»? «È difficile dire: lui solo lo potrebbe chiarire se potesse parlare davanti a noi, magari mentendo, come forse sempre mentiva; ci aiuterebbe a comprenderlo, come ogni imputato aiuta il suo giudice, e lo aiuta anche se non vuole, anche se mente, perché la capacità dell'uomo di recitare una parte non è illimitata».

Così scriveva Primo Levi – su «La Stampa» del 20 novembre 1977 – a proposito di Chaim Rumkowski. Il più equivoco fra gli ebrei d'Europa coinvolti e travolti dalla Soluzione finale. Il presidente del Consiglio degli Anziani di Łódź, che dal 1939 al 1944 resse il ghetto della città polacca quale improbabile «Re dei Giudei» prima di finire a sua volta gasato ad Auschwitz, come i miserevoli suoi sudditi. Colui di cui Levi avrebbe fatto, ne *I sommersi e i salvati*, l'incarnazione stessa della «zona grigia». Ma c'era qualcosa che Levi, interrogandosi su Rumkowski nel 1977, non poteva sapere e forse neppure immaginare. Che appena due anni prima, nel 1975, l'equivoco presidente di un altro ghetto ebraico, quello boemo di Terezin, aveva effettivamente parlato.

Il rabbino Benjamin Murmelstein, già *enfant prodige* della comunità israelitica di Vienna, era l'unico fra i decani dei ghetti d'Europa che fosse sopravvissuto alla Shoah. Processato dalle autorità cecoslovacche all'indomani della Liberazione, assolto nel 1946, si era stabilito a Roma con moglie e figlio. Entro la sorda ostilità della comunità ebraica locale, si era rifatto una piccola vita non più da guida spirituale, ma da commerciante di mobili. E nel 1975 un Murmelstein ormai settantenne era stato lungamente intervistato da un giovanile cinquantenne parigino, un giornalista arrivato a Roma dritto dritto dalle redazioni buone della Rive gauche: Claude Lanzmann, che iniziava allora a preparare il suo epocale documentario del 1985, *Shoah*. Senonché si è dovuto attendere altri quarant'anni o quasi perché le parole di Benjamin Murmelstein diventassero infine ascoltabili; perché questo superstite Re dei Giudei potesse infine (secondo la formulazione di Primo Levi) «chiarire» parlando «davanti a noi», «magari mentendo, come forse sempre mentiva». Si è dovuto attendere il documentario di Lanzmann uscito in Francia nel 2013, *Le dernier des injustes*, di cui Skira pubblica ora – primo editore al mondo – il testo integrale.

L'ultimo degli ingiusti suona come una provocazione fin dal titolo. Ed è Murmelstein stesso a definirsi così, rovesciando il titolo di un romanzo di André Schwarz-Bart, *L'ultimo dei giusti*. È Murmelstein che decide di interpretare davanti alla cinepresa di Lanzmann un ruolo faustiano e mefistofelico insieme: quello dell'ebreo che ha venduto l'anima ai nazisti per scoprire il modo di salvare gli ebrei, oltreché per salvare se medesimo. Senz'altro contraddittorio che qualche blanda replica dell'intervistatore (diversamente che nel coro di testimonianze raccolte in *Shoah*, questa tragedia è un monologo), l'intervistato si lancia in un'apologia che non lascia spazio al minimo dubbio né alla minima autocritica.

Secondo Murmelstein, Murmelstein ha avuto sempre ragione. L'ha avuta fin dagli anni di Vienna, 1938-1941, quando da dirigente della comunità israelitica è stato il principale collaboratore di Adolf Eichmann nell'organizzare l'emigrazione di decine di migliaia di ebrei (tra cui Sigmund Freud) verso l'Inghilterra o altrove, comunque fuori dal Terzo Reich. E ancora Murmelstein ha avuto ragione – assicura Murmelstein – negli anni di Terezin, 1943-1945, quando prima da dirigente poi da presidente degli Anziani ha gestito con mano di ferro il ghetto-modello di Boemia, un'anticamera di Auschwitz spacciata dai nazisti come *buen ritiro* per ebrei della terza età.

Il suo scopo era quello, semplicemente, di far durare le cose il più possibile: fino all'inevitabile sconfitta di Hitler e al sospirato arrivo dei liberatori. A costo di allestire insieme con le SS, periodicamente, convogli di deportati verso i Lager della vicina Polonia. A costo di organizzare un «abbellimento» del ghetto per gettare fumo negli occhi ai delegati della Croce Rossa internazionale. A costo di assistere i nazisti nella produzione di un film di propaganda sulla vita libera e serena dei morituri (il film che W. G. Sebald porrà al centro, oltre mezzo secolo dopo, della memorabile sua discesa agli inferi del Novecento, *Austerlitz*).

Alle orecchie di Claude Lanzmann, già nel 1975 gli argomenti di Benjamin Murmelstein riuscirono talmente persuasivi da meritare all'ex decano di Terezin – è la scena finale dell'*Ultimo degli ingiusti* – un abbraccio sotto l'Arco di Tito. Decenni più tardi, per riabilitare Murmelstein agli occhi della posterità Lanzmann ha scelto di costruire un documentario che per molti aspetti, dall'uso di immagini d'archivio all'onnipresenza del regista sullo schermo, fino al tono generale del film, meno scabro che polemico, appare l'opposto di *Shoah*. E oggi, nella pagina da lui premessa al libro di Skira, Lanzmann sceglie di attaccare frontalmente gli ebrei italiani detrattori di Murmelstein, denunciando senza mezzi termini «la stupidità delle accuse dei suoi correligionari». «Questa vergognosa idiozia toccò il suo apice quando, alla morte di Murmelstein [nel 1989], il rabbino capo di Roma [Elio Toaff] rifiutò di dargli sepoltura nel cuore del cimitero ebraico della Città Eterna, relegandolo al limitare delle tombe come si faceva un tempo con i suicidi».

L'adesione di Lanzmann alle ragioni di Murmelstein è così piena e totale che anche le sparate più grosse dell'ex decano di Terezin restano qui non contraddette, invendicate. Come quando Murmelstein arriva a sostenere che nulla si potesse sapere nel ghetto boemo, neppure alla fine, sul funzionamento di Auschwitz quale campo di sterminio. Né Lanzmann si preoccupa di ricordare, nella loro asciutta eloquenza, i numeri finali di Terezin. Trentatremila ebrei morti di privazioni all'interno del ghetto (tra loro, Dolfi Freud: sorella di quel Sigmund beffardamente evocato da Murmelstein nella scena finale); ottantottomila deportati ad Auschwitz o nei Lager dei dintorni (fra loro Paula e Marie, altre sorelle di Freud). Altrettante vittime per le quali il Murmelstein del 1975, parlando con Lanzmann dalla terrazza di un albergo sui tetti di Roma, non ha una singola parola di pietà.

Eppure, bisogna oggi riconoscere come e quanto il Claude Lanzmann del 1975 – nel momento in cui abbracciava le ragioni, e perfino le spalle di Benjamin Murmelstein – fosse in anticipo sui tempi della storia. Bisogna riconoscere come fosse sensibile e quanto fosse lucido nel rigettare una rappresentazione storica che si era imposta in Occidente a partire dal 1963, dopo il famoso reportage di Hannah Arendt dalla Gerusalemme del processo Eichmann: la rappresentazione dei decani dei Consigli degli Anziani quali figure fondamentalmente grette, per non dire totalmente abiette. Pavidi collaboratori, per non dire cinici complici della Soluzione finale.

Oggi, la storiografia più avvertita è lungi dal tratteggiare in maniera simile figure come quelle di Benjamin Murmelstein o di Chaim Rumkowski. In effetti, i migliori storici della Shoah sottoscriverebbero oggi un'affermazione particolarmente icastica, fra le molte che Murmelstein stesso consegnò a Lanzmann durante l'intervista romana del 1975: nei ghetti della Soluzione finale, quello dei decani «era potere senza potere». Unicamente nella fantasia retrospettiva di Arendt, reporter di lusso a Gerusalemme, i presidenti degli Anziani avrebbero potuto, attraverso una scelta categorica di non collaborazione, promuovere nei ghetti un movimento di resistenza. *Wishful thinking* di filosofi, non di storici.

Del resto, la migliore storiografia insiste oggi sul fatto che almeno alcuni tra i decani, per quanto discutibili nella loro personale interpretazione del ruolo di Re dei Giudei (a Terezin il soprannome di Murmelstein era *Murmelschwein*, il porco), ebbero una reale efficacia nel rallentare la macchina nazista dello sterminio. Accettando di giocare sino in fondo il gioco delle SS, uomini come Rumkowski a Łódź, come Murmelstein a Vienna e poi a Terezin, contribuirono a salvare un numero imprecisato e imprecisabile di vite umane.

Sicché anche Primo Levi – che pure aveva, della Shoah, un'esperienza tanto più diretta e profonda rispetto a Hannah Arendt – ha usato forse (per una volta) le parole sbagliate quando nel 1977, a proposito di Chaim Rumkowski, ha scritto di un «imputato» posto davanti al suo «giudice». Due anni prima, Benjamin Murmelstein gli aveva già risposto (senza saperlo) da par suo: «Un decano degli ebrei può essere condannato. Anzi, deve essere condannato. Ma non può essere giudicato, perché nessuno può mettersi nei suoi panni».

(2014)

Il pronome «noi»

Chi, e che cosa si commemora ad Auschwitz? La tragedia della Shoah, cioè la risoluzione nazista di sterminare dal primo all'ultimo gli ebrei d'Europa? Oppure la tragedia di tutte le vittime del nazifascismo, ebrei o cristiani o atei, oppositori politici o zingari o omosessuali o disabili? Sono queste, in fondo, le implicazioni del dibattito che si è acceso in Italia nella scorsa primavera, intorno a un problema apparentemente circoscritto: l'opportunità o meno di intervenire sul padiglione italiano del Museo di Auschwitz – inaugurato nel 1980 – con un nuovo allestimento, che sottolinei le proporzioni inaudite della catastrofe ebraica anziché privilegiare il dramma dei deportati politici.

A qualche mese di distanza, il problema specifico sembra avere perduto d'urgenza. L'Associazione nazionale degli ex deportati (Aned), proprietaria del Memorial di Auschwitz, ha concordato con la Scuola di restauro dell'Accademia di Brera un intervento di recupero che salvaguardi l'installazione originaria: opera d'arte concepita e realizzata da nomi fra i più significativi della cultura italiana del Novecento. Nel frattempo il governo Prodi è caduto, e non è sicuro che il governo Berlusconi voglia ereditarne l'intenzione di sottoporre il padiglione a un drastico restyling.

Tra gli enti culturali che si sono mobilitati per garantire una conservazione integrale del Memorial, figura l'Istituto bergamasco per la storia della Resistenza e dell'età contemporanea (Isrec). È appunto nell'ultimo numero della rivista dell'Isrec, «Studi e ricerche di storia contemporanea», si possono leggere materiali inediti di notevole spessore. Frugando negli archivi dell'Aned, una giovane ricercatrice – Elisabetta Ruffini – ha ritrovato infatti la documentazione relativa alle circostanze di nascita del padiglione, durante la seconda metà degli anni settanta. Carte da cui emerge il pieno coinvolgimento, nell'iniziativa del Memorial, dell'ebraismo organizzato: la comunità israelitica di Milano, quella di Roma, l'Unione delle comunità ebraiche italiane. E carte da cui emerge, soprattutto, il ruolo fondamentale di Primo Levi nel compimento del progetto stesso.

La decisione di allestire ad Auschwitz un padiglione italiano era stata presa dall'Aned nel 1972, ma non si fece concreta prima del 1975. Fu allora che lo studio architettonico di Lodovico Belgiojoso, il celebre BBPR (Banfi, Belgiojoso, Peressutti, Rogers), mise nero su bianco l'idea portante del futuro memoriale: una spirale a elica all'interno della quale avrebbero camminato i visitatori, lungo una pavimentazione composta da traversine ferroviarie accostate, con un nastro dipinto a illustrare le vicende storiche del nazifascismo, della Resistenza e della deportazione. Tre anni dopo, il progetto entrò nella sua fase esecutiva. Il 6 settembre 1978, i vertici dell'Aned chiesero a Primo Levi se volesse «dare corpo e anima al Museo», elaborando «didascalie appropriate». Levi accettò l'invito a stretto giro di posta, l'11 settembre: «con molto piacere, sperando di essere pari al compito».

Redatto dal chimico-scrittore torinese nelle settimane immediatamente successive, e approvato tale e quale (con la correzione di un unico aggettivo) dal comitato direttivo dell'Aned, il testo destinato al Memorial venne trascritto una prima volta nella brochure di accompagnamento per l'inaugurazione dell'opera, ed è stato poi ripreso nell'edizione Einaudi delle *Opere* di Levi. Due pagine in tutto, che vanno rilette – trent'anni dopo – con un'attenzione tanto maggiore, in quanto la recente polemica sul Memorial ha rischiato di contrapporre gli ambienti dell'Aned e quelli delle comunità israelitiche.

Primo Levi portava sulle spalle una duplice identità: era, per così dire, doppiamente reduce da Auschwitz. Era reduce come ebreo, salvato fra i pochi anziché sommerso fra i tanti. Ma era reduce anche come partigiano, catturato con le armi in pugno nella Valle d'Aosta dell'autunno 1943. Forse per questo, perché sentiva di avere imboccato la strada per Auschwitz da resistente altrettanto che da ebreo, Levi volle conferire al testo per il Memorial un'intonazione che suonasse anzitutto politica. Lo fece nell'*incipit*, enfatizzando il legame cogente, necessario, tra Lager e fascismo: «La storia della Deportazione e dei campi di sterminio, la storia di questo luogo non può essere separata dalla storia delle tirannidi fasciste in Europa». E lo fece poco più sotto, additando nel regime di Mussolini «il primo esperimento europeo di soffocazione del movimento operaio e di sabotaggio della democrazia».

Alla fine degli anni settanta, in Italia come altrove in Occidente stava per esplodere il fenomeno Shoah: nella sensibilità collettiva, lo sterminio degli ebrei tendeva a rimpiazzare la deportazione degli oppositori politici come quintessenza dell'universo concentrazionario. Ma proprio allora, Levi scelse di adottare (secondo l'acuta osservazione di Elisabetta Ruffini) una prospettiva inattuale. Scrivendo su Auschwitz e per Auschwitz, tenne a esprimersi da antifascista quasi più che da ebreo. Rese omaggio ai «martiri operai di Torino del 1923», ai carcerati, ai confinati, agli esuli del ventennio. Salutò i «fratelli di tutte le fedi politiche che sono morti per resistere al fascismo restaurato dall'invasore nazionalsocialista».

Inutile negarlo: è un testo datato quello che Levi scrisse per il Memorial nell'autunno del 1978. Tuttavia, precisamente l'inattualità di questo testo merita di essere raccolta dal lettore di oggi. Perché sempre più spesso la riflessione intorno alla Shoah viene sganciata da ogni contestualizzazione storica e politica, mentre le parole di Levi restituiscono la tragedia degli ebrei d'Europa alla sua dimensione postrema, alla sua realtà ultima: qualcosa che non riguarda soltanto gli ebrei stessi, come vittime, e i tedeschi, come carnefici, ma riguarda gli italiani, gli europei, tutti gli esseri umani che ebbero a patire dal mostro hitleriano. E riguarda gli italiani, gli europei, tutti gli esseri umani che alle imprese di quel mostro scelsero di collaborare.

Nelle due paginette di Levi, la cosa più importante è un pronome personale: «noi». Un «noi» che ritorna più volte, e che sa essere – secondo i casi – scrupolosamente distintivo o meravigliosamente inclusivo. Sa essere distintivo: «noi, gli italiani che siamo morti qui»; «alcuni fra noi erano partigiani e combattenti politici»; «la maggior parte fra noi erano ebrei»; «c'erano bambini fra noi, molti, e c'erano vecchi alle soglie della morte»; «noi innocenti siamo stati uccisi». Sa essere inclusivo: «noi, figli di cristiani ed ebrei (ma non amiamo queste distinzioni)».

(2008)

Interrogare l'archivio

Alla fine del 2007, l'apertura di un archivio situato nella cittadina tedesca di Bad Arolsen, in Assia, ha inaugurato una nuova stagione per gli studi storici sulla Shoah. In generale, una nuova stagione per la storia della deportazione nei campi di concentramento e di sterminio. L'archivio ospita i fondi dell'International Tracing Service: organismo legato alla Croce Rossa internazionale che dal 1945 in poi lavorò a raccogliere da diverse migliaia di sedi istituzionali, poliziesche, industriali, un massimo di tracce documentarie relative al sistema concentrazionario nazionalsocialista, quali gli Alleati poterono reperire fra le rovine fumanti del Terzo Reich anno zero.

Ventisei chilometri di scaffali, oltre trenta milioni di fascicoli: imponente è la massa di documenti conservati a Bad Arolsen. E si tratta di materiali tanto più sensibili in quanto la maggior parte della documentazione è ordinata sotto forma di fascicoli personali. Anche per questo le autorità dei diversi Stati d'origine dei deportati o delle loro famiglie hanno faticato per accordarsi sui criteri di apertura agli studiosi. Fino al 2007, soltanto le vittime sopravvissute (o i familiari delle vittime sterminate) erano state autorizzate a prendere conoscenza dei materiali a loro riferibili lungo i chilometrici scaffali dell'archivio tedesco.

Giornalista del servizio esteri di «Repubblica», Marco Ansaldo è stato fra i primi ricercatori italiani ad accedere ai fondi dell'International Tracing Service, e a rendere pubbliche le sue scoperte documentarie con una serie di articoli usciti sul quotidiano romano a partire dal febbraio 2008. Articoli recentemente raccolti da Rizzoli – con il complemento di capitoli inediti – in un volume intitolato *Il falsario italiano di Schindler. I segreti dell'ultimo archivio nazista*.

Il titolo del libro di Ansaldo si spiega con il contenuto del primo capitolo: un ritratto di Schulim Vogelmann, «l'italiano della Schindler's List». Nato in Polonia nel 1903, venuto su fra la Galizia orientale, Vienna e la Palestina del mandato britannico prima di stabilirsi nell'Italia fascista, a Firenze, quale mastro tipografo per l'editore Olschki, Vogelmann fu deportato ad Auschwitz nel dicembre 1943 con la moglie e con la figlia, che vennero immediatamente gasate. Riuscì avventurosamente a salvarsi grazie proprio alle sue capacità di tipografo, che gli meritarono un incarico nella cosiddetta Operazione Bernhard: il piano segreto nazista per destabilizzare l'economia britannica attraverso la fabbricazione di un numero gigantesco di sterline false. Al lavoro nei pressi di Cracovia, Vogelmann finì per essere compreso nell'elenco del migliaio di ebrei salvati da Oskar Schindler.

Dopo l'esordio dedicato a Vogelmann, il volume di Ansaldo procede secondo una medesima falsariga. Muovendo dalla documentazione a volte abbondante, altre volte esigua, rinvenuta nei fascicoli personali dell'archivio di Bad Arolsen, Ansaldo disegna il bozzetto dell'una o dell'altra vittima del sistema concentrazionario ed eliminazionista. Deportati di prima grandezza, i cui nomi sono entrati a far parte di un canone letterario internazionale: Primo Levi, Imre Kertész, Boris Pahor, Anne Frank, Irène Némirovsky, Elie Wiesel. Deportati ben più oscuri, o del tutto anonimi: soldati di Mussolini divenuti schiavi di Hitler, omosessuali vari, ebrei turchi, principesse invise al Terzo Reich, uomini donne bambini vecchi rimasti impigliati nelle maglie dell'orrore hitleriano.

Ansaldo è giornalista scrupoloso. Ed è anche (lo dimostra la bibliografia posta in calce al volume) cultore appassionato degli studi sulla Shoah. Il suo libro ha il merito di raccogliere in un unico disegno i frammenti pubblicati a suo tempo da «Repubblica», e di suggerire al lettore la drammatica ricchezza dell'archivio di Bad Arolsen. Nondimeno, *Il falsario italiano di Schindler* denuncia tutti i margini di equivoco cui si presta un'operazione di approccio all'archivio – a qualunque archivio – fondata esclusivamente sul fascino della *trouvaille*. Sull'emozione pura e semplice del documento ritrovato, anziché su un adeguato questionario di interrogativi di ricerca.

Che cosa potrà mai aggiungere – per esempio – alla nostra conoscenza della figura di Primo Levi, il rinvenimento di una lettera del 1963 in cui il chimico-scrittore torinese chiese all'International Tracing Service il rilascio di un «certificato di Deportazione» «al fine di ottenere dal Governo Italiano l'indennizzo» a cui riteneva di «avere diritto»? Non potrà aggiungere nulla, se il documento dell'archivio di Bad Arolsen viene presentato al lettore alla maniera di Ansaldo. Cioè nudo e crudo, senza alcuno sforzo di contestualizzazione né di problematizzazione né di interpretazione. Senza porsi neppure una parvenza di domanda sulle ragioni ideologiche o psicologiche, morali o materiali, superficiali o profonde, che spinsero il

Levi del 1963 a inoltrare alla Croce Rossa la richiesta del certificato stesso.

Le pagine di Ansaldo costituiscono poco più che un (disorganico) inventario. Sono un repertorio di curiosità, variamente tragiche o a lieto fine. Ecco il passaggio di Anne Frank dal campo di transito olandese di Westerbork, prima della deportazione ad Auschwitz e della morte a Bergen-Belsen. Ecco la caduta di Mafalda di Savoia, figlia sfortunata del re Vittorio Emanuele III, arrestata dai tedeschi dopo l'8 settembre 1943, deportata in una baracca di Buchenwald, colpita durante un bombardamento aereo, amputata di un braccio per la gravità delle ferite, che soccombe dopo l'operazione chirurgica. Ecco, nella stessa Buchenwald, uno scheletrico e allucinato Elie Wiesel colto in baracca dallo scatto di un soldato-fotografo americano nei giorni della liberazione del campo. Ecco, da qualche parte, il prigioniero di guerra Mike Bongiorno che viene scambiato con prigionieri della Wehrmacht dopo una trattativa Usa-Germania, ed erroneamente viene identificato come ebreo. Ecco... ecco...

Le rare volte che cerca di sollevarsi al di sopra del nesso narrativo fra il documento e il bozzetto, Ansaldo annaspa fra l'ovvio e l'indimostrato, quando non inciampa nell'assurdo. Produce considerazioni del tutto evidenti sulla babele linguistica del Lager, e sull'importanza di conoscere le lingue per tentare di scampare a quell'inferno. Produce ipotesi dubbie sul legame tra il fatto di sopravvivere al Lager, la scelta di testimoniarne per iscritto e il gesto estremo di un suicidio in tarda età. Produce inesattezze che potrebbero sembrare veniali, se non riuscissero imperdonabilmente grottesche. Come quando cita una pagina di *Se questo è un uomo* e la dice vergata prima ancora della liberazione di Auschwitz («scrive Levi, per l'appunto, il 18 gennaio 1945»): neanche il Levi a malapena vivo di quei giorni, dato per morto dai tedeschi in fuga e perciò abbandonato nella baracca degli incurabili, avesse impugnato la penna già lì e già allora, per raccontare *urbi et orbi* dei sommersi e dei salvati!

Così, il libro di Ansaldo va accolto come una prima, approssimativa carrellata fra gli scaffali finalmente aperti dell'archivio di Bad Arolsen. Ma anche va segnalato come un caso istruttivo di confusione intorno alle potenzialità di un ricco giacimento documentario. A dispetto del sottotitolo, poco o nulla il libro rivela su *I segreti dell'ultimo archivio nazista*. Appunto perché la storia, più che andare a caccia di segreti, va a caccia di risposte desumibili dall'interrogazione dei documenti. Ma non riesce a offrirne neppure una, se non contiene le domande.

(2013)

Se la memoria è senza storia

Come Alessandro Piperno, anch'io sono ostile al Giorno della Memoria. Ma lo sono per ragioni diverse dalle sue, esposte sul «Corriere della Sera» dell'altro giorno. Più che il contenuto estetizzante del 27 gennaio (la «commozione delle scolaresche sgambettanti sui prati di Auschwitz»), mi disturba il suo contenuto fuorviante.

La retorica sul cosiddetto «dovere di memoria» è sbagliata per due motivi. Anzitutto, perché la memoria della storia non è mai un dovere. Tanto più in quanto applicata alla tragedia della Shoah, è un lavoro, è un problema, è una pena. Ha scritto Primo Levi nella poesia che inaugura *Se questo è un uomo*: «Meditate che questo è stato:/ [...]/ o vi si sfaccia la casa,/ la malattia vi impedisca,/ i vostri nati torcano il viso da voi». La lezione (e la passione) di Primo Levi dimostrano che la posta in gioco con la memoria della Shoah è troppo alta perché si possa giocarsela tutta in un singolo giorno dell'anno, come un'estrazione della lotteria. L'ultima cosa di cui abbiamo bisogno è di ricevere ogni 27 gennaio una cartolina precetto dove sta scritto: «Oggi non dimenticate di ricordarvi». L'enormità della Soluzione finale non ammette la scorciatoia di un calendario trattato come l'oroscopo.

La seconda ragione per cui mi disturba la retorica sul «dovere di memoria» riguarda il nesso fra l'antisemitismo e l'antifascismo. Nell'ultimo decennio, con un'accelerazione a partire dal 1998 (sessantesimo anniversario delle leggi razziali) e poi dal 2000 (istituzionalizzazione del Giorno della Memoria), gli italiani sono stati chiamati a prendere piena coscienza della gravità e della portata dell'antisemitismo fascista. Adesso, da Gianfranco Fini in giù, non c'è più un adulto raziocinante che sia disposto a minimizzare l'orrore della persecuzione razziale che ebbe luogo in Italia fra il 1938 e il 1945.

Ma il rovescio di questa medaglia consiste nell'opera di «vittimizzazione» degli ebrei italiani: cioè nell'inclusione degli ebrei perseguitati dentro quell'autentico calderone delle vittime che sta diventando, secondo il discorso pubblico sul passato, l'intero Novecento. Anche questo è due volte sbagliato. Primo, perché suggerisce l'equazione fascismo=antisemitismo, mentre il fascismo non fu soltanto le leggi razziali, né le vittime del ventennio furono soltanto i quarantamila ebrei italiani: furono centinaia di testimoni di Geova, migliaia di zingari e di omosessuali, decine di migliaia di oppositori politici, centinaia di migliaia di operai, milioni di donne. Secondo, perché contribuisce all'idea penitenziale di un Novecento dove, dal più al meno, tutti ebbero a soffrire. Come per un'imperscrutabile maledizione biblica («Sarai una vittima»), anziché per le concrete azioni di determinati uomini.

La Shoah non è stata il «male assoluto» di cui tanto parlano i retori del 27 gennaio. Sia il sostantivo che l'aggettivo sono scelti senza cura. Il sostantivo, in quanto evoca una dimensione etica piuttosto che storica; l'aggettivo, in quanto suggerisce che la persecuzione razziale sia stata *a legibus soluta*, sciolta da ogni legge, quando corrispose invece a una legislazione politicamente voluta e operosamente perseguita. Risultato? L'intera dinamica della Shoah viene consegnata a una dimensione astorica, o addirittura trascendente: con un vantaggio netto per gli eredi dei carnefici, e anche – in un qualche dolorosissimo modo – per gli eredi delle vittime.

(2006)

IV. Dopo

Senza capelli e senza nome

È difficile aggiungere ad Anne Frank qualcosa su Anne Frank. È difficile trovare cose – parole o immagini – che dicano sulla vittima simbolo della Shoah più di quanto non abbia detto lei stessa nei suoi diari di giovane ebrea destinata allo sterminio. Dal chiuso del suo «alloggio segreto» nella Amsterdam occupata dai tedeschi, e con l'incredibile maturità dei suoi quattordici o quindici anni.

A lungo conosciuto come il diario di Anne Frank, ormai da un ventennio il documento ritrovato nel nascondiglio di Prinsengracht 263 è apparso come un palinsesto di diari: oltre al testo scritto di getto, un secondo diario che Anne riscrisse prima di essere deportata ad Auschwitz, e il collage dei due originali riunito dopo la guerra dal padre Otto, l'unico sopravvissuto della famiglia Frank. Dunque, un documento più stratificato e complesso di quanto fosse sembrato per quasi mezzo secolo. E talmente ricco nella sua natura di opera evolutiva, aperta, da rendere perigliosa qualunque iniziativa di illustrazione o di spiegazione, di rielaborazione o di commento. Come per Primo Levi, così per Anne Frank ogni parola in più rischia di essere una parola di troppo.

D'altra parte, leggere Anne è diventato più difficile da quando si è conosciuto l'insieme dei suoi manoscritti. Soltanto l'edizione critica dei *Diari* (un volume di ottocento pagine e passa, dove le diverse versioni sono stampate in una presentazione sinottica) consente di apprezzare la ricchezza della loro trama testuale: ma l'edizione critica non si presta a essere frequentata dal lettore comune. Né ha risolto il problema la decisione della Fondazione Anne Frank di approntare una versione dei diari – quella attualmente in commercio – che nasconde il palinsesto, occultando le diverse fasi di scrittura e riscrittura. Se a tutto ciò si aggiungono le innovazioni tecnologiche dell'ultimo ventennio e il loro impatto sui consumi culturali delle nuove generazioni, si può intuire perché la Casa Anne Frank abbia scelto di promuovere una *graphic biography*: così da rendere la storia di Anne «accessibile a un pubblico il più largo possibile».

Fin dalla prima edizione olandese del *Diario* e dalle sue traduzioni nelle principali lingue del mondo, pubblicate tra la fine degli anni quaranta e l'inizio degli anni cinquanta del Novecento, la vita di Anne era stata raccontata per immagini oltreché per parole. La fotografia dello scaffale girevole che mascherava l'ingresso dell'alloggio dove i Frank rimasero nascosti con altri quattro ebrei clandestini dall'estate 1942 all'estate 1944; un ritratto di Anne bambina, la foto che lei stessa aveva incollato all'inizio del suo diario; la facciata lungo il canale dov'era (dov'è) lo stabile di Prinsengracht 263; il disegno in pianta dell'appartamento nascondiglio: appena una manciata di immagini, ma entrate a far parte del canone iconografico della Shoah. E immagini alle quali si sono aggiunte, via via, altre fotografie riprese dagli album di famiglia: la nascita delle due bambine, Margot e Anne, nella Germania dei tardi anni venti; la fuga verso i Paesi Bassi dopo l'avvento di Hitler al potere;

l'infanzia relativamente serena nella Amsterdam di prima della guerra.

La sfida di un racconto grafico della vita di Anne Frank non si presentava quindi, a priori, come sfida del mai visto. Per evocare tale vita a fumetti, Sid Jacobson e Ernie Colón dovevano misurarsi semmai con il problema contrario: il problema del visto troppo, la sfida di raffigurare i lineamenti di una ragazzina ultraconosciuta attraverso le sue foto, incarnazione della Shoah, e l'interno di una casa ultravisitata della Amsterdam di oggi, luogo di memoria per eccellenza. Ma di là da questo, una *graphic biography* di Anne Frank comportava il problema di rappresentare il non rappresentabile: Anne deportata ad Auschwitz e morta a Bergen-Belsen. Il buco nero della Soluzione finale, che inghiottì l'autrice dei diari senza lasciarle più modo di trasmettere una singola parola né una singola immagine di sé.

Rappresentare Auschwitz, il non rappresentabile, è diventato uno dei terreni elettivi dell'arte contemporanea. Proprio un fumetto, il memorabile *Maus* di Art Spiegelman, ha aperto la strada, e il genere è stato poi alimentato nelle forme più varie. Ha prodotto diversa paccottiglia, ma anche capolavori del cinema documentario (*Shoah* di Claude Lanzmann), del cinema di fiction (*La vita è bella* di Roberto Benigni), della letteratura (*Le Benevole* di Jonathan Littell). Artisti collaudati, gli americani Jacobson e Colón hanno interpretato la doppia sfida – rappresentare Anne Frank, e rappresentarla ad Auschwitz – senza stravolgere la loro cifra stilistica, in piena continuità con la loro opera pregressa. Attraverso un disegno sobrio, composto, di un realismo quasi pedagogico. E attraverso didascalie e dialoghi scrupolosamente ricalcati sulle fonti storiche: di un'esattezza implacabile anche perché letterale, quasi filologica.

In fondo, il problema che Sid Jacobson e Ernie Colón avevano bisogno di risolvere qui non era dissimile da quello che li aveva impegnati in un'impresa precedente: la *graphic novel* sull'11 settembre 2001. Lì come qui c'è un prima, c'è un dopo, e c'è un intervallo così intrinsecamente tragico da apparire non dicibile e non raffigurabile. In *9/11*, il prima è la vigilia remota e prossima dell'attentato, la lunga preparazione dell'attacco alle Torri gemelle; il dopo è l'impatto degli aerei sulle Torri, il crollo, la morte di migliaia di innocenti, l'elaborazione collettiva del lutto; l'intervallo – il buco nero – è la vita-non vita sugli aerei dirottati verso New York. È il conto alla rovescia di terroristi e passeggeri precipitati verso una morte tanto sicura quanto mostruosa nell'eguaglianza dei carnefici e delle vittime. Nel racconto su Anne, il prima è l'evoluzione storica che fa di una famiglia di tedeschi niente più che quattro «pezzi» (come i nazisti chiamavano gli ebrei) destinati alle camere a gas; il dopo è la decisione di Otto Frank, unico sopravvissuto, di dedicare il resto della sua esistenza a una diffusione planetaria del diario della figlia; l'intervallo – il buco nero – è la vita-non vita di Anne e Margot nel Lager. È il loro precipitare inesorabile verso la condizione di vittime totali: tanto inermi quanto inette, fatalmente votate alla morte («musulmani», nel gergo di Auschwitz).

Ci voleva coraggio, per dare voce e lineamenti a una Anne Frank tanto diversa da quella che tutti noi serbiamo dentro gli occhi della memoria. Ci voleva coraggio per rappresentarla come Jacobson e Colón hanno accettato di rappresentarla qui, in disegni che pure ci porteremo dietro a lungo. Eccola la Anne di Auschwitz, la bambina che a Prinsengracht 263 era cresciuta nel corpo come nella mente, e che aveva vissuto con un compagno di clandestinità, il giovane Peter, il suo primo idillio amoroso. Eccola, inguardabile e indimenticabile, nella sua condizione di «musulmana». Valgano anche per lei le parole (insieme, un monito e una preghiera) poste da Primo Levi all'inizio di *Se questo è un uomo*:

> Considerate se questa è una donna,
> Senza capelli e senza nome
> Senza più forza di ricordare
> Vuoti gli occhi e freddo il grembo
> Come una rana d'inverno.

(2011)

Come leggere Anne

Si chiude oggi a Torino, presso il Museo diffuso della Resistenza e della Deportazione, la mostra itinerante *Anne Frank: una storia attuale*, che illustra la vicenda di Anne – precisano i materiali esplicativi – «a partire dai racconti del suo Diario». Da Torino la mostra ripartirà verso altre città del mondo, per raccontare la tragica storia della Shoah concentrata in una tragedia di famiglia. Iniziativa benemerita, che tuttavia non dovrebbe esimere i visitatori più pensosi dal sollevare un problema generale che riguarda, appunto, il diario di Anne Frank.

Si tratta di una *vexata quaestio*, almeno in due ambienti tanto circoscritti quanto diversi fra loro: la cerchia degli storici e dei filologi specialisti delle testimonianze sulla Shoah; la cerchia degli imbrattacarte e dei fanatici negazionisti. Ma è una questione che non sembra essere stata esplicitamente posta, né adeguatamente chiarita, ad uso del pubblico vasto – vastissimo, per fortuna – che continua a leggere il diario di Anne come il più straordinario dei testi soggettivi prodotti dalla Soluzione finale.

Messa giù dura, la faccenda va presentata così: chi si reca oggi in libreria e si compra (è un tascabile Einaudi, ultima ristampa 2009) il *Diario* di Anne Frank, non deve credere affatto alla quarta pagina di copertina, dove è scritto: «La prima edizione del Diario subì non pochi tagli, ritocchi, variazioni. Ora il testo è stato restituito alla sua integrità originale». Perché è pur vero che la prima edizione del testo subì tagli, ritocchi, variazioni; ma è assolutamente falso che il testo in commercio sia stato restituito alla sua integrità originaria. In realtà, il *Diario* che noi possiamo oggi far leggere ai nostri figli è il frutto di un lavoro di editing tanto capillare quanto discutibile, che lo rende un testo gravemente manipolato.

Diciamolo soppesando le parole, ma diciamolo chiaro: quale si presenta oggi in libreria, il libro simbolo della Shoah costituisce un documento spurio. Peraltro, l'Einaudi non è in alcun modo responsabile di questa situazione. La casa editrice torinese è tenuta infatti a seguire le direttive della Fondazione Anne Frank di Basilea, depositaria dei diritti d'autore e di quant'altro riguardi la gestione del lascito di Anne medesima. Sicché il problema, come suol dirsi, sta nel manico: riguarda l'insieme delle scelte compiute dalla Fondazione Anne Frank a partire dalla fine degli anni ottanta, cioè da quando la complicata vicenda dei manoscritti del *Diario* venne finalmente a galla.

Ricostruire nel dettaglio la storia dei manoscritti di Anne è un esercizio che rischia di sembrare noiosamente tecnico. A guardar meglio, si tratta invece di un esercizio appassionante. E necessario, sia per identificare la natura del pasticcio editoriale della Fondazione Anne Frank, sia per intendere il significato che Anne attribuì alla scrittura del suo diario durante il biennio di clandestinità nell'«alloggio segreto» di Amsterdam. Questo è un tipico caso in cui il mestiere dello storico deve consistere anzitutto nella capacità di maneggiare correttamente la fonte: senza di che non si ha conoscenza del passato, ma chiacchiera sul passato o, peggio, abuso di quel passato.

Quando il padre di Anne, Otto Frank, unico membro della famiglia scampato allo sterminio, rientrò ad Amsterdam da Auschwitz nell'estate del 1945, la sua fedele segretaria – Miep Gies, scomparsa due mesi fa all'età di 101 anni – gli rimise non un testo continuo, redatto da cima a fondo, ma una massa di quaderni e di fogli manoscritti. Di fatto, gli consegnò non un diario, al singolare, ma dei diari, al plurale. Cioè il diario vero e proprio (gli studiosi lo chiamano «versione A»), tenuto da Anne per l'insieme dei venticinque mesi di clandestinità e di cui Miep Gies non aveva ritrovato, dopo l'arresto dei Frank per opera della Gestapo, che la metà della stesura. E inoltre una riscrittura quasi completa del diario propriamente detto (gli studiosi chiamano questa la «versione B»), cui Anne aveva lavorato nella primavera del 1944 con la speranza di pubblicarla come «romanzo» dopo la fine della guerra.

Avendo deciso di rendere noti i manoscritti della figlia, Otto procedette a un lavoro di editing sui materiali rinvenuti nell'alloggio segreto, pubblicando la prima edizione del *Diario* nei Paesi Bassi del 1947: è questa l'edizione per così dire classica (gli studiosi la chiamano «versione C»), presto tradotta in numerosi paesi (in Italia, da Einaudi nel 1954) e circolante nel mondo in molti milioni di copie. Un'edizione dove Otto Frank si assunse la responsabilità di mascherare il palinsesto di scrittura della figlia, omogeneizzando in un unico testo continuo le versioni A e B del diario che, in realtà, differivano significativamente. In pratica, Otto cancellò tutto il lavorio che Anne aveva compiuto per rielaborare il diario scritto di getto e per farne – se non proprio un romanzo – comunque un prodotto in qualche modo letterario.

Trent'anni dopo, negli anni settanta, i criteri di editing cui Otto si era attenuto nella pubblicazione dei manoscritti della figlia furono sottoposti a scrutinio da un professore universitario francese, docente di letteratura a Lione, che stava per diventare il portavoce mondiale del negazionismo. Robert Faurisson era uno studioso già allora screditato, poi divenuto infrequentabile per avere messo in dubbio l'esistenza storica delle camere a gas; eppure, era un lettore di testi sufficientemente esperto per contestare la genuinità del documento che il mondo intero andava leggendo da decenni come il diario di Anne Frank.

Fu sotto la pressione delle critiche di Faurisson – ideologicamente capziose e moralmente abiette, ma filologicamente pertinenti – che negli anni ottanta l'Istituto per la documentazione bellica dei Paesi Bassi dispose una perizia scientifico-legale, la quale accertò oltre ogni ragionevole dubbio l'autenticità dei diari di Anne. Ma dopo tale perizia, divenne impossibile continuare a mascherare il palinsesto redazionale dei diari stessi: non si poté più far finta che il diario fosse uno. Si dovette riconoscere che i diari erano due, quello vero e quello riscritto da Anne, più il terzo diario collazionato da Otto dopo la guerra. Perciò, nel 1986, la Fondazione Anne Frank pubblicò i *Diari* (finalmente al plurale) in un'edizione critica, successivamente aggiornata e tradotta in Italia da Einaudi nel 2002.

Il pasticcio è venuto dopo. Per offrire ai lettori un testo fruibile, la Fondazione Anne Frank ha chiesto a una scrittrice tedesca di libri per bambini, Mirjam Pressler, un taglia e incolla ragionato delle versioni A, B e C. È stata allora fabbricata una specie di «versione D», tradotta dal neerlandese in numerose lingue (in italiano, da Einaudi nel 1993) e presentata come l'edizione definitiva: la stessa edizione – salvo piccolissime differenze – che noi possiamo oggi comprare in libreria come tascabile Einaudi, sotto il titolo (ritornato al singolare!) di *Diario* di Anne Frank.

La fabbricazione era nuovamente un testo continuo, e dunque fittizio: dove nulla permette al lettore di riconoscere quanto proviene dalla versione A, quanto (ed è la maggior parte) dalla versione B, quanto dalla versione C, quanto infine dalla versione D, cioè dal computer di Mirjam Pressler anziché dalla penna di Anne Frank. Cancellate risultano le tracce di tutti gli interventi che Anne operò sul manoscritto negli ultimi mesi della sua vita. Cancellata risulta, quindi, una dimensione fra le più importanti e suggestive dell'intera tragedia di Anne: la sua maniera di ripensare sé stessa, nel passaggio da diarista adolescente a donna scrittrice.

A questo punto, che fare? La soluzione non può consistere, evidentemente, in un invito a non leggere più il diario di Anne Frank. Piuttosto, merita di immaginare – anche nella prospettiva del giorno, abbastanza vicino, in cui i diritti d'autore entreranno nel dominio pubblico – una nuova edizione dei *Diari*: più fruibile dell'ardua edizione critica, ma più rispettosa della loro vicenda filologica. Per continuare a leggere Anne, senza più tradirla.

(2010)

Un killer alla caccia di un diario

Oggi, Anne Frank avrebbe compiuto ottant'anni. Non ci è arrivata, come tutti sappiamo. La ragazzina nata a Francoforte il 12 giugno 1929 da una famiglia di ebrei tedeschi, venuta su ad Amsterdam nella speranza di sfuggire al progetto nazista di distruzione degli ebrei d'Europa, è morta a Bergen-Belsen nel marzo 1945 insieme alla sorella Margot. Anne non è mai cresciuta oltre l'altezza dei suoi quindici anni, marcata dal padre con una tacca sul muro nella camera da letto dell'«alloggio segreto». Tratti di penna sul muro, a registrare le altezze progressive di Anne e di Margot, che sono forse la reliquia più commovente della casa museo di Amsterdam: il documento più straziante di un destino – letteralmente – segnato.

L'altroieri, un vecchio nato in America otto anni prima di Anne Frank, tale James W. Von Brunn, ha eluso la sorveglianza degli agenti di sicurezza per penetrare armato all'interno del Museo dell'Olocausto di Washington. È stato immediatamente intercettato da altri guardiani, ma ha fatto in tempo a sparare. Un agente afro-americano di 39 anni, Stephen Tyrone Johns, è rimasto colpito e ucciso. Colpito a sua volta dalle guardie, il quasi novantenne Von Brunn si trova oggi fra la vita e la morte, piantonato in un ospedale. Ieri il Museo dell'Olocausto è rimasto chiuso per lutto, dopo che i pavimenti della sala d'ingresso dove la sparatoria ha avuto luogo, tra le grida di visitatori atterriti, si erano sinistramente macchiati di sangue.

L'episodio di Washington ha qualcosa di banale, ma ha anche qualcosa di straordinario. È banale, perché rappresenta l'ennesimo anello di una catena di gesti dissennati compiuti da fanatici razzisti ai quattro angoli del mondo. È straordinario, perché contiene un massimo di simboli e significati possibili. A poche centinaia di metri dal Museo dell'Olocausto si trova infatti la Casa Bianca, dove è insediato da qualche mese il primo presidente meticcio della storia americana: lo stesso presidente che pochi giorni fa – parlando da Buchenwald – ha denunciato il negazionismo come un veleno sempre attivo su scala planetaria. Quel presidente che James W. Von Brunn, in libri e blog vari, ha accusato di chissà quale complotto relativo al suo certificato di nascita. Insomma l'Obama prova incarnata, secondo il gergo di Von Brunn, della cospirazione «negro-giudaica» che minaccerebbe la sicurezza dei bianchi nel mondo.

Stando ai materiali diffusi in rete da Von Brunn, non è falso soltanto il certificato di nascita di Barack Hussein Obama. Né è falsa soltanto la storiaccia della Soluzione finale, la leggenda dei sei milioni di ebrei sterminati dal Terzo Reich. È falso anche il diario di Anne Frank, cioè il libro attraverso cui generazioni di lettori hanno scoperto, dal 1947 in poi, l'orrore della Shoah concentrato in una storia di famiglia. È una «bufala», quel diario: una fabbricazione postbellica della lobby ebraica mondiale intesa a promuovere la compassione dei gentili per gli israeliti, e a propiziare così il dominio di Israele sullo scacchiere mediorientale. Un falso di cui il Museo dell'Olocausto andrebbe raccontando da sei anni – attraverso un'esposizione online – «The Unfinished Story», la storia (truffaldina) che continua.

Per gente dello stampo di Von Brunn, conta poco che l'autenticità del diario di Anne Frank sia stata dimostrata oltre ogni ragionevole dubbio da una perizia scientifico-legale degli anni ottanta. Negli anni novanta, il francese Robert Faurisson e altri alfieri del negazionismo hanno continuato ad argomentare la presunta inautenticità del diario, sostenendo che esso fu scritto dal padre di Anne, Otto Frank. Dopodiché, l'universalizzazione di internet ha aperto a questa tesi complottista le autostrade tecnologiche dell'odio: l'ha moltiplicata attraverso gli andirivieni del cyberspazio, là dove reale e virtuale si incrociano e, almeno agli occhi degli internauti più sprovveduti, si intrecciano sino a confondersi.

Da ieri il website di Von Brunn, holywesternempire. org, risulta inaccessibile sulla rete, mentre le tracce del suo negazionismo virtuale sono scomparse in un batter d'occhio da una varietà di altri siti, Wikipedia compresa. Ma l'eclissi di Von Brunn dal cyberspazio sarà intervenuta troppo tardi, e comunque non porrà fine alla metastasi dell'odio in rete. In tempi di crisi come quelli odierni, tanto più facilmente prosperano il complottismo e la caccia ai capri espiatori, i bersagli migliori restando quelli di sempre: negri e giudei. Ne è una riprova la giornata di oggi. L'ottantesimo anniversario della nascita di Anne Frank coincide con i funerali di Stephen Tyrone Johns, il padre di famiglia afro-americano che si guadagnava da vivere come agente di sicurezza al Museo dell'Olocausto.

(2009)

Il falsosimile

Le recenti polemiche sul negazionismo hanno suscitato un effetto stucchevole di *déjà vu*. Già visto il protagonista in negativo, un oscuro docente dell'Università di Teramo che soltanto attraverso pseudo-lezioni sulla Shoah si è conquistato il suo angolino di visibilità. Già vista una corporazione accademica pronta a indignarsi a buon mercato, dopo avere scambiato con il docente di Teramo fin troppe prebende culturali e scientifiche. Già visti i politici indignati a orologeria: sempre più sensibili all'avvicinarsi dell'appuntamento annuale con il Giorno della Memoria (27 gennaio), poi sempre meno fino alla scadenza dell'anno successivo.

Anche gli intellettuali hanno faticato a trovare parole nuove per descrivere il vino vecchio. Si sono dette e si sono lette le solite cose sull'inopportunità di sanzionare attraverso leggi una verità di Stato sulla Shoah. Si sono distribuite le solite raccomandazioni sulla necessità di chiudere i siti che alimentano l'odio razziale in rete. Si sono intonate le solite geremiadi sulla mala pianta dell'antisemitismo da estirpare con un'opera paziente di educazione. Si sono indicati i nomi dei soliti maestri venerabili (Primo Levi, Pierre Vidal-Naquet) come quelli di coloro che ancora oggi possono spiegarci il fenomeno del negazionismo. Tutto già visto, tutto già detto, tutto già letto.

Meglio si sarebbe fatto ad allontanarsi dall'oggetto specifico per guardare al contesto generale: al rapporto che la società di oggi intrattiene con il vero e con il falso. Lungi dal risolversi in un *déjà vu*, la riflessione sul negazionismo dovrebbe uscire dal recinto entro cui viene confinata da decenni – la sempreverde tentazione di trasformare gli ebrei in capri espiatori, la sempreverde ostilità verso Israele eccetera – per allargarsi a un problema molto più ampio e almeno altrettanto grave: la difficoltà crescente che tutti noi proviamo nel distinguere il vero dal falso, il genuino dal taroccato, il vero dal verosimile, il falso dal «falsosimile».

Come pensare che le fortune odierne del negazionismo non incrocino le fortune della fabbricazione di bufale in rete? Le cronache internazionali debordano ormai di storie sulle vittime della falsificabilità del reale nel mondo virtuale. Beninteso, si tratta di vittime assai meno tragiche di quelle della Soluzione finale: ma colpisce che si tratti spesso di vittime culturalmente non sprovvedute. L'ultimo caso in Francia: un rispettato giornalista di una rispettabile emittente televisiva che mette involontariamente a disagio la stella nascente degli ecologisti francesi, Cécile Duflot, presentandole come vera una fantomatica intervista a un professore cinese di economia secondo cui gli europei sarebbero votati alla rovina perché si preoccupano ormai solo di calcio. Intervista bidone che circolava da mesi online, minuscolo tassello nel grande mosaico – insieme reale e virtuale – del «sorpasso cinese» (o, per dirla all'antica, del «pericolo giallo»).

Il medievista Marc Bloch, forse il massimo storico del Novecento, scrisse quasi un secolo fa un saggio acutissimo sulle false notizie di guerra: le notizie generalmente allarmanti, più raramente rassicuranti che la Grande guerra aveva prodotto intorno a lui, ufficiale dell'esercito francese, e che rimandavano a una vicenda millenaria di voci, imposture, leggende. In quel saggio Bloch dimostrava che le notizie false meritano attenzione come le vere, perché testimoniano di credenze diffuse, di mentalità collettive. E perché rivelano le paure profonde della società che le fabbrica, che le accoglie, che le moltiplica.

Oggi, Marc Bloch sarebbe un formidabile storico del web. Ragionerebbe da par suo sopra le false notizie che la rete produce, intrattiene, diffonde ai quattro angoli del pianeta. Una per tutte: la falsa notizia di Barack Obama musulmano. Secondo le ultime statistiche, il 18 per cento di americani ritiene che il presidente degli Stati Uniti sia effettivamente di confessione islamica (erano l'11 per cento un anno e mezzo fa), mentre il 27 per cento dubita che Obama sia nato (come dichiara) alle isole Hawaii: laddove se fosse stato partorito fuori dai confini degli Stati Uniti, il presidente abuserebbe di un titolo che la Costituzione americana riserva ai cittadini nati sul suolo nazionale.

La credulità di tanti americani nella favola di Obama musulmano riflette, evidentemente, ossessioni antiche e paure nuove: l'antica ossessione del male che può venire dagli uomini con la pelle scura; la paura nuova, post-11 settembre, del male che può venire anche oltreoceano dagli uomini che riconoscono in Maometto il loro profeta. Né è bastato all'allora candidato-presidente, per contenere il diffondersi della leggenda, rendere pubblica fin dal giugno 2008 una copia digitale del suo certificato di nascita. Ma se neppure la scansione di un certificato di nascita vale oggi a convincere decine di milioni di americani che Barack Obama è davvero nato alle Hawaii, come stupirsi che la rete alimenti l'una o l'altra bufala sull'inesistenza delle camere a gas di Auschwitz, o sottolinei l'inesistenza (vera) di un ordine scritto di Hitler relativo alla Soluzione finale?

Le attuali fortune del negazionismo partecipano di una crisi ermeneutica generalizzata, della quale soprattutto meriterebbe discutere: e tanto più in quanto tale crisi investe frontalmente le nuove generazioni. Oggi, chiunque sia insegnante – dalle scuole medie all'università – sa che i ragazzi hanno un unico criterio di verità: «l'ho trovato su internet». Oggi, il *digital divide* non separa soltanto chi ha accesso a internet da chi non ce l'ha: separa una generazione (la nostra) che ancora si è formata, bene o male, sulla forma libro e sulla critica dei testi, da una generazione (quella dei nostri figli) il cui nativismo digitale significa un'impreparazione spesso totale rispetto alle insidie conoscitive della rete: si tratti della Shoah o di Obama o del professore cinese di economia.

In Germania, si ragiona da tempo dell'opportunità di includere internet fra le materie scolastiche. Internet come cosa diversa dall'informatica: un'epistemologia in sé stessa, che i ragazzi devono imparare a conoscere prima ancora che a usare. Ragioniamone anche in Italia. Ragioniamo della necessità di insegnare ai ragazzi come avvicinarsi alla rete con il lume della critica. Imparando a distinguere un sito dall'altro così come noi, nel medioevo cartaceo, sapevamo distinguere un editore dall'altro o un autore dall'altro. E imparando a decrittare – con gli strumenti di un'indispensabile filologia del web – una fonte che prova qualcosa da una fonte che non prova nulla.

Chissà che ciò non valga a sradicare la mala pianta dell'antisemitismo molto più di qualche assurda leggina sulla verità storica di Stato.

(2010)

Un lavoro ben fatto

Quando Nathan il Saggio – l'ebreo protagonista dell'omonimo dramma di Lessing – si sente domandare «Chi è lei?», pensa bene di rispondere: «Sono un uomo». Memorabile replica, che parve non soltanto ai tedeschi del tardo Settecento, ma un po' a tutta la posterità ottocentesca come una sintesi della lezione di umanità e di tolleranza che veniva dall'Illuminismo. Peccato che un secolo e mezzo dopo essere stata dettata, quella di Nathan il Saggio sia potuta sembrare agli ebrei stessi una risposta dissennata. Così a Hannah Arendt, all'indomani di Auschwitz. Quando l'unica replica plausibile alla domanda «Chi è lei?» le pareva ormai, necessariamente: «Sono un'ebrea».

Fra i risultati certo non voluti, e nondimeno evidenti della Soluzione finale, è stato anche questo: spingere gli ebrei scampati allo sterminio a ritrovare coscienza di sé, dopo che un generale processo di secolarizzazione e il loro specifico processo di emancipazione li avevano indotti a immaginarsi come appartenenti non tanto alla stirpe di David, quanto all'insieme del genere umano. Senonché, tale assunzione di responsabilità identitaria da parte dell'intellighenzia ebraica è avvenuta, per forza di cose, lontano dai luoghi fondativi di quell'identità, lontano dalla Mitteleuropa: in America, o comunque là dove le ondate della persecuzione avevano costretto i fuggitivi ad approdare, oppure a naufragare. Da qui, in loro, una peculiare miscela di atteggiamenti e di sentimenti, di convinzioni e di sensazioni: una compresenza problematica (secondo parole della stessa Arendt) di cosmopolitismo e di «acosmia», di vita nel mondo e di vita senza mondo.

Freschi di stampa, due libri di Enzo Traverso ci guidano con meravigliosa sicurezza nei meandri dell'anima di personaggi i quali – sfuggendo ai treni per Auschwitz – hanno alimentato la cultura del Novecento: donne e uomini che si chiamavano, o si facevano chiamare Arendt, Anders, Kracauer, Adorno, Celan, Améry. *Cosmopoli* vale da preziosa raccolta di medaglioni, per penetrare nell'intimità emotiva prima ancora che ideologica di alcune figure tra le maggiori dell'esilio ebraico-tedesco. Mentre *Auschwitz e gli intellettuali* vale da formidabile sintesi intorno a un tema che trascende i confini della vicenda ebraica, per investire tutta intera la storia morale del Novecento: come pensare il Lager?

Focalizzando lo sguardo sul decennio 1940-50, Traverso individua quattro gruppi di intellettuali, da lui definiti secondo la maniera in cui reagirono al genocidio degli ebrei. Il primo gruppo fu quello dei collaborazionisti, altrettante «muse arruolate» al servizio dei persecutori tedeschi: a loro, alla composita genia dei Céline, dei Pound, dei Ionescu, dei Brasillach, dei Gentile, Traverso rinuncia qui a dedicare un'attenzione specifica. Così pure, rinuncia a indugiare – se non attraverso la figura di Sartre – sul gruppo che qualifica dei «ciechi»: antifascisti convinti e spesso generosi, ma così impregnati di politica o così impegnati nella Resistenza da trovarsi nell'impossibilità di «vedere» Auschwitz, di riconoscere la Soluzione finale come un'esperienza unica nella storia dell'umanità.

Il terzo gruppo è – per dirla con Primo Levi – quello dei «salvati»: vittime dirette del tentativo nazista di distruggere gli ebrei d'Europa, fortunosamente sopravvissute alla reclusione nei Lager. Secondo Traverso, questi testimoni si sono rivelati tanto più acuti nel pensare Auschwitz quando (come nel caso di Levi stesso, o di Jean Améry) hanno rifiutato di interpretare il campo di sterminio quale esito naturale di una perversa dinamica tedesca, e lo hanno scoperto invece come metafora universale della civiltà novecentesca: luogo simbolo di un modernismo fatto di scrupolo burocratico, competenza tecnologica e organizzazione industriale. Auschwitz disumano? Magari. Auschwitz umano, troppo umano.

Il quarto gruppo di intellettuali è la sparuta pattuglia che Traverso definisce dei «segnalatori d'incendio»: «le sentinelle che hanno visto la catastrofe, le hanno dato un nome e l'hanno interpretata». Filosofi, critici letterari, sociologi, erano uomini e donne che appartenevano a una precisa generazione di tedeschi: nati alla svolta del Novecento da famiglie ebraiche assimilate, avevano subìto da adolescenti il trauma della Grande guerra, si erano fatti adulti nel clima teso ma ardente della Repubblica di Weimar, avevano scelto l'esilio dopo l'ascesa al potere di Hitler nel 1933. Passando per la Francia o per l'Inghilterra, molti di loro si erano ritrovati negli Stati Uniti d'America. E lì, fra New York, Chicago e la California, avevano vissuto di espedienti, al limite della *vie de bohème*, prima di rifarsi un nome e uno status come intellettuali o addirittura come *opinion-makers*.

A due di loro, Hannah Arendt e Günter Anders, sono dedicate le pagine più appassionanti di *Auschwitz e gli intellettuali*. Marito e moglie divisi dopo pochi anni di un matrimonio senza amore, Arendt e Anders hanno prodotto ciascuno per suo conto, quando non l'uno contro l'altra, riflessioni decisive intorno al rapporto fra Auschwitz e la modernità. Nel capolavoro di Arendt, *Le origini del totalitarismo*, le premesse dell'antisemitismo novecentesco venivano indicate nell'imperialismo ottocentesco: in particolare nei massacri coloniali, dove africani e asiatici erano stati annichiliti nella loro moralità, cioè spogliati della condizione umana. Nel capolavoro di Anders, *L'uomo è antiquato*, alle camere a gas veniva assimilata la bomba atomica, ad Auschwitz Hiroshima: entrambi luoghi di eliminazione a freddo, senza odio e senza lotta, dove la messa a morte di individui inermi aveva assunto le forme mistificanti del «lavoro ben fatto».

Per una combinazione di circostanze tanto straordinaria quanto cogente, nel 1961 – un quarto di secolo dopo essersi separati – toccò ad Arendt e ad Anders di presentare al mondo intero la personificazione, rispettivamente, del lavoro ben fatto ad Auschwitz e del lavoro ben fatto a Hiroshima. Inviata al processo di Gerusalemme contro il tedesco Adolf Eichmann, piccolo grande burocrate della Soluzione finale, Arendt elevò l'impenitente ufficiale delle SS a simbolo dell'inguardabile normalità dello sterminio: la famosa «banalità del male». Da parte sua, Anders fu inizialmente tentato di fare altrettanto con l'americano Claude Eatherly, uno dei piloti che avevano partecipato al bombardamento aereo di Hiroshima.

Ma quando, da Vienna, entrò in contatto epistolare con l'ancora giovane reduce di guerra, Anders lo scoprì schiacciato sotto il peso di un dolore senza fine: oppresso da un senso di colpa forse immotivato, dal momento che ai piloti della prima missione atomica era stata taciuta la potenza devastante dell'ordigno che avevano a bordo. Allora, l'intellettuale Anders decise di pubblicare il suo carteggio con il pilota Eatherly, per elevare quest'ultimo a incarnazione di una consolante «innocenza del male»: simbolo di una possibile redenzione dell'umanità. «Tu ed Eichmann – poté scrivergli – siete due figure emblematiche della nostra epoca. Se non ci fossero, di fronte a Eichmann, uomini come te, avremmo ben motivo di disperare».

(2004)

I Lumi nel buio

Bronisław Baczko è una persona schiva, e non ama parlare di sé. A ottantasette anni, vive solo con un cagnetto dal nome romanzesco – Athos – al tredicesimo piano di un enorme palazzo della periferia ginevrina. Si prepara oggi alla cerimonia di consegna dei premi Balzan, che avrà luogo a Berna il 18 novembre; ma, confessa, non sapeva neppure di essere candidato a uno dei quattro riconoscimenti di quest'anno, 750 000 franchi svizzeri per studi sull'Illuminismo. «Prima di darmi la notizia, la persona al telefono mi ha raccomandato di sedermi comodo…».

Nato a Varsavia nel 1924, Baczko vive a Ginevra dall'inizio degli anni settanta. Ha lungamente insegnato Storia moderna alla facoltà di Lettere, formando con il docente di Letteratura francese, Jean Starobinski, una formidabile accoppiata di specialisti del Settecento. A cavallo del 1960 entrambi avevano scritto volumi fondamentali sul più illustre *citoyen de Genève*, Jean-Jacques Rousseau. Gli studi di Baczko si sono poi allargati ad altre dimensioni della cultura politica settecentesca. Alla fine degli anni settanta fece scalpore un suo libro sulle utopie, prima di quelli dedicati alla storia della Rivoluzione francese. In Italia è stato tradotto da editori piccoli e grandi, Einaudi, Feltrinelli, Donzelli, manifestolibri.

Mentre beve un succo di frutta ed elargisce arachidi ad Athos, il professor Baczko accetta di raccontare qualcosa del suo percorso intellettuale: della sua strada verso e attraverso i Lumi. La memoria di questo piccolo grande vecchio è impressionante, infallibile; si capisce che potrebbe dire molto di più, e che lo frena una discrezione a tutta prova. «Se lei è interessato al "biografico" non venga neppure» ha detto, cortese ma fermo, alla vigilia di questo incontro: «io non faccio autobiografia». Eppure oggi, da una chiacchiera all'altra, un disegno si profila. Il disegno di un uomo per il quale la decisione di studiare l'età dei Lumi non è mai stata – non ha mai potuto essere – una scelta come un'altra.

«Non è con il Settecento che avevo cominciato»: all'inizio degli anni cinquanta, giovane ricercatore dell'Accademia delle Scienze di Varsavia, Baczko si era messo a studiare una conventicola di esuli polacchi nella Francia del 1830 e dintorni. Pubblicò su questi esuli il primo suo libro, «ma era un libro brutto». «Marxista fervente, cercavo in tutti i modi di far rientrare la storia polacca dentro il quadro dell'interpretazione marxista della storia: il problema è che non ci entrava affatto». Dopodiché Baczko aveva pensato di studiare direttamente Karl Marx. «Il giovane Marx, di gran moda all'epoca». Ma per studiare Marx aveva dovuto leggere Hegel, e leggendo Hegel aveva scoperto Rousseau.

Baczko aveva scoperto – nel 1956 – anche la Francia, grazie a uno stage culturale dell'Unesco: Parigi, Marsiglia, Aix-en-Provence, la sua prima volta in Occidente. «Certo, per noi che venivamo da una Varsavia ancora in rovine e da una Polonia dove mancava tutto, grande fu lo choc di scoprire i confort occidentali. Ma, al tempo stesso, la penuria del comunismo ci preoccupava ben poco. In Polonia, l'ottobre del '56 fu il momento del grande disgelo. Vivevamo in uno stato di effervescenza ideologica e di sovraeccitazione intellettuale»: la speranza era quella di rifondare il comunismo su nuove basi, trovando finalmente un modo per conciliare l'uguaglianza con la libertà.

È durante questa stagione – e dentro questa ricerca – che Baczko prende a misurarsi davvero con Rousseau, e con i nodi irrisolti del rousseauismo. Con i problemi personali di Jean-Jacques, la tensione fra solitudine e comunità; con le implicazioni generali del suo pensiero, la tensione fra diritti dell'individuo e doveri della società. «Pensi un po', possedevo le *Opere complete* di Rousseau in un'edizione francese del 1782». «Era un'edizione in sedicesimo, trenta volumi e passa che avevo comprato per strada (letteralmente) molti anni prima, nel 1947 o '48. Studente senza un soldo, avevo visto tutti questi volumetti a un mercato delle pulci di Varsavia, buttati dentro una carriola. Dovevano venire da una di quelle case di tedeschi benestanti che erano state saccheggiate alla fine della guerra. Li ho visti lì, nella carriola, e non so che mi ha preso, ho deciso di comprarli. Sorprendentemente era un'edizione quasi completa, mancavano soltanto due volumi (su quattro) della *Nouvelle Heloïse*». Libri che oggi non possiede più: «ho dato l'intera mia biblioteca a una biblioteca pubblica in Polonia».

La città di Varsavia, Baczko l'aveva abbandonata quindicenne, nel gennaio del 1940, quattro mesi dopo lo scoppio della guerra mondiale e l'inizio dell'occupazione tedesca. «Ero cresciuto in una via del quartiere ebraico che si sarebbe poi trovata, dopo la costruzione del muro, nel pieno del ghetto. Ma quando ho deciso di partire verso l'Est il muro non era stato costruito, il ghetto non esisteva ancora in quanto tale. C'erano giusto soldati tedeschi che venivano nel quartiere ebraico per guardarsi intorno. Per curiosità, per assistere allo strano spettacolo di tutti questi ebrei con la kippah in testa. Già era stato imposto, però, l'ordine di portare al braccio la stella di David, ed è stato così che ho deciso di andarmene. Il bracciale giallo con la stella era qualcosa che non potevo proprio sopportare, ha suscitato in me un impulso alla rivolta».

Senza scendere nei dettagli, il racconto di Baczko lascia intendere come l'ebreo polacco quindicenne abbia raggiunto l'Unione Sovietica. «Mi sentivo comunista, ero fiducioso che allontanandomi dai tedeschi per incontrare i russi avrei potuto diventare un uomo libero. E uomo libero sono diventato, in effetti. Ho avuto fortuna nella vita: non ho trascorso una sola notte in gattabuia o, comunque, in catene». Anche perché molti anni dopo le drammatiche vicende della guerra mondiale e della Soluzione finale, quando la Polonia di Gomułka volle ridurre in condizione di non nuocere intellettuali come Baczko (e come Zygmunt Bauman o Leszek Kołakowski), la sua scelta fu quella di abbandonare nuovamente Varsavia, ma – questa volta – diretto verso Ovest.

«Devo moltissimo ai colleghi stranieri che mi prestarono aiuto fra il 1968 e il '69, nel momento in cui venni cacciato dall'Università». A Baczko era stata tolta perfino la scrivania dello studio, gli era stato tagliato il telefono di casa. Gomułka in persona, in un discorso ufficiale, aveva additato in lui e in quelli come lui i cattivi maestri che demoralizzavano la gioventù. «Parlando con lei, italiano e insegnante a Torino, voglio ricordare uno dei colleghi stranieri che più mi furono vicini, aggirando i controlli per farmi sentire la loro presenza, offrendomi posti da *visiting professor*, e quant'altro: Franco Venturi, il grande storico dei Lumi».

Nel corso stesso del 1969 Baczko approfittò di un invito dell'Università di Clermont-Ferrand, in Francia, per imboccare con moglie e figlie la strada dell'esilio. Oggi, ricorda non facili gli inizi della sua seconda (o terza) vita: un unico stipendio, un altro mondo di cui prendere le misure eccetera. Quarant'anni sono trascorsi da allora, e le circostanze non hanno risparmiato lo studioso di Giobbe nel Settecento, e della fatalità del male. Ma un fondo irriducibile di illuministica fiducia sembra ancora sostenere le opere e i giorni di Bronisław Baczko.

Il premio Balzan prevede che metà del compenso venga destinata dal vincitore a un progetto di ricerca, a sua scelta. Il professor Baczko non ha ancora deciso, ma un'idea l'ha già, bellissima. Vuole contribuire a un'opera collettiva immaginata da due colleghi svizzeri, Michel Porret e François Rosset, e vuole che quest'opera sia un *Dizionario delle utopie*.

(2011)

«Je m'accuse»

Si può collocare nella Germania del 2006 – nella Germania del caso Günter Grass – la fine simbolica di un «secolo lungo» degli intellettuali. Da giovane mi sono arruolato volontario nelle Waffen-SS, e finora non avevo mai avuto il coraggio di raccontarlo: la scandalosa confessione di colui che per mezzo secolo era sembrato, dentro e fuori i confini tedeschi, l'incarnazione stessa di una coscienza antifascista, quella confessione di Grass ha posto fine al secolo lungo dell'Occidente che era simbolicamente iniziato, nella Francia del 1898, non già con un atto di contrizione ma con atto di denuncia: il «J'accuse» di Émile Zola nell'affare Dreyfus.

In mezzo, cent'anni e passa di qualcosa che resta difficile da definire, ma che pure risulta oggi evidente *in absentia*: salta agli occhi perché non c'è più. In mezzo un mondo che abbiamo perduto (purtroppo o per fortuna) nel quale gli intellettuali ritenevano di avere, e si vedevano riconoscere, un mandato peculiare nella società. In mezzo il mondo di Max Weber e dell'intellettuale di professione, di Julien Benda e del tradimento dei chierici. In mezzo un mondo di cui la Francia del Novecento parrebbe avere posseduto la chiave, e che unicamente oltralpe si prolunga ancora oggi nelle figure dei Bernard-Henri Lévy o degli

Alain Finkielkraut, epigoni insostenibilmente leggeri di Sartre o di Camus, di Aron o di Foucault.

Il suicidio morale di Günter Grass va considerato tanto più rappresentativo della fine di un'epoca, in quanto il secolo lungo degli intellettuali ha compreso fra i suoi ingredienti essenziali esattamente il «Je m'accuse»: la confessione dei propri peccati politici. Come nel libro feticcio dell'anticomunismo da guerra fredda, *Il Dio che ha fallito*. Dove il fior fiore occidentale degli intellettuali di partito e dei «compagni di strada», da Gide a Koestler e da Silone a Spender, si stracciava le vesti per avere creduto nel comunismo. O come in quell'altro libro che fece epoca nell'Italia del miracolo economico, *La coda di paglia* di Guido Piovene. Dove lo scrittore vicentino indugiava diffusamente sui propri trascorsi di intellettuale fascista, senza tacere neppure del ruolo di propagandista del male antisemita: al momento delle leggi razziali, nel 1938, aveva incensato il libello *Contra Judaeos* di Telesio Interlandi, fondatore e direttore del periodico «La difesa della razza».

Dopo la sconfitta dei fascismi e la scoperta della Soluzione finale, moneta assai meno corrente della palinodia rugiadosa è stata la rivendicazione orgogliosa di un passato da intellettuale fascista e antisemita. Come stupirsene? Non potevano essere molti gli scrittori di riconosciuto talento che dopo il 1945 osassero ribadire, insieme al loro credo filo-mussoliniano o filo-hitleriano, la convinzione che l'aria d'Europa riuscisse tanto più pulita quanto meno venisse inquinata dal fiato e dall'olezzo dei giudei. Ma almeno uno se n'è contato, di scrittori di tal genere. Ed è quanto fa l'interesse retrospettivo del suo caso anche adesso che il secolo lungo degli intellettuali si è concluso. Quello scrittore è stato il francese Robert Brasillach.

Un carneade, Brasillach, nell'Italia di oggi. E in Francia pure, o quasi. Mentre il suo nome era sulla bocca di tutti nella Parigi liberata del 19 gennaio 1945, quando una corte straordinaria di giustizia lo sottopose a processo – la guerra non era finita, Hitler governava ancora a Berlino e la Francia dell'Est restava occupata dai tedeschi – per «intelligenza col nemico». Quel giorno, un pubblico ministero che aveva diligentemente lavorato per il regime di Vichy richiese la pena di morte contro Brasillach. E una giuria composta di partigiani della Resistenza lo riconobbe colpevole nel giro di poche ore. La condanna a morte venne applicata entro un paio di settimane: dopo che decine di scrittori francesi tra i maggiori si erano vanamente appellati al generale de Gaulle per un estremo gesto di clemenza, e dopo che de Gaulle aveva sdegnosamente respinto la domanda di grazia dello stesso Brasillach. Il 6 febbraio 1945 a Montrouge, davanti al plotone d'esecuzione, lo scrittore trentacinquenne rifiutò di farsi bendare e trovò la voce per gridare: «Viva la Francia, nonostante tutto!».

Sotto l'occupazione tedesca Brasillach era stato il direttore di «Je suis partout», il più ambizioso e il più fortunato dei periodici collaborazionisti. All'apogeo del 1942, 250 000 copie di tiratura per paginate di elogi politico-letterari del Führer, del Terzo Reich, della persecuzione e della deportazione degli ebrei. In particolare, sulle colonne di «Je suis partout» Brasillach aveva settimanalmente pubblicato una rubrica anonima dove si rivelava il falso nome, l'indirizzo, il nascondiglio dell'uno o dell'altro individuo braccato dalla Gestapo o dalle polizie di Vichy: intellettuali antifascisti, partigiani comunisti o gaullisti, ebrei francesi o stranieri. Una rubrica della delazione.

Il *Memorandum* che Brasillach scrisse in carcere alla vigilia del processo – e che le edizioni Medusa propongono adesso in traduzione italiana, a cura di Riccardo De Benedetti, con una notevole introduzione di Emanuele Trevi – è un documento quasi unico nel canone delle autoapologie novecentesche, Brasillach dimostrando appunto il coraggio di assumersi le proprie responsabilità piuttosto che la codardia di negarle. Non che si vantasse di avere precipitato, attraverso la delazione, la disgrazia o lo sterminio degli ebrei (riguardo a questi ultimi Brasillach era arrivato a scrivere, nel 1942, che bisognava «separarsi dagli Ebrei in blocco, e senza conservare i piccoli»). Ma ancora nel gennaio 1945, da imputato di collaborazionismo, Brasillach pensava bene di insistere sulla gravità del problema ebraico nella Francia del suo tempo, iscrivendosi con fierezza in una tradizione antisemita francese che faceva risalire a Voltaire.

Impregnato di letterarietà fino al midollo, probabilmente Brasillach non cercava altro che la bella morte. E a suo modo la trovò, diventando – unico grande scrittore di Francia fucilato per intelligenza col nemico – una strana specie di eroe nibelungico per i nostalgici esagonali del fascismo. In ogni caso, il suo *Memorandum* contiene pagine non banali per riflettere alla classica distinzione weberiana fra etica dell'intenzione ed etica della responsabilità.

Uno scrittore è responsabile delle funeste conseguenze delle sue parole anche se le sue mani delicate di intellettuale restano candide, nette di sangue? Sì, uno scrittore è comunque responsabile, sosterrà il pubblico ministero nel processo Brasillach. Sì, uno scrittore è sempre responsabile, sosterrà Jean-Paul Sartre rifiutando di firmare l'appello a de Gaulle per un gesto di clemenza. Sì, uno scrittore è particolarmente responsabile, sosterrà de Gaulle stesso nelle sue *Memorie*, «perché il talento è un titolo di responsabilità». No, uno scrittore è responsabile unicamente delle sue opinioni, non degli atti che altri commettono richiamandosi a queste, sostiene il Brasillach del gennaio 1945 nel momento in cui pure rivendica il proprio pensiero di fascista e di antisemita.

Da italiani, noi potremmo provare a immaginare un'Italia della Liberazione che avesse avuto la forza di processare e di condannare a morte un intellettuale simbolo del fascismo e dell'antisemitismo esattamente in quanto simbolo: come si sceglie e si sacrifica un capro espiatorio. Telesio Interlandi, per dirne uno. Forse quello che più di tutti l'avrebbe meritato, il Brasillach *de noantri*. Ma dovremmo accontentarci dell'immaginazione, poiché l'Italia della Liberazione fu anche, com'è noto, quella dell'epurazione mancata.

D'altronde, in Italia un capro dell'intellighenzia fascista era stato sacrificato già durante la Resistenza. Senza neppure il simulacro di un processo politico, e senza neppure che si trattasse di un capro antisemita. Avevano provveduto i partigiani gappisti nella Firenze dell'aprile 1944, freddando a bruciapelo Giovanni Gentile. Colpirne uno per educarne cento.

(2014)

Umiliati che offendono

Le Eumenidi rimpiazzano i testimoni. *Les Bienveillantes* ha già questo di notevole, prima ancora che l'eventuale merito letterario: per la data di nascita di Jonathan Littell, per la sua estraneità familiare alla tragedia della Shoah, per la tempistica del suo successo in Francia e nel mondo, questo caso editoriale segna la fine di quella che proprio da un'intellettuale francese era stata definita – appena dieci anni fa – «l'era del testimone». Cioè l'era della vittima sopravvissuta e non più trascurata, come nel primo quindicennio dopo il 1945, non più convocata a meri fini giudiziari, come nel quarto di secolo intercorso fra il processo Eichmann e il processo Barbie, ma la vittima (se così si può dire) trionfante, sollecitata a testimoniare da un'intera società, gettonata come una rugosa star del dolore.

Littell è nato a New York nel 1967 da una famiglia di ebrei russi immigrati in America sin dal tardo Ottocento. Può essere ritenuto un ebreo della diaspora, ma in nessun modo va ritenuto una vittima né un parente delle vittime. Non è neppure un testimone in senso lato alla maniera del suo coetaneo Daniel Mendelsohn, l'autore de *Gli scomparsi*: non avendo avvertito sulle proprie spalle l'insostenibile pesantezza di un qualche nonno, di una nonna, di un prozio o di una prozia spariti nel nulla da uno *shtetl* di Polonia o d'Ucraina, Littell non si è sentito in dovere di compiere ai quattro angoli del mondo un pietoso periplo della memoria, «a search for six of six million». Così, se il libro di Mendelsohn (e il suo successo internazionale) rappresentano una fine, il canto del cigno del testimone o comunque del memore, il libro di Littell e il suo successo internazionale rappresentano un inizio: inaugurano il silenzio – definitivo, non foss'altro perché fatalmente anagrafico, biologico – della testimonianza e della memoria.

Esaurita la voce delle vittime, il romanziere può guardare ai carnefici. Ed esaurita l'arte della memoria, il romanziere può lavorare sulla storia. Littell ha costruito *Le Benevole* sopra una conoscenza formidabile della storiografia intorno al genocidio degli ebrei e alla guerra sul fronte orientale. Il romanzo non sarebbe mai stato scritto, o per lo meno non avrebbe conseguito il suo effetto di precisione geometrica, maniacale, senza la base di informazione e interpretazione che Littell ha ricavato dagli studi dei vari Christopher Browning, Ian Kershaw, Omer Bartov, Richard Overy, e soprattutto dallo Ur-Text di Raul Hilberg, *La distruzione degli ebrei d'Europa*. Littell stesso lo ha riconosciuto, nell'ampia «conversazione sulla storia e il romanzo» da lui intrattenuta con Pierre Nora. Il suo punto di partenza è stato Hilberg che rispondeva a Claude Lanzmann nel documentario *Shoah*, e illustrava lo spirito burocratico all'insegna del quale i tedeschi avevano compiuto il genocidio: le attenzioni da loro riservate al corretto funzionamento dei treni, i problemi di pagamento delle SS alla Reichsbahn per il trasporto degli ebrei. *Le Benevole* è un libro maniacale anche perché aderisce esattamente, quasi scolasticamente, alla cura maniacale con cui i tedeschi gestirono lo sterminio.

Peraltro, c'è una seconda cosa decisiva che Littell ha imparato dalla migliore storiografia, oltre all'aspetto burocratico del genocidio: è il profilo meta-germanico dei carnefici. Dovunque nell'Europa occupata le SS e la Wehrmacht trovarono zelanti collaboratori, tra i francesi come gli italiani, i belgi come gli olandesi, i polacchi come i lituani, i bielorussi come gli ucraini, i serbi come i romeni, i croati come i greci. Questo è quanto l'autore di un controverso libro di storia degli anni novanta, l'ebreo americano Daniel Goldhagen, aveva rinunciato a capire: i volenterosi carnefici di Hitler non furono unicamente tedeschi, furono europei. E questo è quanto un altro ebreo americano, Jonathan Littell, ha voluto ricordare fin dall'esordio delle *Benevole*, attribuendo al malefico suo eroe un'identità non tedesca, ma franco-tedesca: europeizzando Max Aue.

Scritto mentre conduceva le ricerche preparatorie del romanzo, un saggio di Littell recentemente pubblicato in Francia, *Le sec et l'humide*, conferma tale idea del Solutore Finale come *homo europeus* più che germanico. «Breve incursione in territorio fascista» (così il sottotitolo), il saggio è dedicato alla figura del belga Léon Degrelle, giovane fondatore del rexismo e capofila dei collaborazionisti valloni. Al pari del fittizio Aue, il vero Degrelle combatté da graduato nell'inferno del fronte orientale, trovando il modo di uscirne vivo e di riciclarsi come imprenditore nel dopoguerra. Ma di là dalle coincidenze biografiche, il *collabo* di Bruxelles importa a Littell in quanto prototipo psicologico del fascista. Come Aue, Degrelle è un debole corazzato da forte, e un vigliacco addestrato da prode. L'integrità del suo corpo è tutto per lui: fuori da essa, non c'è che la rovina di un io abbandonato ai due principî distruttivi del «femminile» e del «liquido», esposto all'umido terrificante della vulva e della merda.

Studiando personaggi storici come Degrelle, Littell ha messo a fuoco il tema autentico (e propriamente eschileo) delle *Benevole*: il tema degli umiliati che offendono. «Si può umiliare solo chi si lascia umiliare; e a sua volta, solo chi è umiliato umilia». Come i deboli, i cosiddetti forti sono minati dall'angoscia, dalla paura, dal dubbio. «Ma gli uni lo sanno e ne soffrono, mentre gli altri non se ne rendono conto e, per consolidare ulteriormente il muro che li protegge da quel vuoto senza fondo, si rivoltano contro i primi, la cui troppo evidente debolezza minaccia la loro fragile baldanza. Così i deboli minacciano i forti e li spingono alla violenza e all'omicidio che li colpiscono senza pietà. Ed è solo quando la violenza cieca e irresistibile colpisce a sua volta i più forti che il muro della loro certezza si incrina: solo allora scorgono ciò che li attende, e capiscono di essere finiti. Era quanto accadeva a tutti quegli uomini della 6ª armata, così orgogliosi, così arroganti quando distruggevano le divisioni russe, spogliavano i civili, eliminavano i sospetti come si schiacciano delle mosche: adesso, era il lento montare della marea interiore a ucciderli, tanto quanto l'artiglieria e i cecchini sovietici, il freddo, le malattie e la fame. Montava anche in me, acre e puzzolente come quella merda dall'odore dolciastro che colava a fiotti dalle mie budella».

Non si tratta qui di decidere se la lettura psicologica del fascismo offerta da Littell sia condivisibile o meno in sede storiografica. Discutere la verità delle *Benevole* rispetto alla seconda guerra mondiale sarebbe altrettanto vano che discutere, per dire, la verità dei *Soldati di Salamina* di Javier Cercas rispetto alla guerra civile spagnola. Ovviamente, dopo avere compitato sulla storia della Shoah e del fronte orientale, Littell si è preso tutta la libertà di immaginazione che è consentita al romanziere, mentre è vietata allo storico. Vale piuttosto la pena, qui, di rilevare una circostanza biografica che distingue l'autore delle *Benevole* da professori universitari splendidamente imprestati alla letteratura come Cercas o Mendelsohn: è la lunga esperienza di Littell – allora operatore di un'organizzazione umanitaria – su fronti di guerra tra i più accesi degli anni novanta. Concepito al sicuro di una qualche biblioteca francese o americana, leggendo Hilberg e traducendo Eschilo, il romanzo è cresciuto nella mente dell'autore tra i palazzi sventrati di Sarajevo e di Groznyj, tra le rovine di una Bosnia violentata dai serbi e i fumi di una Cecenia bombardata dai russi.

Attento critico di sé stesso, Littell per primo ha spiegato a Nora come il progetto delle *Benevole* abbia preso forma compiuta nei suoi anni di lavoro umanitario, «perché l'ambito umanitario è l'interfaccia tra guerra e burocrazia»: «allora ho capito che la cosa più interessante della guerra non sono necessariamente i tipi che si sparano addosso». Nel romanzo, il dottor Aue non è un carnefice nell'accezione militare della parola; le sue mani si rivelano eventualmente lorde di sangue, familiare o amicale, ma quasi per nulla di sangue nemico, ebraico o ucraino o russo. Max Aue non è di quei tipi che si sparano addosso. E neppure lo è Mandelbrod, il misterioso e luciferino suo mentore. Il quale somiglia semmai al Nikola Koljevič che capitò a Littell di incontrare a Sarajevo, restandone folgorato. «Era un professore di lettere, lo specialista jugoslavo di Shakespeare, con un'enorme cultura»: ma era anche il feroce ideologo dei serbi di Bosnia.

I mostri possono avere le mani pulite, possono saper leggere di greco e di latino, e la loro lingua madre non è necessariamente il tedesco. Ecco quanto Littell ha imparato tra l'ex Jugoslavia e la Cecenia, ed ecco – si direbbe – la ragione migliore per scrivere *Le Benevole*. Pure questo, in fondo, libro del testimone e del memore. Ma libro di un'altra testimonianza e di un'altra memoria rispetto a quelle dominanti nella sfera pubblica occidentale di fine Novecento, ossessivamente incentrate sull'unicità della Shoah: libro di testimonianza e di memoria su Srebrenica, su Kigali, su Kabul (altrettanti luoghi, il Ruanda e l'Afghanistan, dove Littell ha svolto lavoro umanitario). Non romanzo del «male assoluto», come la Shoah è stata stucchevolmente e inutilmente definita, ma romanzo del male storico, che in quanto tale può sempre ritornare. E che infatti è ritornato, nei terribili anni novanta durante i quali Littell visse l'«era del testimone» non dalle aule universitarie di Parigi o dai salotti buoni di New York, ma dagli accampamenti di Sarajevo e dai campi profughi di Goma.

Così, le Eumenidi vendicano Lessing. Perché uno dei prezzi più alti che la coscienza ebraica del secondo Novecento abbia dovuto pagare alla tragedia della Shoah è stato il sacrificio delle parole con cui Nathan il Saggio – personaggio simbolo dei Lumi settecenteschi – rispondeva alla domanda «Chi è lei?». «Sono un uomo», scandiva l'ebreo di Lessing, e intendeva: prima ancora che alla stirpe di David, io appartengo al genere umano. Dopo l'Illuminismo e l'emancipazione ottocentesca, generazioni di ebrei della diaspora vollero riecheggiare Nathan il Saggio, finché il genocidio non ha indotto i sopravvissuti, loro malgrado, a rispondere alla domanda «Chi è lei?» come Hannah Arendt dopo il 1945: «Sono un'ebrea». Adesso, beneficiando della grazia di una nascita tardiva rispetto alla tirannia identitaria della Soluzione finale, Littell può parlare nuovamente la lingua di Lessing. E può scrivere *Le Benevole* per fare della Shoah, cioè del male nella storia, un problema «meno ebraico», «molto più universale»: «Il mio assioma di partenza è che si tratta di un problema umano. Lo affronto non come ebreo, ma come essere umano».

Posto in questi termini, il tema eschileo delle *Benevole* – quello degli umiliati che offendono – acquista un massimo di intensità tragica, perché vieta alla coscienza ebraica di cullarsi nello stereotipo doloroso ma rassicurante degli ebrei vittime per antonomasia, sempre e comunque, da che mondo è mondo. E il tema acquista un massimo di valenza politica, perché allude all'eventualità che gli ebrei scampati al genocidio possano trasformarsi essi stessi nei carnefici di qualcun altro (in israeliani che massacrano palestinesi, ad esempio). Non che ciò sia scritto nero su bianco nel libro di Littell. Ma suggerito sì, con il gergo cinico di Thomas, l'amico-nemico di Max Aue: «A Kiev dicevi che uccidere gli ebrei era uno spreco. Ecco, appunto, sprecando le loro vite come si lancia il riso a un matrimonio, gli abbiamo insegnato a spendere, gli abbiamo insegnato la guerra. E la prova che funziona, che gli ebrei cominciano a capire la lezione, è Varsavia, sono Treblinka, Sobibór, Bialystok, sono gli ebrei che ridiventano guerrieri, che diventano crudeli, che diventano anche loro degli assassini».

Sarebbe futile, tuttavia, voler scovare nelle *Benevole* chissà quale riferimento cifrato a Israele e al conflitto mediorientale: il libro è abbastanza scandaloso senza che si debba trovargli significati nascosti. L'essenza dello scandalo consiste nel muovere dallo specifico della Shoah per restituire il tema degli umiliati che offendono alla sua irrimediabile universalità, passata presente futura. È questo il senso dell'incipit del romanzo, entrato già nel canone della letteratura francese: «Frères humains, laissez-moi vous raconter comment ça s'est passé. [...] Et puis ça vous concerne: vous verrez bien que ça vous concerne». Ed è questo – stratagemmi artistici a parte – il senso della scelta di raccontare la storia di Aue in prima persona. *Le Benevole* riflette la consapevolezza che nessuno di noi può andar certo della risposta alla domanda: «Io, in fin dei conti, cos'avrei fatto?». Nessuno di noi può andar certo che avrebbe preferito subire il torto piuttosto che infliggerlo. Anzi, i più pensosi tra noi possono sospettare il contrario. Come Jonathan Littell, che di Max Aue ha avuto il coraggio di dire: «Il personaggio l'ho costruito su di me».

(2008)

La memoria oltre la memoria

In Italia, la memorialistica sulla Shoah ha disegnato nel tempo una curva molto chiara, agevole da decifrare. Le prime testimonianze di ebrei sopravvissuti giunsero a caldo, entro un paio d'anni dal 1945: fra queste, *Se questo è un uomo* di Primo Levi. Seguì un lungo intervallo di silenzio o di quasi silenzio: fino al 1986, quando lo stesso Levi pubblicò *I sommersi e i salvati* proprio a riflettere su tempi e modi della memoria. Si aprì allora una terza stagione, che è durata fino a adesso: con una piccola pioggia di racconti per opera di uomini e donne ormai vecchi, testimonianze-testamento.

All'altezza cronologica del 2010, cioè sessantacinque anni dopo la liberazione di Auschwitz, i conti sono presto fatti. Quando si dice Giorno della Memoria e si intende una memoria diretta della Shoah, ci si può riferire ormai soltanto – salvo casi di longevità eccezionale – alla memoria di chi era allora un bambino o al massimo un adolescente. Memoria particolare, poiché le misure razziali intervennero così presto nella vita degli ebrei nati negli anni venti e negli anni trenta da non ammettere la possibilità di un «prima»: da far coincidere l'infanzia (o l'adolescenza) con il trauma della persecuzione e poi con l'incubo della deportazione. Le testimonianze-testamento della Shoah pubblicate nell'ultimo ventennio, in Italia come fuori d'Italia, hanno questo di peculiare, di consolante e insieme di straziante: sono storie di salvati che erano cresciuti da sommersi.

Alcune sono autentici capolavori. Due esempi: *Per violino solo* di Aldo Zargani (nato nel 1933), *Storia di una vita* di Aharon Appelfeld (nato nel 1932). Ma di là dalla maggiore o minore qualità letteraria di tali racconti, oggi colpisce soprattutto il fatto che la dimensione cui essi pertengono – la memoria della Shoah vissuta come esperienza diretta – è in via di estinzione. L'«era del testimone» si sta chiudendo, per il buon motivo che i testimoni vanno scomparendo ad uno ad uno. Da qui la delicatezza della stagione che va inaugurandosi nei nostri anni, e la difficoltà della sfida che si è voluto raccogliere con l'istituzione di un Giorno della Memoria. Noi dobbiamo trasmettere ai posteri la memoria della Shoah, ma dobbiamo farlo, per così dire, senza conoscenza di causa: senza il terribile privilegio di averla vissuta.

Nel 2006, lo scandalo suscitato dalla pubblicazione del romanzo di Jonathan Littell, *Le Benevole*, è stato anche un riflesso di questa congiuntura anagrafica. Nato nel 1967 da ebrei americani, Littell non poteva essere ritenuto in alcun modo una vittima della Shoah, né era un parente prossimo di vittime. Romanzo (secondo i gusti) magnifico o scadente, nobile o perverso, *Le Benevole* ha rappresentato comunque un evento culturalmente epocale, in quanto ha sottratto la Shoah al monopolio identitario delle vittime. Ma Littell ha fatto di più (per i detrattori, di peggio): ha costruito il suo racconto sulla storia molto più che sulla memoria, sugli studi molto più che sulle testimonianze. Brutto o bello che sia, *Le Benevole* è un libro d'invenzione fondato sopra una conoscenza esatta, quasi maniacale, della storiografia universitaria intorno al genocidio degli ebrei e alla guerra sul fronte dell'Est.

Il fascino della stagione odierna appare dunque, paradossalmente, quello di un Giorno della Memoria fatto soprattutto di letteratura e di storia. In Francia, cioè nel paese adottivo dell'americano Littell, la *rentrée littéraire* dell'autunno 2009 è stata marcata dall'uscita di un «romanzo» – così definito sul frontespizio – che programmaticamente partecipa di tutte e tre le dimensioni, memoria storia letteratura, e che le declina come per un ordine crescente di importanza. *Jan Karski*, di Yannick Haenel (nato lui pure nel 1967), si apre con la vera testimonianza autobiografica dell'eroe eponimo: il partigiano cattolico polacco che riuscì a trasmettere in Occidente, nel 1942, la notizia della Soluzione finale. Il libro prosegue con una contestualizzazione storicamente precisa, quasi pedante, delle circostanze in cui Karski ebbe a compiere la sua missione. Infine, il libro si chiude con l'unica parte romanzata: entrando nei panni del partigiano, Haenel ne racconta la vicenda senza più mediazioni. Scrive in prima persona. Aderisce al personaggio di Jan Karski al punto di appropriarsi della sua identità, e a costo di usurparla.

Facendo di necessità virtù, l'affrancamento dalla memoria diretta delle vittime consegna il Giorno della Memoria a un'idea di Shoah più larga di prima. Ne fa una storia di ebrei, ma anche di gentili. Di vittime, ma anche di spettatori segnati per sempre dallo spettacolo del martirio, e di posteri segnati per sempre dalla parola Auschwitz. Lo scorso dicembre, il gesto criminale di una banda di polacchi – il trafugamento della famosa scritta sopra l'ingresso del Lager, «Arbeit macht frei» – non è stato forse vissuto dal mondo intero come un'offesa insopportabile? Quanto più la Shoah si allontana nel tempo, tanto meno il criterio dell'appartenenza basta a contenerne il significato universale.

In questo senso, il libro italiano che più merita di essere letto per il Giorno della Memoria è quello pubblicato ora da Bollati Boringhieri e intitolato *Gerico 1941. Storie di ghetto e dintorni*. Altro volume ibrido, difficile da classificare, anche perché l'autore, Igor Argamante, parla di ebrei senza essere ebreo e scrive in italiano senza essere italiano. Nato nel 1928 a Wilno (l'attuale Vilnius, in Lituania) come Igor Argamakow da una madre cattolica polacca e da un padre russo ortodosso, emigrato in Italia dopo la guerra e a lungo dirigente dell'Olivetti, l'autore di *Gerico 1941* ha saputo trasformare i suoi handicap in atout. Estraneo alla sinagoga, outsider della storia, dilettante della letteratura, ha scritto un libro tanto coeso quanto irriducibile a ogni definizione di genere.

Per forza e per impertinenza, certe pagine di Argamante ricordano quelle di un altro dilettante della nostra letteratura, il Beppe Fenoglio dei *Ventitré giorni della città di Alba*. Così l'incipit del capitolo sul ghetto di Vilnius: «I tedeschi entrarono a Wilno all'alba del terzo giorno di guerra, il 24 giugno. I lituani esultarono e applaudirono. I polacchi, che spartivano equamente il loro odio tra russi e tedeschi, li guardavano con esibita ostilità. Gli ebrei cercarono di non guardarli, come quei cagnetti che hanno paura del cagnaccio e incontrandolo fanno finta di non vederlo, sperando che neanche lui li veda».

Oltre a quindici racconti brevi, *Gerico 1941* contiene un racconto lungo che muove dal ricordo dell'amicizia fra il narratore russo-polacco e il suo migliore compagno d'infanzia, Hansi, ebreo di Praga rifugiatosi a Vilnius con i genitori nel 1939 ma poi rinchiuso nel ghetto. Settant'anni dopo, Argamante non conosce con certezza il destino di Hansi, sebbene lo possa facilmente immaginare: inghiottito dalla Soluzione finale, come la quasi totalità degli ebrei di Lituania. «La sorte mi aveva piazzato ai margini di quell'inferno e per giunta comodamente seduto: Hansi invece si era trovato in mezzo, nella pece bollente. E oggi, se è vivo, mi chiede: "Chi ci libererà dai ricordi?"».

(2010)

La fede del partigiano

«Ero come un agnello mansueto che viene portato al macello, non sapevo che essi tramavano contro di me, dicendo: "Abbattiamo l'albero nel suo rigoglio, strappiamolo dalla terra dei viventi; il suo nome non sia più ricordato"» (Geremia, 11, 19). Nel giorno di Capodanno del 1942, il versetto biblico ha ispirato – per contrasto – il manifesto rivolto da Abba Kovner ai partigiani ebrei del ghetto di Vilnius, *Non andiamo al macello come agnelli!* Settant'anni dopo, il nesso tra il versetto biblico e il manifesto di Kovner ha ispirato, sostenuto, sublimato la narrazione di Aharon Appelfeld in un romanzo tradotto ora da Elena Loewenthal per l'editore Guanda, *Il partigiano Edmond.*

Abba Kovner aveva ventitré anni nell'inverno del 1941, quando fu capace di intuire ciò che i nazisti stessi non avevano ancora consegnato al protocollo della conferenza berlinese del Wannsee. Cioè che il massacro degli ebrei inaugurato all'Est dopo l'Operazione Barbarossa non obbediva unicamente a logiche repressive locali; che corrispondeva a un disegno globale, coerente e sistematico, di sterminio di tutti gli ebrei d'Europa. Da questa sinistra intuizione, la perentoria conclusione del manifesto di Kovner. Cioè che l'unica risposta moralmente degna al piano nazista di sterminio fosse la scelta degli ebrei di difendersi in armi, da «liberi combattenti». Nonostante la totale asimmetria delle forze in campo. Nonostante la difesa fosse votata al martirio. Morire, sì. Ma non come agnelli mansueti. Morire combattendo. Sforzandosi fino all'ultimo di rendere il colpo.

Aharon Appelfeld aveva dieci anni nell'autunno del 1942, quando – figlio unico e orfano di ebrei assimilati di Bucovina – trovò la maniera di evadere da un campo di concentramento in Moldavia e lungamente visse alla macchia, nelle foreste, tra gruppi di marginali e bande di criminali, prima di essere raccolto dall'Armata rossa e riuscire infine a imbarcarsi, nel 1946, dall'Italia verso la Palestina britannica. In Israele, Appelfeld sarebbe poi divenuto scrittore e professore di letteratura. Ma per l'intera sua vita, Appelfeld non avrebbe smesso di rivivere i quattro o cinque anni seguiti all'inverno 1941-42. Avrebbe infaticabilmente rielaborato l'esperienza di quella stagione fondativa non solo per lui, ma per il popolo cui apparteneva, e per lo Stato che i resti di quel popolo si preparavano a creare attraverso la guerra d'indipendenza.

Edmond – senza cognome, la voce narrante di un romanzo scritto in prima persona – ha diciassette anni quando fugge dalla stazione ferroviaria dove i suoi genitori sono stati raccolti, con gli altri abitanti di un ghetto imprecisato, per essere caricati sui carri bestiame e partire verso qualche camera a gas. Edmond si unisce allora a una comunità di tre o quattro dozzine di individui, uomini e donne, che sopravvivono in una foresta dei Carpazi sotto la guida di un capo carismatico chiamato Kamil. Inizialmente il loro arsenale è modesto, appena una manciata di fucili e di pistole; e modesti sono i loro obiettivi militari, l'una o l'altra casa di contadini ucraini o ruteni, da svaligiare a mano armata per ottenere di che sfamarsi e di che scaldarsi. Tuttavia, dopo avere organizzato una vita comunitaria nei bunker del sottobosco, i partigiani ebrei rivedono al rialzo le loro ambizioni. Arrivano al punto di intercettare i convogli destinati ai campi di sterminio. Li fanno deragliare con l'esplosivo, e ne liberano i passeggeri, e li recuperano alla vita. Salvo incorrere nell'urto fatale tra un'Armata rossa in avanzata e una Wehrmacht in ritirata, e uscirne decimati.

La trama di questo romanzo di Appelfeld riecheggia la trama dell'unico romanzo di Primo Levi, *Se non ora, quando?* E anche qui il registro narrativo risulta improntato, più che a uno scrupolo di mimesi storica, a una vertigine di trasposizione epica. Ma quanto in Levi poteva suonare apertamente (e quasi giocosamente) letterario (e a suo modo ridondante, o addirittura scolastico), in Appelfeld suona così asciuttamente necessario da riuscire altrimenti profondo, e quasi quasi metafisico.

Sia la forza sia il limite dello Stato di Israele stanno nell'avere posto la Bibbia al centro del suo mito di fondazione. Lo sa bene Aharon Appelfeld, talmente bene che *Il partigiano Edmond* va letto come una parabola sul ruolo della tradizione religiosa nella nascita dell'ebreo nuovo. Dapprima scomposta, irreparabilmente sfilacciata, la comunità di combattenti guidata da Kamil costruisce la propria unità sul ritrovamento in una casa abbandonata – abbandonata da ebrei, evidentemente – di una minuscola biblioteca di libri sacri. Aggiungendosi al rinvenimento di alcuni candelieri, il ritrovamento dei libri sacri restituisce un'ascendenza a quanto rimane in vita del popolo del Sabato e del Libro: «senza i loro libri saremmo orfani». Senonché il mito biblico di fondazione dell'Israele moderno viene coltivato tanto più scrupolosamente, in quanto coloro che lo coltivano sono ormai ebrei senza Dio: «"La preghiera è dentro di me, ma non la fede" mi confessò Isidore in quel momento cruciale».

Come si conviene a una parabola, i protagonisti di questo romanzo non aspirano a riuscire realistici, valgono da figure piuttosto che da personaggi. Oltre a Isidore – l'orante non credente –, ecco nonna Tsirel, l'ultima incarnazione genuina della religione avita. Ecco Salo, l'infermiere della banda, che avendo perso nel ghetto la moglie e le figlie non vive più per sé stesso, vive unicamente per gli altri; non dice più «io», dice unicamente «tu». Ecco Mikhael, il bambino che passa il tempo, nella foresta, a studiare aritmetica e geometria, e che dei suoi genitori non parla al passato ma al presente, «come se fosse andato in una colonia estiva e stesse aspettando che lo vengano a prendere». Ecco Danzig, l'ex libraio, che come un padre si prende cura di Milio, la mascotte della banda: due anni e mezzo, i genitori perduti chissà come e chissà dove, e un mutismo tenace, non una singola parola pronunciata per mesi e mesi, fino a quando decide di sillabare «papà».

Ed ecco Kamil, il capo. Che cadrà ucciso alla vigilia della Liberazione. Ma non prima di avere trasmesso ai compagni una fiducia piena – granitica – nell'assistenza indefettibile del Dio degli eserciti. Una «fede così chiara» da domandarsi dove mai avesse trovato le forze per cercarla: «La nostra guerra non è soltanto per sopravvivere. Se non usciremo dai boschi pienamente ebrei, sarà segno che non abbiamo imparato nulla». Una fede così chiara da poter divenire, essa stessa, una fede feroce.

(2017)

La soluzione immorale

Al pari di molti intellettuali americani di origine ebraica, Norman Finkelstein – docente di Scienze politiche alla City University of New York – ha una strana storia dietro le spalle. È nato, all'indomani della seconda guerra mondiale, da genitori fortunosamente scampati al ghetto di Varsavia e ai campi di concentramento nazisti (tutti gli altri componenti della sua famiglia erano stati sterminati nei Lager). Ma è cresciuto nell'America degli anni cinquanta e dei primi anni sessanta, in un paese relativamente spensierato, troppo assorbito dal presente per indugiare sul passato, e quasi immemore della recente distruzione degli ebrei d'Europa.

A differenza di molti intellettuali americani di origine ebraica, una volta pervenuto all'età adulta Norman Finkelstein non ha confuso una piena assunzione della sua tragica identità di ebreo originario dell'Europa orientale con la rinuncia a un diritto e con il ripudio di un dovere: il diritto e il dovere di guardare con spirito critico al passato e al presente dello Stato di Israele. Perciò ha contribuito, anni fa, a riscrivere la storia del conflitto mediorientale secondo la maniera dei «nuovi storici» israeliani, pronti a riconoscere quanto di tendenzioso contiene la leggenda storica di un Israele sempre aggredito e sempre innocente. E perciò Finkelstein ha inteso, ora, denunciare la logica politica che malamente si nasconde dietro l'«industria dell'Olocausto».

La tesi del suo libro è presto riassunta. Per oltre vent'anni dopo il 1945, lo sterminio nazista non fece notizia in Israele, e meno che mai negli Stati Uniti. Allora, sia i padri fondatori dello Stato ebraico, sia i dirigenti della comunità ebraica americana ebbero tutto l'interesse a stendere un velo di silenzio sopra la miscela di calcolo, neghittosità, indifferenza che al tempo della Soluzione finale aveva spinto gli uni e gli altri all'inazione: a fare poco o nulla per cercare di salvare gli ebrei d'Europa. Secondo Finkelstein, tutto cambiò dopo il 1967 e a maggior ragione dopo il 1973, quando nel conflitto arabo-israeliano Israele passò dalla posizione di chi si difende a quella di chi attacca: il precedente storico rappresentato dalla Shoah apparve allora il migliore degli argomenti per sostenere le ragioni politiche del Grande Israele.

Cominciò allora, a Gerusalemme come a New York, la litania sull'«abbandono degli ebrei». L'effettiva indifferenza che tanti, troppi occidentali (compresi gli ebrei della diaspora) avevano dimostrato davanti alla sorte degli ebrei d'Europa, vittime inermi della Soluzione finale, divenne il pretesto per sostenere l'insostenibile: che anche gli ebrei d'Israele, armatissimi occupanti dei Territori palestinesi, rischiavano un nuovo olocausto per opera di un nuovo nazismo, quello degli arabi. Tesi manifestamente contraddetta, negli ultimi trent'anni, dagli sviluppi della politica internazionale, e nondimeno destinata a inossidabile avvenire: lo ha dimostrato ancora quest'anno, in Italia, il successo del libro di Fiamma Nirenstein, *L'abbandono. Come l'Occidente ha tradito gli ebrei.*

Finkelstein ha scritto il suo libro per sbugiardare una leggenda come questa. Per denunciare il supplemento di tragedia in grazia del quale statisti come Ariel Sharon hanno potuto mascherarsi dietro la Conferenza di Monaco del 1938 o quella del Wannsee del 1942 per far scorrere a fiumi il sangue innocente, dai massacri di Sabra e Chatila a quello di Jenin. E Finkelstein ha scritto *L'industria dell'Olocausto* perché rifiuta alcuni altri assiomi del pensiero unico attualmente diffuso in Occidente rispetto al conflitto mediorientale. Perché respinge l'equazione morale che apparenta ogni critica della politica d'Israele a bieco antisemitismo. Perché rigetta la rivendicazione storica dell'unicità del genocidio degli ebrei: come se, nella Germania stessa del Terzo Reich, i disabili e gli zingari fossero andati incontro a un destino differente; come se il Novecento non avesse conosciuto altri genocidi, dagli armeni di Turchia ai tutsi del Ruanda.

Quando poi Finkelstein si sofferma sulla gigantesca battaglia legale avviata dalla comunità ebraica americana negli anni novanta, per ottenere da banche svizzere e industrie tedesche un risarcimento finanziario per la Soluzione finale, la tragedia diventa farsa. Allo scopo di aumentare l'entità delle cifre richieste (e delle loro parcelle), gli avvocati delle cosiddette «vittime bisognose dell'Olocausto» hanno infatti pensato bene di gonfiare a dismisura il numero dei sopravvissuti dei Lager: con il risultato – storicamente paradossale quanto moralmente avvilente – di sminuire l'entità numerica dello sterminio stesso.

Il libro di Finkelstein è troppo indignato per non riuscire fastidioso, e troppo schierato per non riuscire apodittico. Fra l'altro, nel momento in cui riduce l'intera sua problematica alla dimensione dei rapporti politici fra

Israele e gli Stati Uniti, l'autore rinuncia a spiegare perché mai la memoria storica della Shoah abbia obbedito anche in Europa a un'analoga cronologia: rimozione fino agli anni sessanta, ritorno del rimosso a partire dagli anni settanta. Nondimeno, il libro di Finkelstein solleva questioni troppo importanti per essere frettolosamente liquidate, ancora in linguaggio freudiano, evocando l'odio di sé caratteristico di molti ebrei.

Discutibile, quindi, ma in fondo meritoria la scelta della casa editrice Rizzoli (la stessa che ha pubblicato *L'abbandono* di Nirenstein) di tradurre *L'industria dell'Olocausto*: libro rifiutato, in precedenza, da un editore come Einaudi. Peccato, però, che la versione italiana del volume di Finkelstein non sia uscita dai torchi della casa editrice di Primo Levi. La storia che qui si racconta – seppure con una ruvidezza di toni sideralmente lontana dalla leggerezza profonda di Levi – non è forse anch'essa, a suo modo, una drammatica vicenda di sommersi e di salvati?

(2002)

L'ebreo come uomo normale

«Non abbiamo nulla di cui scusarci. Siamo un popolo come gli altri e non abbiamo alcuna voglia di essere migliori di ciò che siamo». *Dixit* Vladimir Ze'ev Jabotinsky, ebreo russo, alla vigilia della gigantesca conflagrazione – la Grande guerra – che avrebbe offerto agli ebrei della diaspora l'occasione per coronare il sogno millenario di un ritorno in Palestina. E aggiungeva, Jabotinsky: «Di piacere o meno alla gente ci è del tutto indifferente. Non abbiamo avuto, né abbiamo omicidi rituali. Ma se volete credere che esista "questa setta", prego, accomodatevi pure! Che c'importa?».

Studente universitario, giornalista, romanziere, agitatore, più ancora che un ebreo russo Vladimir Jabotinsky era un apolide e un rivoluzionario di professione, quali poté produrne una generazione fattasi adulta nell'età della Seconda Internazionale e la cui maturità coincise con il trauma della prima guerra mondiale: con la fine del «mondo di ieri» per tranquilli ebrei della Mitteleuropa dello stampo di Stefan Zweig, con l'inizio del mondo di domani per sionisti impazienti come Jabotinsky. Questi, nato nel 1880 entro il vivacissimo *melting pot* borghese di Odessa, era destinato a sentirsi diverso sia dai russi di un impero zarista declinante, sia dagli ebrei orientali di estrazione plebea, ancorati alla lingua yiddish e all'orizzonte ristretto dello *shtetl*.

La vita di Jabotinsky, morto a New York nel 1940 dopo un'esistenza intera di viaggi e di lotte, di scritture e di sconfitte, è stata ora ricostruita da Vincenzo Pinto in una minuziosa biografia, *Imparare a sparare*. Dove il titolo allude a una raccomandazione che Jabotinsky ebbe a trasmettere, già negli anni venti, al futuro mentore dei «neocon» americani, Leo Strauss; ma dove il biografo si guarda dal ridurre il proprio personaggio alle sole dimensioni di un teorico della violenza politica, insistendo piuttosto sul significato culturale più profondo del contributo di Jabotinsky alla causa del sionismo: il tentativo di fare dell'ebreo un uomo normale. Cioè non tanto, o non soltanto un cittadino modello, secondo l'ideale settecentesco dell'Illuminismo ebraico, ma un essere umano come gli altri, capace di far bene come pure di far male. Non necessariamente una colomba, un agnello sacrificale, una vittima designata, ma all'occorrenza un falco: un uomo in grado di mostrare i muscoli, e magari di colpire per primo.

Dopo il 1914, quando le circostanze della Grande guerra esposero l'Impero ottomano alla sua crisi ultima e definitiva, il sogno del movimento sionista – radunare gli ebrei della diaspora in uno Stato ebraico – parve guadagnare in concretezza, nella misura in cui la dissoluzione dell'autorità turca in Medio Oriente schiudeva la possibilità di un insediamento degli ebrei in Palestina. Jabotinsky fu tra i primi a intuirlo: nel mondo nuovo del dopoguerra, i discendenti di David non avrebbero più dovuto affaticarsi intorno a prospettive cervellotiche come quella di uno Stato ebraico in Uganda o in Madagascar. Ormai l'obiettivo poteva ben essere la Palestina; e l'interlocutore politico-diplomatico doveva essere la Gran Bretagna, il paese di Lord Balfour e del riconoscimento ufficiale (nel 1917) della legittimità delle richieste sioniste. Così, Jabotinsky figurò tra gli artefici della Legione ebraica, che nel 1918 si affiancò all'esercito britannico nella campagna di liberazione di Gerusalemme dal giogo ottomano.

Durante gli anni successivi, muovendosi infaticabilmente fra la Palestina del mandato britannico e i quattro angoli della diaspora ebraica, Berlino o Londra, Riga o Parigi, Roma o New York, Jabotinsky mise a punto la dottrina del cosiddetto «muro di ferro», che avrebbe fatto di lui il capostipite di una discendenza sionista di destra destinata a prolungarsi, attraverso uomini come Begin e Shamir, fino ad Ariel Sharon: che avrebbe fatto di lui, insomma, il padre putativo del Likud.

Di contro al sionismo laburista di un David Ben-Gurion e al sionismo liberale di un Chaim Weizmann, Jabotinsky sostenne la teoria di una sostanziale incompatibilità fra gli ebrei e gli arabi in terra palestinese. Le successive ondate migratorie di sionisti dovevano garantire loro un primato demografico sugli arabi, e l'addestramento sistematico dei pionieri all'uso delle armi doveva garantire un primato militare. In tal modo, imponendo unilateralmente la loro presenza ai vicini, gli ebrei avrebbero posto le premesse per la nascita di un Grande Israele esteso su entrambe le sponde del fiume Giordano.

Largamente minoritarie all'interno del movimento sionista, le teorizzazioni di Jabotinsky produssero comunque la nascita dapprima del Betar, poi dell'Irgun: l'uno, un gruppo giovanile ebraico ultra-nazionalista attivo soprattutto in Europa orientale, l'altra, una milizia clandestina di terroristi ebrei operativi nella Palestina degli anni trenta. E quando certa stampa internazionale prese a parlare, con riferimento ai militanti del Betar e dell'Irgun, di «fascisti di Sion», i dinieghi di Jabotinsky non bastarono a tacitare le accuse di Weizmann e Ben-Gurion, che parlarono essi stessi di fascismo ebraico, e arrivarono a definire la versione di destra del sionismo come una forma larvata di hitlerismo.

Ma non era per questo che Jabotinsky si sentiva nato: per inquadrare milizie parafasciste di camicie brune quant'era bruna la terra di Israele, o per organizzare sanguinosi attentati dinamitardi sui mercati arabi. Il suo era stato, e restava, l'ideale di un nazionalista *sui generis*; un nazionalista cosmopolita, che nell'Odessa di tardo Ottocento aveva sognato un sionismo della fraternità tra nazioni, immaginando il concerto delle nazioni come un'orchestra del genere umano. Nel 1938, Jabotinsky denunciò il «desiderio di armi e di sangue» che rischiava di corrompere il sionismo fino a farlo marcire. E la morte, due anni dopo, gli risparmiò l'esperienza di tutto il resto: la distruzione degli ebrei d'Europa, sulle ceneri dei quali sarebbe sorto lo Stato di Israele.

Chi voglia poi interrogarsi sulla continuità ideologica che tiene unite la dottrina di Jabotinsky sul «muro di ferro» e la decisione di Ariel Sharon di frapporre tra arabi ed ebrei la cosiddetta «barriera di sicurezza» – un muro di cemento, di reti elettroniche, di filo spinato, lungo 750 chilometri – può leggere un altro libro, appena uscito da Einaudi: *Il conflitto israelo-palestinese*, dello storico americano James Gelvin. Altrettanto disincantato che utile, un compendio della moderna guerra dei Cent'anni.

(2007)

Il trasloco della Shoah

Segnatevi l'autore, il titolo, l'editore: Zertal, *Israele e la Shoah*, Einaudi. Questo è un libro di storia che dovrebbero leggere obbligatoriamente tutti coloro – politici, giornalisti, «esperti» vari – che ogni giorno pontificano, qui da noi, sul conflitto israelo-palestinese, e in generale sulla questione mediorientale. Ma anche chi tende sempre a sottolineare il rischio dell'annientamento dello «Stato ebraico»: per scongiurare così l'incubo di una «seconda Shoah» perpetrata da un qualche «nuovo Hitler» di Teheran o di Damasco.

Scritto da una studiosa di storia contemporanea fra le più note e apprezzate in Israele, il libro ricostruisce l'archeologia del discorso pubblico che ha dominato la vita israeliana negli ultimi quarant'anni, dalla guerra dei Sei giorni a oggi. Un discorso fondato appunto sui due elementi di cui sopra. Da un lato, la drammatizzazione del pericolo: cioè la strategica abitudine di presentare le minacce alla sicurezza di Israele come il rischio di un annientamento dello Stato. Dall'altro lato, la nazificazione dell'avversario: cioè la denuncia ricorrente dei «nazisti arabi» (una formula passata tale e quale dalla bocca di David Ben-Gurion, padre fondatore della nazione e leader storico della sinistra, alla bocca di Benjamin Netanyahu, ex primo ministro e attuale leader del Likud), insomma l'equazione sistematica fra praticanti tedeschi della Soluzione finale e nemici arabi di Israele.

Se pure contribuisce a interpretare il passato prossimo e il presente, il libro di Idith Zertal è un'opera di storia. Muovendo da una varietà di fonti a stampa o manoscritte – per lo più giornali e periodici, ma anche verbali della Knesset, memorie giudiziarie, corrispondenze private –, l'analisi si concentra sul quarto di secolo precedente la guerra dei Sei giorni: dai primi anni quaranta, quando la piccola comunità dei sionisti immigrati in Palestina dovette confrontarsi con la tragica evidenza della distruzione degli ebrei d'Europa, fino al 1967, quando il trionfo militare dello Stato ebraico sull'Egitto e sulla Siria trasformò lo scenario geopolitico del Medio Oriente, facendo di Israele la superpotenza regionale.

Libro corale, ritratto di gruppo dell'élite politica e culturale che riuscì nel miracolo di far risorgere il regno di David dalle sue ceneri millenarie, *Israele e la Shoah* ruota comunque intorno alla figura di un singolo personaggio, protagonista dell'intera storia: l'ebreo polacco Ben-Gurion. Già nel 1943, alla notizia dell'insurrezione del ghetto di Varsavia, il carismatico leader del laburismo sionista mise a punto un disegno estremamente lucido, seppure vagamente cinico: decise di spendere le ricadute della Shoah come una moneta sul mercato della politica internazionale. Senza che un solo emissario della Palestina ebraica si recasse una sola volta nei ghetti polacchi durante la seconda guerra mondiale, Ben-Gurion convinse il resto della dirigenza sionista ad appropriarsi delle rivolte nei ghetti stessi in chiave nazionalistica, per propiziare la creazione di uno Stato ebraico indipendente.

Anche gli ebrei avevano dei muscoli, almeno quelli che l'esaltante prospettiva di un ritorno a Sion aveva affrancato dalla secolare ignavia della diaspora. Tanto più dopo la fine della guerra mondiale, quando il mondo intero scoprì con sgomento gli effetti della Soluzione finale, Ben-Gurion e i sionisti di Palestina brandirono come un trofeo il coraggio dei pochi che in qualche modo si erano ribellati allo strapotere degli aguzzini germanici. Coprirono invece sotto una coltre di silenzio – o trattarono con esplicito disprezzo – la disperazione dei milioni di ebrei che erano andati incontro rassegnati a un orribile destino.

Il fatto è che alla vigilia della guerra d'indipendenza del 1948, e *a fortiori* dopo la nascita dello Stato di Israele, la dirigenza sionista aveva bisogno di eroi, non di vittime. Oppure, al limite, aveva bisogno di mostri. Durante gli anni cinquanta, nel neonato Stato ebraico vennero istruiti numerosi processi contro i cosiddetti collaboratori ebrei dei tedeschi: ebrei d'Europa scampati alla Shoah ed emigrati in Palestina, nei quali altri sopravvissuti si erano imbattuti magari per caso, in una strada di Gerusalemme o su un autobus di Tel Aviv, e che avevano riconosciuto come una ex sorvegliante di Auschwitz o ex un kapò di Treblinka. Si assistette così al paradosso per cui uomini e donne che erano stati vittime innocenti della Soluzione finale, e che soltanto l'abiezione del sistema nazista aveva reso esseri feroci (o semplicemente attaccati alla vita), vennero processati (e talvolta condannati) in Israele secondo i termini della medesima legge per la quale fu processato e condannato, nel 1961, Adolf Eichmann, lo zelante burocrate del genocidio.

Fortemente voluto da Ben-Gurion, lo spettacolo mediatico del processo Eichmann segnò una svolta nel rapporto di Israele con la Shoah: posate le infrastrutture del nuovo Stato, consolidata la forza dell'esercito, guadagnato il riconoscimento della comunità internazionale, la dirigenza sionista scoprì che aveva bisogno di eroi, ma anche di vittime. Attraverso il processo Eichmann, il paese fu finalmente invitato a misurare l'enormità di quanto successo agli ebrei d'Europa. Dopodiché, l'anziano Ben-Gurion investì le ultime sue energie nell'elaborazione di una pedagogia nazionale fondata sul culto della tragedia. Di più: sulla trasformazione di Israele da società laica a entità messianica, da ordinario Stato fra gli Stati a biblica comunità della Catastrofe e della Redenzione.

Affiancò Ben-Gurion nell'impresa un energico cinquantenne, Moshe Dayan. Oratore trascinante oltreché abile leader politico e venerato capo militare, Dayan seppe declinare come volontà di potenza il paradigma della sacralità della terra di Israele. Terra minacciata dai «nazisti arabi» che si preparavano a perpetrare la «seconda Shoah». Terra quindi da difendere, ma anche terra da allargare, per restituire ai figli di David la compiutezza dell'Israele primigenio. E terra da svuotare di ogni possibile nemico etnico. «Ciascun centimetro del suolo israeliano è destinato unicamente agli ebrei», dichiarò Dayan da ministro dell'Agricoltura, sei anni prima di conquistare i luoghi santi della Cisgiordania da ministro della Difesa, nella guerra dei Sei giorni.

Ma la scelta politica e propagandistica di traslocare la Shoah in Medio Oriente è costata a Israele un prezzo altissimo. Non soltanto la demonizzazione di una leadership araba resa tanto più ostile dall'enormità delle accuse. Anche la banalizzazione degli orrori perpetrati dai tedeschi fra 1941 e 1945. Dunque, in fondo, lo svilimento della sofferenza di sei milioni di vittime.

(2007)

La corazza di Israele

«Per trentasette anni Shlomo Libowitz aveva atteso quella missione. Finalmente il tempo era giunto. Però, poco prima che il Gruppo gli affidasse l'incarico, Eli era stato ucciso in Libano. Quella morte, la più vicina, la più dolorosa, non sarebbe stata esorcizzata dal volto cianotico di un vecchio nazista. Quella morte era tutta un'altra faccenda. Eppure, faceva parte dello stesso quadro. Rivka diceva che la Storia aveva giocato una beffa agli ebrei, vittime due volte del militarismo, prima quello dei tedeschi, e poi quello che loro stessi avevano creato, come una corazza, una corazza che avrebbe dovuto difenderli, ma dentro la quale stavano morendo».

Nel romanzo *Il sentimento del ferro*, Shlomo e Rivka Libowitz si interrogano su questo durante l'estate del 1982: dopo avere perso il loro unico figlio nella guerra del Libano, che il governo di Menachem Begin aveva eufemisticamente qualificato come l'Operazione Pace in Galilea. E altri trentasette anni dopo, anche noi ci interroghiamo su questo, sulla beffa che la Storia ha giocato agli ebrei. Mentre le agenzie di stampa rilanciano le solite brutte notizie dalla Palestina, e mentre si avvicina, qui in Europa, un nuovo appuntamento con il Giorno della Memoria. Come ogni anno, ancora ci chiediamo attraverso quali strumenti si possa rendere il 27 gennaio un appuntamento intellettualmente e moralmente fertile, libero da ogni prammatica sul «dovere di memoria». Magari – è la coraggiosa proposta di Giaime Alonge – attraverso un romanzo di genere, e di un genere all'apparenza troppo leggero rispetto al tema: la spy-story.

Il sentimento del ferro ammette dunque un primo livello di lettura, quello dell'intrattenimento. È la storia finzionale di una caccia all'uomo: la caccia che due ebrei sfuggiti alla Soluzione finale scatenano, appunto nel 1982, contro un ex ufficiale delle SS per il quale erano stati costretti a lavorare come schiavi in Prussia orientale, dal 1941 al 1945, entro un programma segreto di sperimentazione farmacologica su cavie umane. Già contadino in uno *shtetl*, Shlomo Libowitz si impegna in tale caccia a partire da Israele, dove è emigrato dopo la seconda guerra mondiale e dove sbarca il lunario, con Rivka, da titolare di un modesto locale di Haifa. Di origini borghesi, Anton Epstein si impegna nella caccia a partire dalla Cecoslovacchia, dove esercita come pediatra, dopo essere rimasto vedovo di una moglie morta suicida per disgusto del «socialismo reale».

La loro preda è il maggiore Hans Lichtblau: nato a Chicago da tedeschi emigrati negli Stati Uniti, e rientrato in Germania negli anni trenta dapprima per un dottorato di chimica vegetale, poi per un impiego nei laboratori della Bayer, infine per contribuire – da scienziato delle SS – al trionfo dell'Impero millenario. Salvo riciclarsi dopo il 1945, nelle Americhe della guerra fredda, proprio in virtù delle droghe sintetiche che aveva sperimentato grazie al lavoro schiavistico del cosiddetto Kommando Gardenia. Non più da Hans Lichtblau, ma da Victor Huberman. Ancora però da uomo di guerra, e di guerra sporca: sin nel fondo delle foreste del Nicaragua, a combattere insieme con i Contras (e dietro appoggio militare degli Stati Uniti) una lotta senza quartiere contro il Fronte sandinista di Liberazione nazionale.

Professore di Storia del cinema nonché autore di sceneggiature cinematografiche, Alonge dispone degli strumenti giusti per organizzare una macchina narrativa coerente, sorretta dalla forza di dialoghi meravigliosamente credibili. Il suo limite, semmai, è di saperla troppo lunga. Le ricostruzioni d'ambiente riescono così accurate, filologiche, da prendere il sopravvento sulla trama della spy-story. Che si tratti del ghetto di Łódź o della conferenza berlinese del Wannsee, dei camion a gas di Chełmno o della riscossa dell'Armata rossa sul fronte dell'Est, molte pagine di Alonge hanno la precisione implacabile delle *Benevole* di Jonathan Littell, più che il ritmo travolgente di Frederick Forsyth o il suspense allusivo dei Wu Ming.

Oltre la soglia dell'intrattenimento, *Il sentimento del ferro* vuole essere un libro serio, terribilmente serio. Per esempio, nella rappresentazione di un sordo conflitto fra la vecchia Prussia guglielmina e quel Terzo Reich che sembrò sublimarne il destino, mentre la condannò agli inferi. Come pure nella rappresentazione – più originale – di una sintonia latente fra la Germania della prima metà del Novecento, «il paese più americano d'Europa», e lo spavaldo suo cugino d'Oltreoceano, gli Stati Uniti di entrambi i presidenti Roosevelt: fino alla tragedia di una seconda guerra mondiale interpretabile quale «faida familiare», «tedeschi d'America contro tedeschi d'Europa». La libertà di movimento del romanziere dischiude qui scorciatoie storicamente suggestive, lungo le quali lo storico di mestiere esiterebbe ad azzardarsi.

Ma Giaime Alonge (cinquantenne che «tira di spada e di sciabola», informa il risvolto di copertina) è soprattutto interessato alla «corazza» di Israele. Vuole soprattutto ragionare di quella beffa giocata dalla Storia agli ebrei, vittime del loro proprio militarismo dopo avere pagato il più alto dei prezzi al militarismo teutonico. E la cosa notevole, su una pedana del genere, è che l'autore rinunci a impartire qualunque lezione. Si guarda bene dal consegnare al lettore una morale manichea, pro o contro il sionismo, pro o contro Israele. Alla vigilia di un ennesimo Giorno della Memoria, il romanzo di Alonge trasmette – nella dialettica fra i due protagonisti della caccia all'uomo, Shlomo Libowitz e Anton Epstein – una consapevolezza tanto pensosa quanto irrimediabilmente contraddittoria sia della necessità storica di uno Stato ebraico, sia della maledizione storica di un Israele tentato dalla vertigine dello Stato razziale.

«"Liquidare la Diaspora, prima che la Diaspora liquidi voi", disse Shlomo. "In tutto questo merdaio, i sionisti sono gli unici che ci avevano capito qualcosa." "Il sionismo è soltanto un'altra forma di nazionalismo", ribatté Anton. "È il nazionalismo che ci ha portati a questo", e fece un gesto ampio con le mani, ad abbracciare il castello, la fossa comune ai piedi della quercia, e il campo di prigionia al fondo del giardino. Shlomo scrollò le spalle. "Sarà pure come dici. Sei uno studente, di certo sai molte più cose di me. Io però so che voglio vivere in un paese dove non dovrò mai più incontrare un *goy*". Anton cercò una risposta convincente, un progetto nobile di umanesimo, pace e internazionalismo, ma le parole di Shlomo non ammettevano replica».

(2019)

Lontano da Gerusalemme

La polemica che si è aperta nei giorni scorsi, in coincidenza con lo sgombero forzato delle colonie ebraiche dalla Striscia di Gaza, tra un autorevole giornalista di «Repubblica» e il presidente dell'Unione delle comunità israelitiche italiane, ha un'importanza che trascende quella stessa – pur grande – dell'evento in questione. Il disaccordo fra Sandro Viola e Amos Luzzatto investe l'intero problema di che cosa significhi oggi, in Israele e magari anche in Italia, il sentirsi e l'essere laici.

Commentando la risolutezza del governo Sharon nello smantellare gli insediamenti di Gaza e la resistenza opposta all'esercito dai coloni ultraortodossi, Viola ha presentato lo scontro come il riflesso di una generale divisione tra «ebrei» e «israeliani». Cioè, come la contrapposizione tra «religiosi che si danno fuoco, altri che sparano sugli arabi, altri ancora che minacciano di buttare i figli dalla finestra se i soldati li obbligheranno a sgomberare» e, sul versante opposto, «la parte di società che ha capito quanto danno abbia fatto al paese la politica degli insediamenti, e dunque aspira ad archiviarla, sperando che si possa così procedere verso un compromesso territoriale».

Questa presentazione delle cose – che corrisponde a quella oggi prevalente presso l'opinione pubblica d'Israele – non è piaciuta affatto ad Amos Luzzatto. Il presidente dell'Unione delle comunità ebraiche italiane si è detto «sconcertato» da una suddivisione netta della società israeliana fra «religiosi fanatici e laici pacifisti», suggerendo che un simile ordine di ragionamento derivi da una sorta di riflesso condizionato antisemita: dalla tentazione di «rinnovare le accuse esclusivamente ai soliti ebrei».

Un'involontaria quanto splendida smentita del punto di vista di Luzzatto è venuta, sul «Corriere della Sera» del 20 agosto, dalla voce più profonda con cui la coscienza di Israele sia oggi capace di parlare: la voce di Amos Oz. No, distinguere oggi fra «ebrei» e «israeliani» non significa affatto essere antisemiti. Significa riconoscere che negli insediamenti di Gaza e nelle piazze di Israele si è aperta una battaglia decisiva tra Sinagoga e Stato. La vittoria dei coloni ultraortodossi (se non oggi a Gaza, domani in Cisgiordania o a Gerusalemme Est) sarebbe la vittoria dell'Israele dei rabbini, di un Grande Israele integralista ed espansionista. La vittoria di Sharon (e di Peres) sarebbe la vittoria dell'Israele dei cittadini, di una democrazia laica e moderna.

Allora, perché mai una persona attenta e saggia com'è Amos Luzzatto scatena l'allarme intorno a un'analisi delle cose assolutamente condivisibile e, in Israele, sostanzialmente condivisa? La risposta – semplice quanto grave – risiede forse in un fattore decisivo nella vicenda storica dell'ebraismo: il fattore spazio. Nel caso specifico, in un «lontano da dove» che equivale a un «lontano da Gerusalemme». Il disaccordo tra Amos Oz e Amos Luzzatto si spiega con l'irriducibile diversità di condizione che separa la comunità nazionale d'Israele dalle varie comunità della diaspora.

Trovandosi da trentotto anni (quanti ne sono intercorsi dalla guerra dei Sei giorni a oggi) fin troppo vicini all'epicentro del problema, sperimentando quotidianamente i guasti politici del controllo esercitato dalle *lobbies* colonialiste sul governo di Israele, vivendo sulla propria pelle quello che potremmo definire il dilemma morale di un paese di vittime passate dalla parte del torto, un *liberal* come Amos Oz (o, per citarne un altro non meno autorevole, come Zeev Sternhell) non si intenerisce neppure per un secondo sul destino di qualche migliaio di integralisti armati fino ai denti che hanno scelto di vivere blindati fra un milione e mezzo di miserevoli palestinesi.

Un *liberal* come Amos Luzzatto, invece, si trova a giudicare tutto questo dall'Italia: con quel misto di conoscenza di causa e di pregiudizi interiorizzati, di coinvolgimento emotivo e di disagio della lontananza, che tende a rendere quasi tutte le comunità di diaspora (e non soltanto della diaspora ebraica) tanto più deboli – culturalmente, e addirittura civilmente – rispetto alla comunità della madrepatria. Con il risultato beffardo, ma quasi obbligato, per cui la polemica stessa di questi giorni vale a confermare la distinzione che il presidente delle Comunità italiane si affanna a contestare.

Perché davvero, a proposito dello sgombero di Gaza, Amos Luzzatto è sembrato parlare da credente ebreo, mentre Amos Oz ha parlato da cittadino israeliano. Evocando lo spettro della tentazione antisemita, l'uno ha ragionato di cose politiche con la logica della fede. Additando le responsabilità dell'espansionismo colonialista, l'altro ha ragionato con la logica della laicità.

(2005)

Grossman e il dolore

Numerose, diverse, forse infinite sono le ragioni che spingono gli scrittori a scrivere. Lo ha detto splendidamente Orhan Pamuk, a Stoccolma, nel suo discorso di accettazione del premio Nobel 2006 per la letteratura. Dove l'autore turco ha avuto bisogno di due pagine intere per elencare tutti i motivi – ventiquattro! – all'origine del suo scrivere come vivere. Una lista tanto personale quanto memorabile di «scrivo perché», che si conclude con due ragioni ultime e decisive: «Scrivo perché non sono mai riuscito a essere felice. Scrivo per essere felice».

Questo tema, il rapporto tra la felicità o l'infelicità di uno scrittore e la sua urgenza di fare letteratura, si trova al centro anche di un altro discorso pubblico, recentemente pronunciato a New York da un altro grande scrittore mediorientale. *L'arte di scrivere nelle tenebre della guerra* è il titolo che David Grossman ha voluto dare a un'intensissima riflessione sopra quanto ancora lo muove alla creazione letteraria, dopo la morte in guerra di suo figlio Uri, nell'agosto del 2006 (il discorso è raccolto adesso da Mondadori nel volumetto *Con gli occhi del nemico*: che comprende anche il testo, non meno straordinario, dell'allocuzione in memoria di Yitzhak Rabin tenuta da Grossman a Gerusalemme nel novembre scorso).

«Io scrivo. E mi rendo conto di come un uso appropriato e preciso delle parole sia talvolta una sorta di medicina che cura una malattia», ha detto Grossman a New York. Quasi sorpreso di non morire lui stesso a seguito del figlio: il ragazzo che a diciott'anni – lasciando sbigottiti i genitori – aveva scelto di arruolarsi nell'esercito israeliano, Tsahal. Fino a diventare comandante di un reparto di carristi. E fino a restare ucciso in quella stessa guerra nel Libano meridionale che il padre cercava intanto di fermare, con Amos Oz e Abraham Yehoshua, appellandosi a quanto restava a Israele della coscienza di un paese civile. «Io scrivo. E non muoio. Non capisco come questo accada».

Da lettori italiani, noi abbiamo una ragione in più per interessarci alle considerazioni di Grossman sul rapporto di uno scrittore con la creazione artistica dopo che tale scrittore ha vissuto una tragedia privata. Fin dall'esordio del discorso newyorkese, infatti, il romanziere israeliano si è detto debitore di una scrittrice di casa nostra, Natalia Ginzburg. Che per decenni dopo la tragedia inaugurale della sua vita adulta – la scomparsa del marito Leone, torturato a morte in un carcere nazifascista – rifletté appunto sul rapporto, più o meno stretto o necessario, fra scrittura e (in)felicità. «L'essere felici o infelici – sostenne la Ginzburg nel 1949 – ci porta a scrivere in un modo o in un altro. Quando siamo felici la nostra fantasia ha più forza; quando siamo più infelici, agisce allora più vivacemente la nostra memoria».

Chissà se Grossman, nel momento in cui ha citato Natalia Ginzburg come prima interlocutrice nel suo dramma di padre orbato del figlio, chissà se Grossman aveva presente il documento in qualche modo originario della riflessione di Natalia sul nesso fra infelicità e letteratura: la lettera-testamento che Leone Ginzburg le scrisse dal carcere di Regina Coeli, nel gennaio del 1944, poco prima di soccombere alle torture. Dove il prigioniero invitava la moglie a impiegare la letteratura come una medicina, meraviglioso rimedio alla perdita e al pianto: «attraverso la creazione artistica ti libererai delle troppe lacrime che ti fanno groppo dentro».

La scrittura come un farmaco che cura il dolore. Anche il «dolore vero, irrimediabile e immedicabile» che colpì Natalia Ginzburg nella nostra guerra civile. Anche quello «per cui non c'è consolazione» che attanaglia oggi David Grossman. E tuttavia, guardando all'opera di entrambi questi scrittori, viene da ipotizzare – per assurdo – anche qualcosa di diverso. Addirittura, qualcosa di contrario. Che la creazione letteraria non segua il dramma personale, ma lo preceda. Che la scrittura possa rivelarsi il sintomo originario del dolore a venire. Non il meraviglioso rimedio, ma l'inquietante annuncio della perdita e del pianto.

In fondo, a cosa alludeva, già nel 1942, il primo romanzo di una Ginzburg venticinquenne, *La strada che va in città*, se non al destino della sua vita? Cesare Garboli lo ha detto benissimo: prima ancora di conoscere la tragedia privata, Natalia aveva consegnato a certi suoi personaggi femminili l'andatura, il carattere, il coraggio che lei stessa avrebbe dimostrato nel resto di un'esistenza lunga e difficile. Una vita (ha detto Garboli) vissuta come le donne ebree della Bibbia, cui muoiono i mariti, che perdono le persone intorno a loro fra guerre e carestie, ma che continuano a camminare col figlio in braccio, a cucinare, ad attendarsi...

Più ancora che il romanzo d'esordio di Natalia Ginzburg, il romanzo d'esordio di David Grossman, *Il sorriso dell'agnello*, si presta a essere riletto oggi come un esempio straordinario, quasi vertiginoso, di scrittura premonitoria della tragedia. Pubblicato per la prima volta nel 1983, quando l'autore aveva ventinove anni, il romanzo racconta la storia di un israeliano giovane e idealista, Uri, che si aggrega a un reparto di carristi di Tsahal. È un soldato diverso dagli altri, questo Uri. Si è arruolato non già per propiziare l'insediamento di colonie ebraiche nei territori occupati, ma con la speranza di trasformare i Territori stessi in un luogo degno, vivibile per i palestinesi come per gli ebrei.

Uri viene però sequestrato. È rapito da un arabo di cui ha cercato l'amicizia, un povero vecchio al quale l'esercito israeliano ha ucciso il figlio terrorista. Uri viene colpito dunque nella sua innocenza, nella sua disarmante ingenuità («sulla faccia gli fioriva quel sorriso caldo e sciocco, il sorriso dell'agnello»), per avere pensato che l'invasione israeliana dei Territori potesse davvero tradursi in un'occupazione dal volto umano. Per non avere capito che «quando si commette un'ingiustizia verso qualcuno, si resta intrappolati nel movimento della ruota». Alla fine, Uri riesce a salvarsi, ma soltanto perché il comandante del reparto di carristi, un superstite della Shoah chiamato Katzman, decide di sacrificarsi al posto suo.

Due anni dopo l'esordio da romanziere, David Grossman ebbe il suo secondogenito, cui impose il biblico nome di Uri. Vent'anni dopo, Uri Grossman si è arruolato in un reparto di carristi. E lo ha fatto – spiegherà il padre nell'orazione funebre per il figlio – da idealista: sperando di contribuire alla metamorfosi di Tsahal da strumento d'oppressione a strumento di libertà. Ventitré anni dopo, il 12 luglio 2006, il rapimento alla frontiera di due soldati israeliani da parte di Hezbollah ha scatenato la seconda guerra del Libano. Il 12 agosto successivo, Uri Grossman è rimasto ucciso da un razzo sparato contro il suo tank. Tragicamente incarnando la sorte una e bina di Uri e di Katzman, i due personaggi protagonisti del *Sorriso dell'agnello*.

Ora, il «sorriso caloroso» del figlio (come il padre lo ha evocato accanto alla tomba) non illumina più casa Grossman. Anche quello dell'Uri vero è stato, purtroppo, il sorriso dell'agnello.

(2007)

La strage degli innocenti

Salvate il soldato Shalit. Da tre anni e mezzo a questa parte, da quando cioè un commando palestinese attaccò un posto di frontiera israeliano nel sud della Striscia di Gaza, uccidendo due militari di Tsahal e catturandone un terzo, la sorte del ventenne Gilad Shalit è divenuta in Israele un autentico psicodramma. Né la vicenda è rimasta confinata entro i confini dello Stato ebraico: nel frattempo, il soldato prigioniero si è visto attribuire la cittadinanza onoraria di Parigi e di Roma. Ma adesso, alla possibile vigilia della liberazione di Shalit per opera di Hamas in cambio della liberazione di palestinesi detenuti nelle carceri israeliane, anche altri nodi della questione meriterebbero di venire al pettine.

Per gli israeliani, Gilad Shalit è un simbolo di martirio. Sequestrato tre anni e passa in qualche misterioso sottoscala di Gaza, senza poter inoltrare ai familiari niente più che tre lettere, senza nulla poter ricevere da loro, e senza che Hamas abbia permesso neppure alla Croce Rossa di verificarne lo stato di salute, in spregio al diritto internazionale umanitario: a tali condizioni, come stupirsi che la salvezza del soldato Shalit sia vissuta in Israele come una priorità nazionale? Pellegrinaggi, fiaccolate, raduni, cortei. E la prevalenza sempre più netta di un partito della trattativa su un partito della fermezza. Se pure, per liberare Shalit, Hamas richiede allo Stato ebraico un prezzo altissimo, gli israeliani appaiono ormai pronti a pagarlo.

Il governo di Benjamin Netanyahu sembra disposto a trattare sulla base di una proporzione esorbitante: mille a uno. I termini esatti del negoziato restano segreti, ma domenica scorsa fonti governative israeliane hanno parlato di 980 palestinesi che ritroverebbero la libertà in cambio di Shalit. Nei fatti, può ben succedere che la trattativa finisca con l'arenarsi, laddove Hamas insistesse per la scarcerazione di alcune decine di terroristi che Israele rifiuta di includere nello scambio. In ogni caso, una cosa è sicura. Dopo essersi lungamente dichiarato indisponibile a negoziare, Israele sta trattando. E sta trattando sulla base aritmetica di quanto Hamas ha sempre richiesto, dal 2006 a oggi: mille contro uno.

Nel momento in cui sembra pronta a inchinarsi davanti alla dismisura della richiesta palestinese, Israele dimostra quanto consideri sacra la vita di ogni suo militare. Per lo Stato ebraico, salvare il soldato Shalit (promosso caporale durante la prigionia) significa salvare l'anima di un paese nato da una guerra e cresciuto nelle guerre. Il 2 ottobre scorso, il governo Netanyahu ha liberato venti detenute palestinesi in cambio di un semplice video, che mostrava Gilad Shalit ancora vivo e in buona salute. Per il bene di Israele, salvate il soldato Shalit. Il resto – la striminzita contabilità dei numeri – non deve contare. Abbasso l'aritmetica, viva l'etica.

Senonché, da tre anni e mezzo in qua, altri numeri e altre proporzioni esorbitanti hanno scandito questa drammatica storia. Numeri e proporzioni di cui l'opinione pubblica israeliana ha scelto di non tenere conto, e che l'opinione pubblica internazionale rischia di dimenticare. I numeri sono quelli dei palestinesi uccisi per opera dell'esercito israeliano dal giorno del sequestro di Shalit, 24 giugno 2006, fino a oggi, attraverso quattro offensive massicce nella Striscia di Gaza. Durante i primi due anni dopo il rapimento, circa seicento vittime palestinesi (civili, nella stragrande maggioranza dei casi) contro una manciata di soldati israeliani. Fra dicembre 2008 e gennaio 2009, con la cosiddetta Operazione Piombo fuso, addirittura 1330 morti palestinesi (civili nella stragrande maggioranza) contro 13 vittime israeliane (dieci militari, tre civili). Sono numeri più parlanti di qualunque discorso: nell'ultima offensiva di Tsahal, la proporzione dei morti è stata esattamente di cento a uno.

Abbasso l'aritmetica, dunque, ma abbasso anche l'etica. Oggi, nessun osservatore internazionale minimamente assennato può condividere un mito che pure resta diffuso entro i confini di Israele, il mito secondo cui Tsahal sarebbe l'unico «esercito morale» rimasto al mondo. Non è morale un esercito che combatte la guerra più asimmetrica della storia, il fior fiore delle tecnologie militari più avanzate contro un milione e mezzo di civili (e qualche migliaio di terroristi) rinchiusi a forza in trecentosessanta chilometri quadrati. Non è morale un esercito che maramaldeggia da decenni sopra un avversario privo di un singolo aereo o di un singolo tank. Non è morale un esercito che saluta come brillanti vittorie operazioni militari dove si uccide a cento contro uno. Soprattutto, non è morale un esercito che accetta a cuor leggero di annientare i bambini e gli adolescenti: nei venti giorni dell'Operazione Piombo fuso, i minorenni palestinesi uccisi da Tsahal sono stati almeno 430.

Così, si ha ragione di denunciare Hamas per violazione del diritto internazionale umanitario nel trattamento di Gilad Shalit. E si ha ragione di elevare il soldato Shalit a simbolo planetario, facendolo cittadino *ad honorem* di Roma o di Parigi. Ma si ha altrettanta ragione di denunciare Israele per violazione sistematica del diritto internazionale umanitario, nelle norme che regolano la proporzionalità del rapporto fra un'azione militare e le sue conseguenze sui civili. E si avrebbe ragione di conferire la cittadinanza onoraria *in memoriam* a uno qualsiasi delle centinaia di bambini o ragazzi palestinesi caduti sotto il piombo israeliano dopo il sequestro di Shalit, in questa nuova (e inutile) strage degli innocenti.

(2009)

Rompere il silenzio

«È gente malata, completamente pazza, odiano gli arabi, sono disposti a rischiare la galera pur di fare qualcosa agli arabi». Nell'accusa di un ufficiale della Brigata Nahal, operativa a Ramallah – in Cisgiordania – durante l'anno 2002, i plotoni dell'esercito israeliano composti dagli studenti delle scuole rabbiniche ortodosse sono di gran lunga i peggiori. Il fatto che portino la kippah sotto il casco della divisa non li rende più capaci di religiosa pietà. Al contrario. «Sono senza Dio, indossano uno *yarmulke*, ma quando sono nell'esercito sono gente senza Dio».

La citazione è tratta da una delle 145 interviste raccolte in un volume, *La nostra cruda logica. Testimonianze di soldati israeliani dai Territori occupati*, la cui versione italiana viene pubblicata ora dall'editore Donzelli. Autore collettivo, un'associazione di ex militari e riservisti di Tsahal, «Breaking the Silence», determinati appunto a rompere il silenzio: a raccontare quanto compiuto dall'esercito israeliano nei Territori dal 2000 al 2010, durante il primo decennio seguito alla seconda Intifada. Perché l'opinione pubblica internazionale – e quanto resta di una coscienza ebraica, in Israele come nella diaspora – non possa più trincerarsi dietro spiegazioni di comodo. Perché non ci si accontenti più della favola standando alla quale l'azione di Tsahal si limiterebbe a un'opera di «prevenzione del terrore».

In Cisgiordania come a Gaza, prevenzione significa intimidazione. Muovendo dal presupposto secondo cui ogni singolo palestinese, uomo o donna, rappresenta per Israele una minaccia potenziale, la ragionevole necessità di prevenire azioni terroristiche si traduce in un codificato sistema di pratiche intimidatorie. Essenzialmente, tre generi di pratiche. I cosiddetti omicidi mirati, che non di rado vengono compiuti dall'esercito israeliano quando sarebbe possibile limitarsi all'arresto dei sospetti terroristi, e che talvolta si configurano come mere vendette. Gli arresti di massa, con retate diurne o notturne dei maschi adulti di interi quartieri o interi villaggi. La distruzione delle proprietà e delle infrastrutture palestinesi: a cominciare dalle case d'abitazione, per continuare con le cisterne d'acqua, le strade poderali, i mezzi di trasporto.

Ciò che più colpisce, nella successione di testimonianze radunate in questo libro (tutte riferite a un preciso contesto spaziotemporale, e nessuna formalmente smentita da Tsahal), è la brutalità del modo in cui l'esercito dello Stato ebraico interpreta il potere assoluto che i suoi effettivi detengono sulla popolazione palestinese. Al limite, le pagine più indigeste del volume non sono quelle che evocano i dettagli delle operazioni più cruente, né sono quelle da cui il numero delle X – in gergo, il numero di palestinesi uccisi – emerge come criterio di merito per far carriera dentro Tsahal. Ciò che più colpisce è l'elenco dei soprusi ordinari, quotidiani. I gesti che non uccidono, ma che umiliano.

Brigata Kfir, distretto di Nablus, 2009: una casa palestinese distrutta nottetempo, «la madre osservava e piangeva, i bambini erano seduti assieme a lei e la accarezzavano».

Battaglione Nachshon, località Tulkarem, 2002: le cisterne d'acqua sui tetti rovesciate apposta, «si doveva controllare ogni casa come se fosse un comando di Hamas». Artiglieria della riserva, valle del Giordano, 2002: le cisterne lasciate a secco, «loro non hanno acqua corrente, li lasciano semplicemente senz'acqua, loro e le loro greggi, le capre muoiono di sete». Corpo dei paracadutisti, Nablus, 2003: «Per due settimane i soldati sembravano dei pazzi. Sparavano alle gomme, prendevano un coltello e squarciavano gli pneumatici dei camion... Stai lì a inseguire gente innocente. Vogliono solo andare a lavorare».

Trecentocinquanta pagine di racconti così. O peggio di così. Le pisciate dei soldati israeliani sulle galline dei contadini palestinesi. Le cacate degli occupanti sui divani degli occupati. E un minuscolo episodio che meriterebbe da solo una pagina di Primo Levi (il Levi antropologo del dettaglio, memore del kapò del Kommando chimico di Auschwitz, Alex, e giudice della sua mano nera, viscida di grasso, pulita sulla spalla del miserevole internato). Brigata Givati, Striscia di Gaza, 2008. «Uscimmo di pattuglia a Nahal Oz. C'erano dei ragazzini, quattordici o quindici anni, penso. Ricordo che ce n'era uno bendato, a sedere, e poi arrivò uno, noto a tutti come un cretino, e lo colpì, qui. Sulle gambe. Poi gli versò dell'olio addosso, quella roba che usiamo per pulire le armi».

Oltreché «prevenzione», la parola chiave della cruda logica israeliana nei Territori è «separazione». Non solo separazione dei palestinesi dai coloni, anche separazione dei palestinesi tra loro: *divide et impera*. Non solo, quindi, la barriera lungo la Linea verde e a protezione degli insediamenti. Anche un sistema di strade riservate ai coloni e, soprattutto, la rete tanto studiata quanto arbitraria dei checkpoint. Il checkpoint come «sciupavite» («noi eravamo soliti chiamarlo così, io e un altro ufficiale»). Per frenare le attività economiche dei palestinesi. Per distanziare i villaggi, e spaccare le famiglie. «Parlo di donne e bambini che ci passano ogni giorno. Quei passaggi li usano i bambini che non vogliono fare tardi a scuola, donne che vanno dal dottore». La rete dei checkpoint non per bloccare i terroristi, ma per deprimere i civili.

Più che un libro sulla degradazione della Palestina, *La nostra cruda logica* è un libro sulla degradazione di Israele: sulla deriva politica e morale che va trasformando lo Stato ebraico – l'unica democrazia del Medio Oriente – in un indicibile Stato-canaglia. Al tempo stesso, il libro costituisce la miglior prova dell'onestà intellettuale di cui certe componenti della società israeliana sono tuttora capaci. Onestà come quella del soldato della Brigata Nahal che dopo avere evocato una retata compiuta a Hebron nel 2008 o nel 2009, con il suo seguito di maltrattamenti sui civili, si sente in dovere di aggiungere: «È a quel punto che gli standard di ciò che è bene e ciò che è male cominciano ad alterarsi, penso che il fatto più difficile sia che a Hebron la distinzione era assoluta, c'è il bianco e il nero, il buono e il cattivo, mentre la quotidianità è proprio grigia. Per ogni persona che arresti, c'è il suo bambino che non ha fatto niente, e hai la sensazione di averlo distrutto, quel bambino». «In quei posti il problema riguarda soprattutto quale sia il limite della tua dignità. Non è affatto chiaro cosa significhi essere umano».

Nella prefazione all'edizione italiana del libro, giustamente Alessandro Portelli sottolinea come il contributo dei veterani di Breaking the Silence corrisponda a tutt'altro che a una forma di tradimento: come sia – piuttosto –

un atto di patriottismo. Affinché il Benjamin Netanyahu di turno non possa più dichiarare impunemente (lo ha fatto nel 2009) che «non c'è alcun silenzio da rompere». E affinché nessun ufficiale o soldato di Tsahal debba più domandarsi, come un istruttore dei paracadutisti in servizio nel 2004 presso Qalqilya, quale parola valga a definire la condizione dei civili palestinesi che la barriera circonda da ogni lato, «chiusi da un muro e da un recinto»: «di' quel che vuoi, cos'è se non un ghetto?».

Sì, bisognava rompere il silenzio. Ma ora che il silenzio è rotto, qualcuno – in Israele e nella diaspora – deciderà finalmente di ascoltare?

(2016)

Un Israele rosso e un Israele blu

Come altrove in Occidente, così in Israele si vive nello stordimento dell'effetto Trump. Né si discute unicamente del controverso proposito di spostare l'ambasciata degli Stati Uniti da Tel Aviv a Gerusalemme. Si discute anche – per esempio – dell'ebreo ortodosso Jared Kushner, il giovane e ricchissimo genero del presidente americano, elevato al rango di *senior advisor* della Casa Bianca. In quale misura la figura e l'azione di Kushner potranno alimentare, in America e fuori, vecchi stereotipi sull'influenza maligna delle *lobbies* politico-finanziarie ebraiche? Si discute inoltre, naturalmente, della futura relazione Trump-Netanyahu. Spostamento dell'ambasciata a parte, quale sarà l'atteggiamento della nuova amministrazione americana a fronte del rilancio (già in corso) degli insediamenti ebraici in Cisgiordania? In generale, anche nel rapporto con Israele Trump si toglierà lo sfizio di cancellare al più presto qualunque traccia della cosiddetta «eredità di Obama»?

Questioni aperte non solo per gli israeliani, ma per noi europei, altrettanto colpiti di loro dall'entropia del nuovo ordine internazionale. Sicché giunge opportuna – nel suo piccolo – la pubblicazione in italiano di uno strumento di *reference* com'è l'atlante geopolitico di Israele confezionato a suo tempo (e recentemente aggiornato) dal politologo francese Frédéric Encel. *Israele in 100 mappe* è il titolo proposto dalla Libreria editrice goriziana, che si aggiunge ad altri atlanti storici usciti in traduzione presso il medesimo editore, fra i quali *La Shoah in 100 mappe* di Georges Bensoussan.

Ad apertura di pagina (la pagina 68), il lettore di questo libro ha una riprova di quanto l'approccio cartografico possa riuscire stimolante ai fini della nostra problematica attualità. La mappa della geografia elettorale di Israele sembra fatta apposta per indurre a ulteriori riflessioni chi sia andato scrutando – dapprima con Brexit, poi con Trump – le geografie elettorali del Regno Unito e degli Stati Uniti. In effetti, quella carta contrappone con evidenza quasi scolastica un Israele «rosso» dei grandi centri urbani della fascia costiera, da Haifa a Tel Aviv, che vota nettamente a sinistra, e un Israele «blu» esteso a tutto il resto del paese, che vota nettamente a destra (come pure Gerusalemme, che tuttavia fa storia a sé). Le città affluenti da una parte, le periferie minacciate dall'altra. Dimmi dove abiti e ti dirò chi sei.

D'altro canto, ad apertura di pagina il lettore di questo libro deve fare i conti con un'edizione italiana assolutamente inadeguata: e qui è impossibile indicare i numeri delle pagine, perché sarebbero troppi. La traduzione di Enzo Valentini riesce spesso incomprensibile, talvolta quasi grottesca. Le magagne redazionali comprendono refusi tipografici, imprecisioni topografiche, sciatterie infografiche. E comprendono – come se tutto ciò non bastasse – contraddizioni flagranti nei dati quantitativi (per dirne una: la popolazione ebraica degli insediamenti risulta essere di 400 000 abitanti a pagina 57, di 600 000 alla pagina successiva).

In Francia, Frédéric Encel ha la reputazione di personaggio sulfureo, che maschera dietro credenziali accademiche il volto duro del militante. Diversi critici lo accusano di abbracciare, sotto sotto, le idee di un sionismo integrale, da estrema destra laica. *Israele in 100 mappe* conferma solo in parte il fondamento di tale critica. Di là da alcune cadute di tono, il testo con cui Encel accompagna la successione di mappe e grafici che compongono il suo atlante geopolitico è relativamente equilibrato in termini ideologici. La sezione sulla storia del conflitto israelo-palestinese distingue le guerre «per la sopravvivenza» combattute dallo Stato ebraico fra 1948 e 1973 dalle guerre «per la supremazia» combattute dagli anni ottanta in poi. La sezione sulla demografia politica esclude che i 900 000 arabi musulmani cittadini di Israele (ma questo dato numerico risulta tutt'altro che aggiornato) costituiscano una «quinta colonna» del nemico. E riconosce, viceversa, quanto i coloni ebrei più integralisti siano «detestati dall'opinione pubblica israeliana».

Per il resto, più che le parole di Encel parlano – com'è giusto che sia, in un atlante – le cartografie, gli istogrammi, i grafici. Parla una varietà di rappresentazioni che valgono a revocare in dubbio sia certi luoghi comuni del discorso di sinistra intorno al conflitto israelo-palestinese, sia certi luoghi comuni del discorso di destra. Nella sezione dedicata agli aspetti strategici e di sicurezza, un istogramma dimostra meglio di infinite discussioni la straordinaria efficacia (dal punto di vista di Israele) del cosiddetto «dispositivo di separazione», cioè del muro eretto a protezione dei confini nazionali e degli insediamenti in Cisgiordania: 451 vittime di attentati kamikaze nel 2002, nessuna dal 2007 in poi. Un altro istogramma illustra come le spese militari di Israele siano andate sensibilmente decrescendo nei decenni, e più che mai durante l'ultimo quarto di secolo, che pure è stato politicamente dominato da governi di destra: 34% del Pil nel 1971, 5,5% nel 2015.

È particolarmente istruttiva, nella sezione dedicata agli aspetti diplomatici del conflitto, la rappresentazione cartografica relativa alla Lega araba. Di contro al mito dell'«accerchiamento» dello Stato ebraico per opera dei famosi «300 milioni di arabi», la carta mostra come siano articolate e variegate, in realtà, le posizioni dei ventidue Stati membri della Lega. Quattro dei quali intrattengono relazioni diplomatiche con Israele, altri quattro hanno rapporti commerciali, e ben sedici (fra cui l'Egitto e la Giordania) sono alleati militari degli Stati Uniti, a loro volta alleati inossidabili di Israele.

Altrettanto fantomatico – ragiona Encel – è lo «spettro di uno sprofondamento demografico»: il rischio che la popolazione di cittadini arabi musulmani possa diventare, in un prossimo futuro, maggioritaria nello Stato ebraico. Un istogramma sui tassi di natalità parla chiaro in questo senso. Nel 1977, i musulmani israeliani avevano mediamente otto figli per coppia, gli ebrei ne avevano tre. Quarant'anni dopo, il tasso di natalità degli ebrei si è mantenuto intorno ai tre figli per coppia, mentre quello dei musulmani è sceso da otto a tre. Risultato: il rapporto fra israeliani ebrei e israeliani musulmani va crescendo in favore dei primi. Nel 1996, su cento neonati in Israele, 69 erano ebrei, 25 erano musulmani. Nel 2015, i neonati ebrei sono stati il 74%, quelli musulmani il 20%.

Così – per quanto Frédéric Encel possa avere, in Francia, la reputazione di un *pasdaran* del sionismo – il suo atlante geopolitico finisce per sconfessare alcune fra le leggende più salde del discorso ebraico integralista.

(2017)

Nota bibliografica

Quello che segue è un elenco delle letture più direttamente evocate e/o più ampiamente discusse nel volume.

S. Aleichem, *Storie di uomini e animali*, Adelphi, Milano 2007.

A. Allen, *Il fantastico laboratorio del dottor Weigl*, Bollati Boringhieri, Torino 2015.

G. Alonge, *Il sentimento del ferro*, Fandango, Roma 2019.

M. Ansaldo, *Il falsario italiano di Schindler. I segreti dell'ultimo archivio nazista*, Rizzoli, Milano 2012.

A. Appelfeld, *Storia di una vita*, Guanda, Milano 2008.

A. Appelfeld, *Il partigiano Edmond*, Guanda, Milano 2017.

I. Argamante, *Gerico 1941. Storie di ghetto e dintorni*, Bollati Boringhieri, Torino 2010.

Z. Bacharach (a cura di), *Le mie ultime parole. Lettere dalla Shoah*, Laterza, Roma-Bari 2009.

G. Bassani, *Il giardino dei Finzi-Contini*, Einaudi, Torino 1962.

M. Bloch, *Apologia della storia o Mestiere di storico* (1949), Einaudi, Torino 1973.

M. Bloch - L. Febvre, *Correspondance*, III, *1938-1943*, Fayard, Paris 2003.

R. Bonfil, *Rabbis and Jewish Communities in Renaissance Italy*, Oxford University Press, Oxford 1990.

R. Bonfil, *Gli ebrei in Italia nell'epoca del Rinascimento*, Sansoni, Firenze 1991.

R. Brasillach, *Memorandum. La mia autodifesa* (1945), Medusa, Milano 2014.

Breaking the Silence (a cura di), *La nostra cruda logica. Testimonianze di soldati israeliani dai Territori occupati*, Donzelli, Roma 2016.

G. Busi, *Lontano da Gerusalemme. Cronache ebraiche contemporanee*, Einaudi, Torino 2003.

M. Caffiero, *Storia degli ebrei nell'Italia moderna. Dal Rinascimento alla Restaurazione*, Carocci, Roma 2014.

D. Calabi, *Venezia e il Ghetto. Cinquecento anni del «recinto degli ebrei»*, Bollati Boringhieri, Torino 2016.

P. Camporesi, *Il sugo della vita. Simbolismo e magia del sangue*, Edizioni di Comunità, Milano 1984.

L.-F. Céline, *Viaggio al termine della notte* (1932), Corbaccio, Milano 1933.

L.-F. Céline, *Bagattelle per un massacro* (1937), Corbaccio, Milano 1938.

A. Coppola, J. Chrisafis, A. Ferrari (a cura di), *Ebrei di Salonicco, 1943. I documenti dell'umanità italiana*, Ambasciata d'Italia, Atene 2006.

J. A. Davis, *Gli ebrei di San Nicandro*, Giuntina, Firenze 2013.

R. De Benedetti, *Céline e il caso delle «Bagatelle»*, Medusa, Milano 2011.

E. de Waal, *Un'eredità di avorio e ambra*, Bollati Boringhieri, Torino 2011.

M. Edelman, *Il guardiano. Mark Edelman racconta*, a cura di R. Assuntino e W. Goldkorn, Sellerio, Palermo 1998.

F. Encel, *Israele in 100 mappe*, Leg, Gorizia 2016.

B. Engelking - J. Leociak, *The Warsaw Ghetto. A Guide to the Perished City*, Yale University Press, New Haven 2009.

L. Febvre, *Il problema dell'incredulità nel secolo XVI. La religione di Rabelais*, Einaudi, Torino 1978.

C. Ferrara degli Uberti, *Fare gli ebrei italiani. Autorappresentazioni di una minoranza (1861-1918)*, il Mulino, Bologna 2011.

L. Feuchtwanger, *I fratelli Oppermann* (1933), Skira, Milano 2014.
N. Finkelstein, *L'industria dell'Olocausto*, Rizzoli, Milano 2002.
T. Fontaine - D. Peschanski (a cura di), *La Collaboration. Vichy, Paris, Berlin 1940-1945*, Tallandier-Archives Nationales, Paris 2014.
A. Frank, *Diario* (1947), Einaudi, Torino 1954.
A. Frank, *I diari* (1986), Einaudi, Torino 2002.
A. Frank, *Diario* (1993), Einaudi, Torino 2009.
F. Furet, *Un itinéraire intellectuel. L'historien journaliste, de France Observateur au Nouvel Observateur (1958-1997)*, Calmann-Lévy, Paris 1997.
D. Goldhagen, *I volenterosi carnefici di Hitler. I tedeschi comuni e l'Olocausto*, Mondadori, Milano 1997.
J. T. Gross, *I carnefici della porta accanto. 1941, il massacro della comunità ebraica di Jedwabne in Polonia*, Mondadori, Milano 2002.
J. T. Gross, *Un raccolto d'oro. Il saccheggio dei beni ebraici*, con I. Grudzinka Gross, Einaudi, Torino 2016.
D. Grossman, *Il sorriso dell'agnello* (1983), Mondadori, Milano 1994.
D. Grossman, *Con gli occhi del nemico. Raccontare la pace in un paese in guerra*, Mondadori, Milano 2007.
Y. Haenel, *Jan Karski*, Gallimard, Paris 2009 (trad. it. *Il testimone inascoltato*, Guanda, Parma 2010).
R. Hilberg, *La distruzione degli ebrei d'Europa*, Einaudi, Torino 1995, 2 voll.
Z. Hourwitz, *Apologia degli ebrei* (1789), Medusa, Milano 2006.
I. Jablonka, *Storia dei nonni che non ho avuto*, Mondadori, Milano 2013.
S. Jacobson - E. Colón, *Anne Frank. La biografia a fumetti*, Rizzoli, Milano 2011.
D. I. Kertzer, *Prigioniero del Papa Re*, Rizzoli, Milano 1996.
D. I. Kertzer, *I papi contro gli ebrei. Il ruolo della Chiesa nella nascita dell'antisemitismo moderno*, Rizzoli, Milano 2002.

Z. Kolitz, *La tigre sotto la pelle* (1947), Bollati Boringhieri, Torino 2008.

C. Lanzmann, *L'ultimo degli ingiusti*, Skira, Milano 2014.

G. Lerner, *Scintille. Una storia di anime vagabonde*, Feltrinelli, Milano 2009.

P. Levi, *Se questo è un uomo*, Einaudi, Torino 1958 (I ed., De Silva, Torino 1947).

P. Levi, *La tregua*, Einaudi, Torino 1963.

P. Levi, *Se non ora, quando?*, Einaudi, Torino 1982.

P. Levi, *I sommersi e i salvati*, Einaudi, Torino 1986.

P. Levi, *Opere complete*, Einaudi, Torino 2016-2018, 3 voll.

B. Lidegaard, *Il popolo che disse no. La storia mai raccontata di come una nazione sfidò Hitler e salvò i suoi compatrioti ebrei*, Garzanti, Milano 2014.

J. Littell, *Les Bienveillantes*, Gallimard, Paris 2006 (trad. it. *Le Benevole*, Einaudi, Torino 2007).

J. Littell, *Le sec et l'humide. Une brève incursion en territoire fasciste*, Gallimard, Paris 2008 (trad. it. *Il secco e l'umido. Breve incursione in territorio fascista*, Einaudi, Torino 2009).

J. Littell - P. Nora, *Conversazione sulla storia e il romanzo*, Einaudi, Torino 2007.

D. Mendelsohn, *Gli scomparsi*, Neri Pozza, Vicenza 2007.

P. V. Mengaldo, *La vendetta è il racconto. Testimonianze e riflessioni sulla Shoah*, Bollati Boringhieri, Torino 2007.

D. Menozzi, *«Giudaica perfidia». Uno stereotipo antisemita fra liturgia e storia*, il Mulino, Bologna 2014.

J.-C. Milner, *La puissance du détail. Phrases célèbres et fragments en philosophie*, Grasset, Paris 2014.

A. Morpurgo, *Il cimitero ebraico in Italia. Storia e architettura di uno spazio identitario*, Quodlibet, Macerata 2013.

A. Oz, *Giuda*, Feltrinelli, Milano 2014.

A. Oz, *Tante luci e non una luce*, in Id., *Cari fanatici*, Feltrinelli, Milano 2017.

A. Oz - F. Oz-Salzberger, *Gli ebrei e le parole. Alle radici dell'identità ebraica*, Feltrinelli, Milano 2013.

G. Papini, *Storia di Cristo*, Vallecchi, Firenze 1921.
V. Pinto, *Imparare a sparare. Vita di Vladimir Zeev Jabotinsky, padre del sionismo di destra*, Utet Libreria, Torino 2007.
J. Samuel, *Il m'appelait Pikolo. Un compagnon de Primo Levi raconte*, con J.-M. Dreyfus, Laffont, Paris 2007 (trad. it. *Mi chiamava Pikolo*, Frassinelli, Milano 2008).
F. Selmin, *Nessun «giusto» per Eva. La Shoah a Padova e nel Padovano*, Cierre, Sommacampagna 2011.
I. J. Singer, *I fratelli Ashkenazi* (1936), Bollati Boringhieri, Torino 2011.
A. Stille, *La forza delle cose. Un matrimonio di guerra e pace tra Europa e America*, Garzanti, Milano 2013.
A. Toaff, *Mostri giudei. L'immaginario ebraico dal Medioevo alla prima età moderna*, il Mulino, Bologna 1996.
A. Toaff, *Mangiare alla giudia. La cucina ebraica in Italia dal Rinascimento all'età moderna*, il Mulino, Bologna 2000.
A. Toaff, *Pasque di sangue. Ebrei d'Europa e omicidi rituali*, il Mulino, Bologna 2007.
A. Toaff, *Ebraismo virtuale*, Rizzoli, Milano 2008.
A. Toaff, *Il prestigiatore di Dio. Avventure e miracoli di un alchimista ebreo nelle corti del Rinascimento*, Rizzoli, Milano 2010.
A. Toaff, *Storie fiorentine. Alba e tramonto dell'ebreo del ghetto*, il Mulino, Bologna 2013.
G. Todeschini, *Visibilmente crudeli. Malviventi, persone sospette e gente qualunque dal Medioevo all'età moderna*, il Mulino, Bologna 2007.
G. Todeschini, *Come Giuda. La gente comune e i giochi dell'economia all'inizio dell'età moderna*, Bologna, il Mulino 2011.
G. Todeschini, *Gli ebrei nell'Italia medievale*, Carocci, Roma 2018.
E. Traverso, *Cosmopoli. Figure dell'esilio ebraico-tedesco*, ombre corte, Verona 2004.
E. Traverso, *Auschwitz e gli intellettuali. La Shoah nella cultura del dopoguerra*, il Mulino, Bologna 2004.

E. Traverso, *La fin de la modernité juive. Histoire d'un tournant conservateur*, La Découverte, Paris 2012 (trad. it. *La fine della modernità ebraica. Dalla critica al potere*, Feltrinelli, Milano 2013).

F. Trivellato, *The Familiarity of Strangers. The Sephardic Diaspora, Livorno, and Cross-cultural Trade in the Early Modern Period*, Yale University Press, New Haven 2012 (trad. it. *Il commercio interculturale. La diaspora sefardita, Livorno e i traffici globali in età moderna*, Viella, Roma 2016).

F. Trivellato, *The Promise and Peril of Credit. What a Forgotten Legend about Jews and Finance Tells Us about the Making of European Commercial Society*, Princeton University Press, Princeton 2019.

A. Zargani, *Per violino solo. La mia infanzia nell'Aldiqua, 1938-1945*, il Mulino, Bologna 1995.

I. Zertal, *Israele e la Shoah. La nazione e il culto della tragedia*, Einaudi, Torino 2007.

Finito di stampare il 28 luglio 2019
per conto di Donzelli editore s.r.l.
presso Str Press s.r.l.
Via Carpi, 19 - 00040 Pomezia (Roma)